5807

ANNALES
DE L'IMPRIMERIE
DES ALDE.

A PARIS,

DE L'IMPRIMERIE DE CRAPELET.

AN XII.

ANNALES

DE L'IMPRIMERIE

DES ALDE,

ou Histoire des trois MANUCE et de leurs Éditions.

PAR ANT. AUG. RENOUARD.

TOME II.

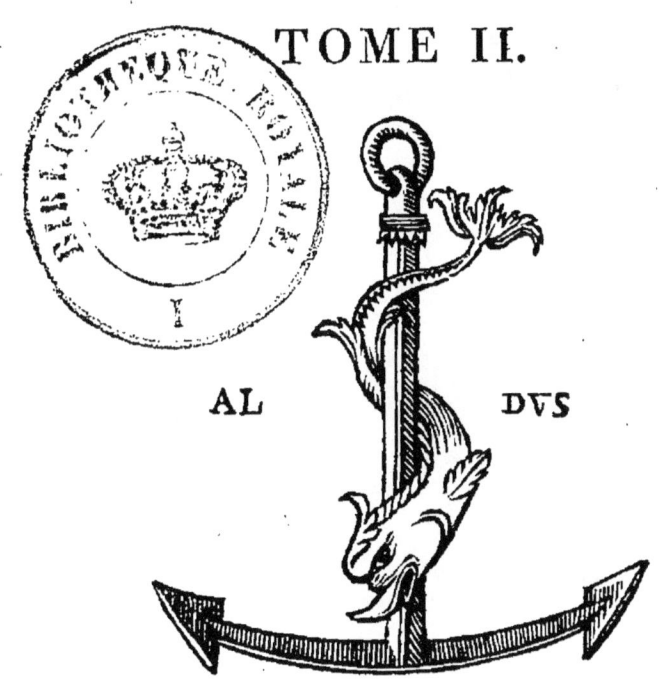

A PARIS,

CHEZ ANTOINE-AUGUSTIN RENOUARD.

XII — 1803.

PRÉFACE.

Parmi tous ceux qui jusqu'à ce jour ont exercé l'art de la typographie, cet art dans lequel les demi-succès sont aussi faciles que la véritable supériorité est rare, Alde l'ancien et son fils Paul Manuce méritent à tous égards d'occuper les premiers rangs. Remplis d'une admiration enthousiaste pour les chefs-d'œuvre littéraires de la Grèce et de Rome, ils sacrifièrent les avantages de réputation et de fortune qu'ils pouvoient ne devoir qu'à leurs ouvrages personnels, et dévouèrent leur vie entière à tirer les écrivains anciens du chaos où huit siècles de barbarie les avoient plongés. Non contens de les arracher à la destruction, ils voulurent les rendre d'un usage universel, et s'appliquèrent à les reproduire sous des formes qui, rendant leur acquisition moins dispendieuse, les missent à la portée d'un plus grand nombre de lecteurs. Des connoissances ordinaires et des talens médiocres étoient suffisans pour l'impression des livres de scholastique, de jurisprudence et de mysticité, qui à cette époque occupoient presque exclusivement les imprimeries, et tenoient la principale place dans les bibliothèques; mais pour s'écarter de la route depuis si long-temps fréquentée, pour n'être rebuté par aucune des difficultés inséparables de la publication première des anciens auteurs, et sur-tout des auteurs grecs, il falloit, avec une instruction peu commune, toute l'activité d'un génie supérieur, jointe à cette persévérance que rien n'arrête, et qui tient presque de l'opiniâtreté. Nombre de savans de ces premiers temps de la renaissance des lettres ont illustré leur vie entière par la révision d'un seul, ou d'un petit nombre de ces précieux écrits qui n'ont traversé la nuit des temps qu'avec plus ou moins d'altération; mais les célèbres Imprimeurs, dont on va lire l'histoire, sont les seuls dont la brillante nomenclature des éditions par eux publiées et soigneusement châtiées, soit en même temps la liste presque complète des chefs-d'œuvre de l'ancienne littérature.

Au milieu des travaux continuels, des soins de tous les instans qu'exigèrent pendant de longues années les difficiles et savantes éditions que chaque mois, chaque semaine voyoit sortir de leurs presses, ces deux hommes infatigables trouvèrent encore des loisirs pour cultiver eux-mêmes les lettres; et ils ont laissé plus d'un ouvrage qui attestent leur profond savoir, et jouissent encore d'une estime méritée [1].

---

[1] Il ne faut pas perdre de vue dans tout le cours de cet ouvrage, qu'Alde l'ancien et son fils Paul Manuce doivent être

PRÉFACE.

Paul Manuce sur-tout a su acquérir, par une étude continuelle des ouvrages de Cicéron, cette pureté et cette élégance de style que toujours on admirera dans ses lettres et préfaces écrites en langue latine. Ses Commentaires sur Cicéron sont encore dans les mains de tous ceux qui veulent lire avec fruit les chefs-d'œuvre de ce père de l'éloquence; et ses traités d'antiquité ne sont moins lus à présent que parce qu'ils ont été remplacés par des écrits plus récens qui lui doivent une partie de ce qu'ils contiennent de meilleur sur les sujets que lui-même avoit traités.

Alde Manuce, fils de Paul, le dernier de cette famille si recommandable, figure avec moins d'éclat dans la liste des Imprimeurs renommés. On peut même dire, sans être injuste envers lui, que s'il n'eût pas été le fils de Paul Manuce, s'il n'eût pas hérité de l'excellente imprimerie Aldine, on se souviendroit peu qu'il ait jamais été impri-

---

considérés sous le triple rapport de littérateurs occupant les premiers rangs parmi ceux de leur siècle, d'imprimeurs habiles, et de savans éditeurs. Trop souvent on a confondu ces deux dernières qualités; aussi combien d'imprimeurs loués ou blâmés pour des travaux qui appartenoient entièrement à leurs éditeurs. Alde l'ancien et son fils non-seulement réunirent tous ces talens, mais ils eurent une qualité non moins précieuse, cette justesse d'esprit qui sait discerner le mérite, et qui presque toujours leur fit choisir leurs coopérateurs parmi les hommes les plus capables de les bien seconder.

meur; mais si ses goûts différens donnèrent à ses occupations et à ses études une direction différente; si même il n'a en rien égalé son père et son aïeul, ses nombreux ouvrages prouvent néanmoins qu'il fut laborieux et instruit, et justifient jusqu'à un certain point les éloges qu'ont faits de lui plusieurs de ses contemporains.

L'histoire de ces trois savans imprimeurs n'a point encore été complètement écrite, quoique beaucoup de biographes fassent d'eux une mention plus ou moins détaillée. Tous ceux qui ont parlé de l'état des lettres pendant le seizième siècle, ne pouvoient manquer de citer avec distinction ceux qui en firent un des principaux ornemens. Mais ces passages qu'on lit dans De Thou, et dans beaucoup d'autres moins célèbres [1], sont plutôt des témoignages d'estime, que des récits historiques, et ils ne suffisent point pour faire connoître ces imprimeurs autant qu'ils méritent de l'être par tout ami de la bonne littérature.

Dans le siècle dernier, Unger en Allemagne, Zeno à Florence, Manni à Venise, Lazzeri à Rome, et enfin Maittaire et Tiraboschi ont laissé des notices plus ou moins longues et détaillées sur l'un

---

[1] J'étois tenté d'indiquer tous les écrivains qui ont parlé des trois Alde, mais je me suis apperçu que ce seroit faire assez inutilement une longue liste d'écrivains qui se sont presque tous copiés les uns les autres.

et sur l'autre des trois Alde. Le premier de ces écrivains, Unger, qui a publié son ouvrage en 1729, l'a surchargé de digressions étrangères au sujet, et qui rendent sa lecture fastidieuse et rebutante. Geret, qui a réimprimé ce même ouvrage à Wittemberg, 1753, in-4°, y a ajouté des notes redressant plusieurs erreurs, et suppléant diverses omissions ; mais, par ces additions mêmes, il y a mis encore plus d'incohérence et de confusion. Le Catalogue des éditions d'Alde, qui se trouve dans les deux éditions, est en outre tellement incomplet et inexact que l'utilité en est tout-à-fait nulle.

Manni, dont l'ouvrage est moins verbeux, lui a donné une forme plus historique ; aussi le lit-on avec plus d'intérêt que les paragraphes décousus de l'auteur allemand. Comme Unger, il ne s'est occupé que du seul Alde l'ancien ; sa notice des éditions Aldines, que lui-même annonce comme très-sommaire, est tout-à-fait incomplète, et elle a le très-grand défaut de contenir l'indication vague de plusieurs éditions qui n'ont jamais existé.

Le père Lazzeri, qui donna à Rome en 1754-58 des notices sur Paul Manuce, parmi les prolégomènes à un recueil de lettres inédites de divers savans, rapporte avec une minutieuse exactitude tout ce qui lui semble avoir le moindre trait à Paul Manuce. Lettres, préfaces, écrits de tout genre, pièces inédites, rien n'a échappé aux recherches du laborieux jésuite; et s'il avoit su éviter d'oiseux détails, mettre des bornes à ses citations et les mieux amener, son ouvrage moins prolixe et mieux digéré trouveroit beaucoup plus de lecteurs.

Les meilleures notices qui aient été publiées sur cette famille, sont à tous égards celles qu'Apostolo Zeno a données sur Alde le jeune, à la tête des *Epistole famigliari di Cicerone tradotte,* 1736, 2 vol. in-8°, sous ce titre, *Notizie Manuziane,* et sans aucune liste des éditions Aldines. Par ce court écrit, comme par beaucoup d'autres, il a prouvé qu'un bon écrivain peut traiter l'histoire littéraire de manière à lui ôter une grande partie de sa sécheresse et de son aridité ; aussi ses ouvrages bibliographiques et critiques sont-ils éminemment distingués de tous les autres de ce genre. On assure qu'il avoit fait, sur les trois Manuce, un travail complet et raisonné, mais que cet ouvrage lui ayant été dérobé lorsqu'il se disposoit à le mettre sous presse, il ne put jamais se résoudre à s'en occuper de nouveau.

Le cardinal de Brienne, qui depuis long-temps travailloit à réaliser son projet chéri d'une bibliothèque universelle, fit imprimer à Pise, en 1790, un catalogue des éditions Aldines, qu'il avoit lui-même rédigé, avec l'aide du P. Laire, son bibliothécaire, mort depuis peu à Auxerre, où la bibliothèque du département de l'Yonne avoit été confiée à ses soins. Cette liste, intitulée *Serie dell'edizioni Aldine*, fut réimprimée l'année suivante à Padoue, avec quelques augmentations, et en 1795 à Venise, avec l'annonce d'*Emendazioni e Giunte*, qui cependant n'existent que sur le titre.

Ces divers ouvrages ou fragmens d'ouvrages, quoique multipliés, sont néanmoins insuffisans. La *Serie* ne présente qu'une nomenclature sèche, dénuée de notes et de renseignemens préliminaires. Quant aux autres notices, elles sont éparses dans beaucoup de volumes, dont la plupart ne sont pas d'une acquisition facile, et que peu de lecteurs seroient tentés de vouloir réunir tous. D'ailleurs on chercheroit en vain dans l'ensemble de ces écrits cette suite de notions claires et précises, sans lesquelles toute lecture devient pénible, et reste infructueuse.

J'ai pensé qu'avant que le temps destructeur ait anéanti les livres les plus précieux de ces imprimeurs à jamais recommandables, il convenoit de ne plus différer à donner une histoire complète de leurs travaux, depuis la première édition qu'Alde l'ancien publia en 1494, jusqu'à la dernière de 1597, année de la mort de son petit-fils. C'est dans une telle liste que consiste spécialement leur histoire. Il y a peu de chose à dire sur leur personne, et leur vie ne donne lieu au récit d'aucun événement important; mais il y a beaucoup de livres à indiquer, et si parmi leurs éditions quelques-unes sont moins dignes de remarque, un catalogue qui les décrira toutes avec exactitude fera voir combien leur ensemble est précieux et imposant.

Ce catalogue doit présenter les titres de tous les ouvrages, copiés avec exactitude, non pas sur d'autres catalogues, mais sur des exemplaires même de chaque édition. Après cet énoncé du titre doit se trouver la description matérielle de chacun des volumes, plus détaillée pour ceux qui sont rares et précieux, mais pour tous assez précise pour que, dans tous les temps, elle puisse servir à vérifier si tel exemplaire qu'on rencontre est bien complet. Après ces détails arides, mais indispensables, tout lecteur qui sait ne pas borner ses études bibliographiques à la connoissance extérieure des livres, doit desirer des renseignemens sur le mérite des éditions, et notamment de celles des classiques grecs et latins, sur les sources d'après lesquelles ces éditions ont été imprimées, sur les rapports entre elles des diverses réimpressions d'un même ouvrage, dont il faut préférer tantôt la plus ancienne édition comme plus belle et plus correcte, et tantôt la plus récente comme plus ample, ou d'un texte plus épuré. On doit lui dire, autant qu'il a été possible de le découvrir, si tel volume est la simple copie d'une autre édition donnée antérieurement par quelque autre imprimeur, ou si elle est le précieux résultat d'une révision expresse et faite avec soin sur de bons manuscrits; et encore si dans le même temps il a paru dans une autre imprimerie quelque autre édition du même ouvrage, ou tout-à-fait différente, ou remarquable par quelque amélioration particulière. Sans doute il n'est pas absolument nécessaire à tous les littérateurs de chercher à connoître toutes les bonnes éditions des ouvrages qui servent à leurs études; mais si d'un livre à leur usage ils rencontrent une édition rare, et qui leur soit peu connue, il leur est très-utile de pouvoir facilement trouver sur cette édition des renseignemens positifs, et sur l'exactitude desquels ils puissent compter. Des notions de ce genre se trouvent dans l'ouvrage d'Harwood sur les classiques; mais parce que son plan est général, et embrasse tous les anciens écrivains de la Grèce et de Rome, il n'a dû faire mention que de quelques-unes des principales éditions Aldines. Debure, dans sa Bibliographie, n'a parlé que du petit nombre de celles qu'il a cru les plus rares; d'ailleurs son ouvrage traitant des livres sur-tout par rapport à leur plus ou moins de valeur dans le commerce, et les éditions Aldines étant de son temps bien moins accueillies en France que partout ailleurs, elles ne paroissent pas avoir beaucoup attiré son attention, et cette lacune dans l'histoire littéraire est encore à remplir.

Quoiqu'un ouvrage bibliographique ne soit ni ne doive être une collection de notices sur les auteurs, ni un registre de jugemens littéraires, il falloit, en se taisant sur Homère, Virgile, le Dante, &c. ne pas négliger d'indiquer certains ouvrages, de faire connoître certains auteurs qui, pour être loin du premier rang, et assez ignorés, méritoient néanmoins une légère commémoration; et ces notions nécessaires devoient être données en trois lignes, en trois mots. C'étoit aussi un devoir d'indiquer à l'amateur du luxe et des raretés typographiques les exemplaires imprimés sur un papier ou meilleur, ou d'une plus grande dimension, ou d'une couleur différente, et sur-tout ceux qui ont été imprimés sur vélin. Quelques renseignemens sur le degré de rareté des éditions étoient pareillement indispensables; et, de toutes les indications, c'est peut-être la plus difficile, parce que tel livre fort rare dans un pays peut se trouver plus abondant dans un autre, par mille causes tout-à-fait accidentelles, et dont il est impossible de rendre raison : il peut aussi ne paroître moins rare que parce que, par un hasard non moins indéfinissable, il s'en sera trouvé en peu de temps plusieurs exemplaires dans les ventes publiques ou dans les magasins des libraires.

Quant à la valeur pécuniaire et commerciale de chacun des livres indiqués dans ces notices, on sentira facilement qu'une telle appréciation qui a fait la fortune de quelques compilations bibliographiques, seroit déplacée dans un ouvrage purement littéraire. D'ailleurs, qui ne sait combien ces évaluations furent de tous temps incertaines, et par cela même, plus propres à induire en erreur qu'à éclairer ceux qui les consultent? Dans quelques endroits, j'ai indiqué les prix excessifs auxquels ont été vendus divers volumes d'une beauté extraordinaire ; mais ceci comme renseignemens curieux, et sans avoir pour objet de fixer la valeur de tout autre exemplaire de la même édition.

Une notice succincte faisant connoître personnellement ces trois Imprimeurs, et présentant la marche progressive de leurs travaux et de leurs succès littéraires et typographiques, la réimpression de pièces et documens utiles à leur histoire, et devenus presque introuvables, enfin des tables nombreuses et bien complètes sont un appendice nécessaire aux Annales Aldines, et en forment la seconde partie.

Depuis long-temps j'avois le projet de l'ouvrage dont je viens de tracer le plan, et j'étois d'autant plus porté à m'en occuper que, dès ma jeunesse, un goût tout particulier m'avoit fait rassembler les éditions Aldines, autrefois négligées en France autant que depuis quelques années elles y sont recherchées. Une fois ce projet formé je travaillai avec d'autant plus d'ardeur à compléter ma collection, bien convaincu que pour mettre quelque exactitude dans l'histoire d'une imprimerie ancienne, il ne suffisoit pas d'avoir pu consulter les livres qu'on se proposoit de décrire, et moins encore de les indiquer sur la simple autorité de renseignemens étrangers. Il m'a semblé qu'il étoit de nécessité presque absolue de vivre, pour ainsi dire, au milieu de ces livres, de les avoir continuellement sous la main, et de pouvoir les consulter au moindre doute.

Mon travail étoit déjà ébauché lorsqu'en 1790 parut la brochure du cardinal de Brienne (*La Serie*), portant dans sa préface la promesse d'une histoire complète et raisonnée des trois Manuce et de toutes leurs éditions. J'abandonnai dès-lors mes notices commencées, mais mon goût dominant ne me permit pas de discontinuer à rassembler ces éditions que pendant quelque temps je m'étois proposé de décrire; et en février 1794, quelque temps avant la mort inopinée du cardinal de Brienne, j'eus la satisfaction d'acquérir sa collection Aldine que je réunis à la mienne déjà très-avancée. Devenu possesseur d'une immense quantité de ces éditions, et sur-tout de beaucoup d'exemplaires doubles, je reconnus à leur confrontation combien étoit inexacte et insuffisante la liste que le cardinal de Brienne avoit fait imprimer; et je me déterminai à reprendre l'exécution de mon ancien projet. L'annonce contenue dans la *Serie* m'autorisoit à croire que le cardinal avoit laissé des matériaux pour l'achèvement de cet ouvrage, et ces matériaux auroient pu m'être très-utiles; mais plusieurs démarches faites à ce sujet ne m'ont rien procuré, et me persuadent qu'il n'a donné aucune suite à ses premières recherches. J'espérois aussi trouver des secours dans l'immense quantité de notes rassemblées dans le cours d'une longue vie par le savant abbé Mercier de S. Léger, et j'achetai assez chèrement à sa vente un exemplaire de la *Serie*, édition de 1790, rempli de son écriture. Mais cet habile bibliographe ne s'étoit occupé d'aucun travail particulier sur les Alde; et les notes, par lui mises dans cet exemplaire que j'ai conservé, se réduisent presque entièrement à la transcription manuscrite des augmentations contenues dans l'édition suivante de 1791.

Toutes les éditions annoncées dans mon ouvrage sont en ma possession, à l'exception de celles dont on trouvera la liste tout à la fin de ce volume, après la dernière table des auteurs. De ces éditions, qui manquent encore à ma collection, le plus grand nombre m'a été communiqué par les très-obligeans conservateurs de la Bibliothèque nationale, de celle du Panthéon, des Quatre-Nations, &c. et par divers amis tant de la France que de l'étranger; de sorte que j'ai pu ne parler presque d'aucun livre, même de ceux que je ne possède pas, sans les avoir effectivement vus et bien examinés.

La notice sur la vie des trois Manuce auroit pu être plus étendue; mais il me semble que les détails relatifs à leurs livres se trouveront bien plus convenablement placés dans le cours du Catalogue chronologique. Je crois que c'est avec l'annonce des éditions que le lecteur préférera trouver ce qui peut-être dit sur chacune d'elles. Si au contraire on l'arrête d'abord par d'interminables prolégomènes, pour ne lui donner ensuite qu'une liste trop abrégée, il est à craindre qu'il ne néglige cette aride nomenclature, et n'oublie facilement les longs détails qui l'ont précédée, et que peut-être même il n'a pu se résoudre à parcourir entièrement.

Les imprimeurs lyonnois qui ont fait, de 1501 à 1526, un assez grand nombre d'éditions en caractères italiques, à l'imitation de celles d'Alde, et qui même ont contrefait plusieurs des siennes, ne devoient point être passés sous silence dans une histoire complète des éditions Aldines. Je donne sur eux et sur leurs éditions le peu de renseignemens qu'il m'a été possible de recueillir.

Avant cette liste, on trouvera celle des nombreuses éditions qu'André d'Asola, beau-père d'Alde l'ancien, publia à Venise depuis 1480 jusqu'en 1506. On sait que, depuis cette époque, il n'imprima plus qu'en société avec son gendre, après la mort duquel il conduisit encore pendant douze ans et avec succès l'imprimerie Aldine.

Les éditions données à Paris par Bernard Turrisan, petit-fils d'André d'Asola, ont aussi fait le sujet d'une notice particulière. Quoique cette notice soit très-courte, je l'ai néanmoins séparée de celle des éditions Aldines, parce que, faites à Paris, et imprimées pour la plupart par Féderic Morel, les éditions de Bernard n'ont avec celles d'Alde d'autres rapports que l'emploi de la même marque d'imprimerie, et la parenté des deux maisons qui publièrent les unes et les autres. Quant aux éditions que les Turrisan donnèrent à Venise, elles sont comprises dans la liste de celles des Alde, leurs parens, parce que les premières de ces éditions *Turrisanes* furent exécutées dans l'imprimerie Aldine, et que les autres, marquées *Ex Bibliotheca Aldina*, sont faites à l'imitation de celles d'Alde, avec les mêmes caractères et les mêmes marques d'imprimerie. Les noms des imprimeurs, mis exactement à chacune d'elles, empêcheront qu'il y ait aucune équivoque sur le nom[t] de ceux qui les ont publiées.

Les portraits des trois Manuce ne devoient point manquer à un ouvrage consacré à leur gloire. Celui d'Alde l'ancien est exécuté d'après la gravure en bois qu'on voit sur le titre de plusieurs éditions in-folio, données par son petit-fils vers 1580. La physionomie de ce portrait est caractérisée dans la gravure en bois de manière à ne pas laisser douter que la ressemblance n'en soit exacte. Celui de Paul Manuce est pris sur une gravure ovale, en taille-douce, qu'on trouve imprimée au verso du titre de l'un des volumes du Cicéron in-folio de 1582-83. Ces deux portraits, aussi bien gravés que leur ressemblance avec les modèles choisis est parfaite, sont dus aux talens distingués d'Augustin Saint-Aubin, excellent graveur, et dessinateur non moins habile [1]. Celui

---

[1] Qu'il me suffise d'indiquer ici les excellens portraits des principaux écrivains anciens et modernes qu'il a gravés pour moi, au nombre de près de cinquante, et un nombre presque égal d'autres portraits, de grandeur in-8°, faisant partie d'une collection de 150 nouvelles gravures, destinées à orner les OEuvres de Voltaire. Dans ces portraits, représentant entr'autres les personnages célèbres du siècle de Louis XIV, on admirera sur-tout, lorsqu'ils seront plus universellement connus, ceux des femmes célèbres de ce siècle de merveilles, qu'il a gravés avec cette grace et ce charme que le génie seul peut atteindre.

d'Alde le jeune, moins important, est fait d'après une gravure en bois qu'il a lui-même placée sur le titre de quelques-unes de ses éditions; l'excellente copie que j'en donne et celles des diverses marques Aldines sont de la main de feu Beugnet, l'un de nos meilleurs graveurs en bois, qui a mis un soin tout particulier à imiter parfaitement les originaux.

Sur le titre gravé du tome premier des Annales typographiques de Maittaire, on voit un portrait d'Alde l'ancien, par l'habile Houbraken; et quoique ce portrait soit évidemment gravé sur le même modèle en bois qui a servi à Augustin Saint-Aubin, Houbraken en a fait une tête de fantaisie, d'une belle exécution, mais dont la ressemblance pourroit être plus fidelle. Le portrait qu'on voit à la tête de la brochure de Manni, moins bien gravé, ressemble beaucoup mieux. Quant à celui qui est dans le volume de Unger, ce n'est qu'une caricature.

Il a fallu pour cet ouvrage me livrer à des recherches et des travaux bien plus étendus qu'on ne pourroit d'abord le présumer; et je ne crains pas d'avancer que, de tous les écrits bibliographiques, ceux de ce genre sont les plus ingrats et les plus difficiles à bien faire; on en sentira la raison. Annoncer l'histoire de tels ou tels imprimeurs et de toutes leurs éditions, c'est contracter l'obligation de ne rien passer sous silence. Il faut que la plus mince brochure, que la feuille volante la plus fugitive, soit apperçue et bien exactement indiquée au lecteur qui a le droit de reprocher à l'auteur toutes ses omissions, en même temps qu'il peut être très-disposé à ne lui savoir que très-peu de gré de toutes ses recherches, et à croire que ce qu'on prétend lui apprendre est pris dans des ouvrages antérieurs. Une notice raisonnée de livres plus ou moins rares, une suite de mélanges bibliographiques sur des éditions du quinzième siècle, sur des classiques, &c. trouveroient peut-être un plus grand nombre de lecteurs, et certainement, pour moi, comme pour tout autre, eussent été d'une exécution moins épineuse. Dans ces notices où l'on annonce un choix, des vues générales, &c. le lecteur est naturellement conduit à croire que ce qui est omis l'a été avec parfaite connoissance de cause, et par la volonté positive de l'écrivain ; et d'ailleurs les meilleurs ouvrages étant presque toujours les mieux connus, on est vraiment excusable d'avoir ignoré l'existence de telle pièce dont la rareté fait le seul mérite. Au reste, quel que soit l'accueil que mon ouvrage recevra du public très-peu nombreux auquel je le destine, je puis au moins me rendre cette justice que, bien loin de me hâter à le faire paroître, je ne me suis hasardé à le laisser sortir de mes mains qu'après de longs délais, et après avoir fait tout ce qui étoit en moi pour le rendre exact et complet. Sans doute il contient encore plus d'une erreur ; le nombre de celles que j'ai successivement reconnues dans mon propre travail, jusqu'au moment où je l'ai achevé, ne me permet pas de me flatter qu'il en soit enfin tout-à-fait exempt.

Quant aux erreurs de ceux qui m'ont précédé, il ne m'arrivera pas fréquemment de les relever. Je sais que trop de bibliographes regardent comme une principale portion de leur tâche, peut-être même comme un des priviléges de leur emploi, de noter avec une exactitude souvent orgueilleuse, les endroits où se sont égarés leurs prédécesseurs ; aussi combien ne voit-on pas d'écrits bibliographiques dans lesquels rien n'est dit qu'avec dureté et aigreur ? Dans certains cas seulement je n'ai pu me refuser à faire quelques observations indispensables. J'ai dû relever une partie des nombreuses inexactitudes de la *Serie*. Si un bibliographe justement accrédité, un éditeur reconnu pour très-savant donnent comme réelle une édition créée par eux-mêmes, s'ils dénaturent essentiellement une description, j'ai été obligé de rétablir les faits pour le plus grand avantage du lecteur, qu'il étoit de mon devoir de ne pas laisser dans l'erreur ou dans l'incertitude.

Je conserve l'espoir qu'au moins pour le petit nombre de ceux qui prennent intérêt à tout ce qui concerne l'histoire littéraire, mes veilles ne seront point entièrement perdues, que par ceux-là au moins mon livre ne sera point jugé *labor irritus et incassus*, et c'est à quoi je borne mes desirs. Passionné pour l'art de la typographie, pour tous les travaux qui tendent à conserver et à multiplier les productions du génie, je n'ai pu résister au desir d'élever ce monument à la gloire des Imprimeurs les plus habiles qui furent jamais; et voyant de loin toute l'étendue de la carrière qu'ils ont parcourue d'une manière si brillante, y entrant moi-même, sinon comme imprimeur, au moins comme libraire et donnant aux livres que je publie quelques soins d'éditeur, j'éprouve une satisfaction bien vive à payer mon tribut de reconnoissance et de vénération pour ces modèles qui, s'ils ne me laissent aucun espoir d'arriver jusqu'à eux, me tracent au moins la route que je dois suivre, et rappellent continuellement à ma pensée les devoirs qui me sont imposés.

Cet Ouvrage étoit tout-à-fait imprimé, à la réserve des quatre pages qui précèdent, lorsque j'ai eu connoissance d'une édition toute nouvelle de la *Serie*. Cette réimpression, faite à Florence sur celle de 1791, n'a pas été imprimée avec un grand soin, car entre autres fautes on y trouve quatre fois MARTIALES, au lieu de MARTIALIS.

PRÉFACE.

A chaque article on a mis un prix stipulé en pauls (valant environ 55 centimes); mais comment avoir confiance dans une appréciation portant à trois pauls le Catalogue d'Alde de 1498, qui, pour ne consister qu'en une feuille, ne peut cependant être évalué aussi bas, vu son extrême rareté? Que dire d'une appréciation qui, au sujet d'une édition tout-à-fait chimérique, est ainsi exprimée : « Così citato dall' Harwood, jo per altro non l'ho mai veduto, e quando esista può valere 20 p »? La mise à prix d'objets d'une valeur aussi idéale que les livres anciens ne pouvant être que le résultat de l'expérience, fondée sur le prix auquel on les a vu vendre plusieurs fois, comment se permettre d'établir la valeur de livres qu'on présume n'exister point? Pareille appréciation se trouve à quantité d'autres articles tout aussi chimériques, et dont plusieurs sont indiqués si vaguement qu'il est impossible de deviner ce qu'ils peuvent être.

Comme ce livre contient aussi quelques augmentations, je vais les indiquer à mes lecteurs.

1514. Libri de Re Rustica. In-4°. Édition suffisamment connue, mais dont on annonce avoir vu un exemplaire sur papier bleu, *carta azzurra*. A cette occasion, j'ajouterai que chez M. Quin, à Dublin, il en existe aussi un qu'on m'a dit être de l'édition de 1533, et que M. Smith, amateur anglois, m'assura l'année dernière avoir un fort bel exemplaire en grand papier bleu de l'Andria, et l'Evnvcho di Terentio, 1544. In-8°.

1533. Après T. Livii Decas quarta, 1555, in-8°, on annonce encore Livii (Titi) Opera omnia quatuor voluminibus. Ceci pourroit faire croire à une édition de Tite-Live, dont tous les volumes seroient de 1533, et qui réellement n'existe pas.

1548. Aeschinis et Demosthenis Orationes: *graece*. Venetiis, in-4°.

Je ne trouve ailleurs nulle trace de ce livre : c'est probablement un double emploi avec le suivant, qui est presque le seul annoncé nouvellement dans cette édition, de manière à ne laisser aucun doute sur son existence.

1549. Aeschinis et Demosthenis Orationes quatuor inter se contrariae : *graece*. Apud Federicum Turrisanum. Venetiis, 1549, in-8°.

75 feuillets chiffrés, suivis d'un blanc ; ensuite 112 autres, dont les chiffres recommencent.

1549. Acoluthia, sive Sylliturgica lectoris : *graece*. Venetiis, Turrisanus, cum signo Anchorae.

1558. Bulticellae Commentaria. In-fol.

1562. Gabriel Fallopius. Venetiis. In-8°.

1565. Dolera Institutiones.

1578. Manutii Adagia. Venetiis. In-4°.

1578. Manutii Orationes. Venetiis. In-4°.

1582. Horatius. In-8°. Le même, 1583, in-4°.

1583. Dictionarium latinum. Venetiis. In-fol.

Je n'ai aucune espèce de notions sur ces neuf annonces que je copie textuellement ; et je pourrois certifier que des neuf, cinq, et peut-être plus, sont imaginaires.

1558. Del Toson d'oro. Venetia. In-8°.

Ne seroit-ce point plutôt La Bolla d'Oro, Venetia, nell'Academia Venetiana, 1559, in-4°.

1560. Liber Praecum, seu Missale Mozarabum, litterulis rubro-nigris eleganter impressum. Ven. apud Aldi filios. In-8°.

Après l'intitulé ainsi énoncé, on ajoute cette note : « Livre très-rare, parce qu'il est passé en entier dans les Espagnes. J'en ai vu un seul exemplaire. » Ou l'auteur de cette annonce n'a pas vu le livre dont il parle, ou il ne l'a pas suffisamment examiné. D'abord il eût copié le titre sans un æ au mot *precum* que les Alde n'ont pu estropier ainsi ; et si ce livre existe, il est, ou antérieur à 1560, ou portant tout autre nom que *Apud Aldi filios*. Il est notoire qu'en cette année il ne peut plus y avoir aucune édition à leur nom.

PRÉFACE.

1566. Hieronymi Epistolae. Romae, 4 vol. in-8°.

On annonce un quatrième volume finissant à la feuille t t, et contenant les notes de *Mariano Vettori*. Le fait est possible, mais le tome troisième finit aussi tout justement par la feuille t t.

1571-72. Suite des Œuvres de S. Jérôme, faisant les tomes 4 à 9, plus un de table; tous donnés par Mariano Vettori, et dont les trois premiers avoient été imprimés par P. Manuce, à Rome, en 1564-65. In-fol.

On a bien fait d'annoncer ce complément aux Œuvres de S. Jérôme, exécuté dans l'imprimerie del Campidoglio, précédemment régie par P. Manuce, qui probablement avoit, avant son départ de Rome, achevé le tome quatrième, sur lequel on voit l'ancre avec deux initiales P. M. qu'on ne trouve plus sur les suivans, quoique d'impression tout-à-fait semblable.

Je profite de cette occasion pour faire part de quelques renseignemens qui me sont parvenus depuis peu.

Athenaeus, 1514, in-fol. Le manuscrit sur lequel Alde a fait cette édition vient d'être apporté récemment à notre Bibliothèque nationale; et il est utilement consulté par M. Schweighæuser pour sa nouvelle édition du même ouvrage.

Virgilius, 1514, in-8°. Les pénultième et antepénultième feuillets sont quelquefois blancs, au lieu de contenir l'*errata*.

Polybius, 1520, in-fol. Cet ouvrage, qui est une partie nécessaire de l'édition de Tite-Live de 1520-21, contient 71 feuillets chiffrés, dont le dernier porte au verso la date, précédée du registre des signatures de tout le volume; ensuite vient l'ancre sur un feuillet blanc.

Horatius, 1527, in-8°. 192 feuillets, dont un portant la date, un blanc, et un dernier portant l'ancre : au commencement 8 feuillets dont le dernier est blanc.

Le volume suivant prouve que, dès 1538, les Turrisan travailloient seuls, et que leur séparation d'avec les fils d'Alde est antérieure à 1540.

Fini Hadriani Fini Ferrariensis in Ivdaeos flagellvm ex sacris scriptvris excerptvm. Venetiis Per Petrum de Nicolinis de Sabio : Sumptibus vero nobilis viri Domini Federici Turresani ab Asula. Anno Domini, M D XXXVIII Mensis Ianuarii. In-4°.

596 feuillets à 2 colonnes, précédés de 20 non chiffrés; sur le titre est le portrait de l'auteur, gravé en bois, et au bas une tour avec les deux initiales F. T.

Paolo Giovio, 1539, in-8°. J'ai vu cette édition; elle n'est point d'Alde, et porte pour date « A di primo Zugno, 1539. »

Voici une annonce plus exacte des deux suivans que je n'avois pas encore rencontrés.

La Congivra de' Baroni del Regno di Napoli, contra il Re Ferdinando primo, Raccolta dal S. Camillo Portio. In Roma, M D LXV. In-4°.

83 feuillets chiffrés, 3 de table, un blanc, et au commencement 4 contenant le titre et deux préfaces.

Rime amorose, e pastorali, et Satire, Del Mag. Savino De Bobali Sordo, gentil' huomo Raguseo. In Venetia. CIƆ IƆ XXCIX. Presso Aldo. In-4°.

171 pages, ensuite 5 contenant la table et un catalogue; au commencement 4 feuillets, sur le dernier desquels est le portrait de l'auteur, gravé en bois.

ANNALES
DE L'IMPRIMERIE
DES ALDE.

VIE D'ALDE MANUCE,
DIT *ALDE L'ANCIEN*.

Aldo Manuzio [1] naquit de 1446 à 1447, mais plus probablement dans cette dernière année : il vint au monde lorsque l'art typographique, encore au berceau, produisoit à peine quelques feuilles d'images grossièrement taillées en bois, et accompagnées de peu de lignes de discours, plus grossièrement taillées encore; de sorte que cet art merveilleux, et l'un des hommes qui devoient le plus le perfectionner et l'illustrer, naquirent et se développèrent pendant les mêmes années.

Quelques-uns l'ont cru né à Rome, parce que, dans la plupart de ses éditions, il se nomme *Aldus Romanus*; mais c'est aussi dans plusieurs de ses éditions que se trouve positivement indiquée sa véritable patrie.

---

[1] Son nom a été écrit de plusieurs manières et par lui et par ses descendans, tantôt Manutio ou Manuzio, Manuccio, Manucio, ou Mannucci.

Dans *Thesaurus Cornucopiae*, 1496, dans le premier et le second vol. d'Aristote, 1495-97, il se nomme *Manutius Bassianas*, de Bassiano, petite ville située dans le duché de Sermonetta, assez près de Velletri et des marais Pontins, qu'il ne faut pas confondre avec Bassano, petite ville, ou gros bourg de l'état de Venise, où MM. les frères Remondini ont leurs immenses ateliers d'imprimerie, de gravure, de papeterie, et enfin de tout ce qui est relatif à la fabrication des livres.

Cette explication du nom de *Bassianas*, pris par Alde dans les livres que j'ai cités, est donnée par Alde le jeune, son petit-fils, dans le n° 4 de ses *Quaesiti per Epistolam*, 1576, in-8°, où, s'adressant au cardinal Niccolò Gaetano, il lui dit que l'un des motifs qui l'ont déterminé à lui offrir ce traité, est que son aïeul Alde tiroit son origine d'un lieu sur lequel s'étendoit la jurisdiction de la famille des Gaetano : « Quod autem majus, quam avum ex eo loco cui familia tua jus dicit, avitoque imperio praeses, originem ducere. » Effectivement ce cardinal étoit prince de Sermonetta, dans le territoire de laquelle ville je viens de dire que se trouve Bassiano.

Si, vers l'an 1500, Alde quitta, au moins dans ses éditions, le surnom de *Bassianas* pour s'en tenir à celui de *Romanus*, qu'il conserva toujours depuis, c'est indubitablement parce que Bassiano n'étant qu'un petit endroit peu ou point connu, il lui aura semblé plus commode de désigner pour sa patrie la ville la plus voisine, l'une des premières du monde entier, de laquelle dépendoit ce bourg, lieu de sa naissance, et aussi dans laquelle il avoit été élevé, où il avoit fait ses premières études.

Dans l'édition Aldine de Strabon, 1516, in-folio, l'éditeur Benedetto Thyrreno, dit d'Alde : « De quo praeclare dicere possemus, quod de Augusto dictum accepimus, qui fuerit urbis Romae suae altricis atque matris, aureus partus. » Fondés sur ce passage, plusieurs écrivains ont avancé qu'Alde étoit natif de Rome, ce que j'ai prouvé être une erreur.

Aldo est le nom qu'il reçut au baptême, c'est une contraction de *Theobaldo*; et comme en Italie c'étoit alors, et c'est encore aujourd'hui, la coutume d'employer dans la société les noms de baptême bien plus fréquemment que les noms de famille, on l'appeloit habituellement *Aldo, messez Aldo* : et ce nom, qu'il a rendu si recommandable, est celui sous lequel on connoît le plus sa famille et ses éditions.

Pio est le nom de la famille des princes de Carpi [1]. Alde avoit soigné l'éducation d'Alberto Pio, prince de cette maison, et l'un des hommes les plus savans et les plus estimables de son siècle [2]. Le disciple conserva

---

[1] Carpi, petite ville très-peuplée, faisant maintenant partie du Modenois, à onze milles de Modène.

[2] Neveu de Jean Pic de la Mirandole. Ce prince fut dans la suite cruellement persécuté de la fortune; enfin, dépouillé de ses états, il vint mourir à Paris, âgé d'environ 55 ans. Voyez Leandro Alberti, *Descritt. d'Italia*.

Il fut très-généreux envers Alde, ainsi que le font connoître les préfaces que celui-ci lui adressa en assez grand nombre.

pour son maître une vive reconnoissance et l'amitié la plus sincère. A ses libéralités qui furent assez considérables, il joignit la faculté de porter son propre nom ; aussi, depuis 1503, Alde ajouta toujours à ses noms celui de Pio, et fut dès-lors appelé *Aldo Pio Manutio Romano*, *Aldus Pius Manutius Romanus*.

Son nom de famille, Manucio ou Manutio, a donné lieu à plus d'une conjecture sur son origine, qui véritablement est restée inconnue. Scipione di Gius. Mannucci dans *Le Glorie del Clusentino*, regarde la famille d'Alde comme originaire de Poppi, dans le Casentino, où ce même Scip. Mannucci avoit sa demeure et ses possessions. D'autres écrivains reprochent à Alde d'avoir cherché à se faire passer faussement pour être descendu de familles plus ou moins anciennes et nobles. « Il s'appeloit *Aldus Romanus* (dit Baillet, l. 2, pag. 149, Tr. des Auteurs déguisés), lorsque la fantaisie lui vint de se faire de famille. Il n'en trouva point de plus facile, ni de plus propre à le rehausser, que celle des Mannucci dont il se donna le nom, etc. » Baillet articule ce reproche d'après Marc-Ant. Majoraggio : mais ce savant vouloit s'étayer de l'exemple d'Alde pour s'excuser d'avoir abandonné son véritable nom, qui étoit Anton-Maria de' Conti. Je ne relève point huit ou dix erreurs qui se trouvent dans le passage de Baillet, dont je ne cite que ce qui vient à mon sujet ; je me contente de faire sentir l'absurdité de ce reproche, et d'observer qu'*Aldus* étant un nom de baptême, et *Romanus* ou *Bassianas*, désignant seulement la patrie ou l'origine, ils ne pouvoient être noms de famille ; que si celui de Mannuccio avoit été pris par Alde *illustrationis causa*, ce qui n'auroit pu lui venir à l'idée que quand ses impressions eurent commencé à lui acquérir quelque réputation, on auroit au moins su quel avoit été antérieurement son véritable nom de famille; car toujours quelque circonstance imprévue trahit ces métamorphoses. Une lettre échappée à la destruction, un acte public, une anecdote, la plaisanterie de quelqu'écrivain, enfin mille événemens qu'on ne peut maîtriser, décèlent immanquablement la petite vanité de ceux qui veulent se parer d'un nom autre que le leur propre. Les armes des Mannucci, bien connues à Florence et depuis long-temps, étoient absolument différentes de celles qu'Alde adopta pour lui-même [1], et rien dans ses lettres, dans ses préfaces, ne fait entrevoir cette petite et ridicule envie d'une illustration empruntée, dont au reste il n'avoit nul besoin.

Alde le jeune, son petit-fils, est le premier qui ait voulu faire descendre ses ancêtres des Mannucci, ancienne famille noble de Florence, originaire de Volterre. Dans sa dédicace à Jacopo Mannucci de Florence, en tête de la comédie d'Annibal Caro, *Gli*

---

[1] Les armes adoptées par Alde n'étoient autre chose que l'emblème formé par la réunion d'une ancre avec un dauphin, qu'il mit sur le titre de la plupart de ses livres. L'empereur Maximilien accorda à Paul Manuce le droit d'y ajouter une aigle impériale, faculté dont il ne se prévalut point sur ses éditions; les seuls livres sur lesquels on trouve cette marque ou ces armes, ainsi composées, sont du temps d'Alde le jeune. Voyez, page 62, le n° 5 des diverses marques Aldines.

Straccioni, impr. en 1582, il s'exprime ainsi : « Il debito che ho seco per ragion di parentela, di cui era talmente invecchiata la memoria, ch'è bisognato rinuovarsi amicizia e grande. » Et dans la préface de *La Vita di Cosimo de' Medici, Bologna,* 1586, in-fol. « Nella qual parte d'Italia (la Toscana) essendo l'antico ceppo della nostra famiglia de' Mannucci, molto più ricca e numerosa, ne' passati, che in questi nostri tempi, di fortuna in ciò conforme alla sua patria Volterra, benchè jo non ivi, ma in altra parte nascessi, essendo i miei maggiori, ben più di dugento anni hà, di la partiti.... » Mais comme aucun des nombreux écrits de son père ou de son aïeul, aucune lettre de Paul Manuce, aucune autre preuve enfin ne vient à l'appui de cette allégation isolée, on peut sans risque n'y avoir aucun égard, et croire qu'Alde le jeune aura voulu faire sa cour aux Mannucci, ou plutôt même, qu'un mouvement de vanité l'aura porté à se dire l'allié d'une famille ancienne et très-considérée dans Florence.

Alde eut le malheur de tomber dans les mains d'un pédagogue ignorant qui, au lieu de développer avec habileté les heureuses dispositions de son élève, le fatiguoit inutilement en lui faisant apprendre la grammaire dans le *Doctrinale Alexandri de Villa-Dei* (de Ville-Dieu), ouvrage inepte autant qu'obscur, écrit en vers barbares et plats. « Alexandri carmen ineptum de arte grammatica, praeceptore cogente, memoriae mandabam. » Et telle étoit alors la disette de livres élémentaires, que les enfans auxquels on vouloit donner une éducation lettrée, et qui n'avoient pas le bonheur d'être confiés à un maître en état de leur applanir lui-même les difficultés, étoient obligés d'étudier et même d'apprendre par cœur le ridicule et inintelligible galimatias qu'on honoroit du nom pompeux de Doctrinal. Alde n'oublia point combien ce malheureux livre l'avoit tourmenté; aussi l'un de ses premiers travaux littéraires fut la composition d'une Grammaire latine qu'il imprima d'abord en 1501, et dont il a été fait depuis une multitude d'éditions tant dans son imprimerie que dans diverses autres villes de l'Europe. Depuis la première jeunesse d'Alde, il avoit paru des méthodes latines moins mauvaises que celle de Ville-Dieu; mais la sienne acheva de faire oublier totalement cette triste rapsodie. Sans doute la Grammaire d'Alde n'a ni la précision, ni l'ordre analytique des meilleurs de nos livres élémentaires modernes; mais les Dumarsais, les Condillac, les grands hommes de Port-Royal n'avoient point encore paru : et en ce point, comme en typographie, Alde a le mérite incontestable d'avoir, presque le premier, travaillé assez bien pour mettre ceux qui sont venus après lui en état de faire beaucoup mieux encore.

Il quitta ce maître ignorant, et vint à Rome recevoir les leçons de Gaspar de Vérone et de Domizio Calderino, de la même ville, tous deux célèbres professeurs de belles-lettres, et sous lesquels il fit les progrès les plus rapides. Il conserva de leurs soins une juste reconnoissance, et dans plusieurs endroits de ses préfaces, il leur donne des témoignages de sa haute estime et de sa vénération [1].

Il paroît que ses premières études s'étoient bornées à la langue latine, et que ce ne fut que dans l'âge viril qu'il s'occupa de la langue grecque, lorsqu'il quitta Rome pour se rendre à Ferrare, où il suivit les leçons du célèbre G. Batt. Guarini, qui remplissoit alors la chaire grecque dans cette ville d'une manière si distinguée. On peut juger combien il profita sous cet habile maître, et par les nombreuses éditions grecques dont les lettres lui sont redevables, et par sa Grammaire en cette langue, qui même actuellement est encore lue avec quelque utilité.

Nous avons vu qu'il fit l'éducation littéraire d'Alberto Pio, prince de Carpi. Il étoit jeune encore, et s'acquitta de cette fonction difficile d'une manière qui a fait la réputation et du maître et du disciple.

En 1482, Ferrare étant serrée de près par l'armée vénitienne, Alde quitta cette ville, et se retira à la Mirandole, chez le célèbre Jean Pic, *quod et amaret literatos viros, et faveret ingeniis*, ainsi qu'il écrit en 1485 à Ang. Polizien. Quelque temps après, il alla à Carpi, auprès de son élève Alberto Pio. Pic ne tarda point à venir les y rejoindre; et il est probable que ce fut dans les conférences littéraires de ces deux

---

[1] Dans sa préface d'Hésiode, 1495, adressée à G. B. Guarini, Gaspar est par lui appelé *peregregius grammaticus*. Sur Domizio Calderino, voyez entr'autres la préface adressée à Musuro, en tête de *Orthographia et flexus dictionum*, &c. du Stace, de 1502, in-8°.

savans, et d'un jeune homme déjà bien plus instruit que le comportoit son âge, car Alberto Pio, né en 1475, avoit alors au plus douze ans, que fut conçu le projet de l'établissement d'une belle imprimerie, destinée sur-tout à donner de correctes et élégantes éditions des meilleurs auteurs grecs et latins: et sans doute ces deux princes, si passionnés pour les lettres, firent les premières dépenses de cet établissement; Alde n'étant pas assez opulent pour le former avec ses propres fonds.

Venise lui parut, avec raison, par le goût qui y régnoit pour les arts et les lettres, la ville la plus convenable à l'exécution de son projet. Il s'y rendit, en 1488, un peu plutôt que ne le croit Orlandi (*Origine della Stampa,* pag. 56), ce que je calcule d'après l'autorité d'Alde lui-même qui, dans la préface d'*Aristotelis Organum,* 1495, in-fol. dit que c'est la septième année qu'il s'occupe de la difficile et dispendieuse entreprise de l'établissement d'une imprimerie. Il débuta par le petit poëme de Musée, qu'il publia en grec et latin, in-4°, sans date, mais indubitablement en 1494. Cette première édition fut suivie de la Grammaire grecque de Lascaris, in-4°, mise au jour peu après, aussi en 1494, dans le mois de février, alors le dernier de l'année; ce qui, suivant notre manière de compter, répond au mois de février 1495. Ni le caractère grec, ni le caractère latin de ces deux éditions, ne sont les mêmes. Le grec du Lascaris, mal aligné et assez inégal pour la hauteur relative des lettres, est bien inférieur à celui du Musée : le latin est moins défectueux; mais Alde abandonna également l'un et l'autre : ce qui me persuade qu'essayant d'abord ses premiers caractères sur le Lascaris, et reconnoissant leur défectuosité, il fit sur le champ graver et fondre les deux autres avec lesquels il imprima et publia aussi-tôt, pour *specimen*, et avant le Lascaris, le Musée que sa briéveté permit d'achever en peu de semaines : ce qui éclaircit les doutes qui ont eu lieu jusqu'alors sur la priorité de publication de l'une ou l'autre de ces deux éditions.

Peu après, en 1495, il donna le recueil des traités de grammaire de Theodorus, Apollonius et Herodianus; et pendant ce temps il s'occupa avec une ardeur incroyable à réunir, conférer, corriger les écrits d'Aristote, non encore publiés en grec, quoiqu'il en ait été fait dans le cours du quinzième siècle un assez grand nombre d'éditions latines. Pour se faire une idée de l'immensité de ce travail, qu'on se représente les nombreux traités formant les cinq volumes in-folio des Œuvres d'Aristote, alors tous inédits, et dont les divers manuscrits étoient ou presque illisibles, ou défigurés par l'ignorance des copistes, ou mutilés et oblitérés en partie, et presque tous présentant des leçons différentes; tout ce monceau d'écrits entre les mains d'un éditeur que nulle publication antérieure ne pouvoit diriger dans son travail, et qui se trouvoit à tout moment arrêté par des doutes pour la solution desquels il ne pouvoit le plus souvent attendre de secours que de sa propre sagacité et de sa critique : qu'on veuille bien réfléchir ensuite que, non-seulement pour la volumineuse et difficile édition d'Aristote, Alde a été contraint à ce travail; mais que, pour la multitude innombrable de ses éditions grecques, il a presque toujours eu la même tâche à remplir; et on sentira combien il seroit injuste de lui imputer à faute quelques erreurs typographiques qu'il aura laissé échapper en petit nombre, ou quelques leçons un peu douteuses, rectifiées depuis, soit à l'aide de meilleurs manuscrits, soit par les ingénieuses conjectures d'autres savans venus après lui.

En 1495 parut le premier volume de cette importante édition qui fut terminée en 1498, et dont la belle et savante exécution plaça dès-lors Alde au premier rang, et comme imprimeur, et comme éditeur.

Pendant cet intervalle, il ne s'occupa point du seul Aristote, et l'on vit sortir de ses presses un bon nombre d'autres éditions, moins importantes, mais la plupart d'un grand intérêt; et ce qui doit être remarqué, c'est le goût éclairé qui dirigea ses choix. Les imprimeurs ses confrères, soit de Venise, soit des autres villes, entraînés par le goût du siècle, ou sacrifiant à diverses convenances, sur-tout d'intérêt, n'imprimèrent presque que des ouvrages de scholastique, des livres mystiques ou de jurisprudence, et fort peu de bons ouvrages de littérature ou d'ancienne philosophie. Il étoit réservé au génie d'Alde de changer la direction des idées, de donner une impulsion nouvelle à l'imprimerie, qui dès-lors reproduisit dans toute l'Europe beaucoup moins de ce fatras scholastique : et rien ne contribua d'une manière plus efficace, à faire revenir universellement à l'étude de l'ancienne littérature, que cette volonté bien déterminée d'un homme de goût, qui toute sa vie s'appliqua opiniâtrément à en reproduire et multiplier les chefs-d'œuvre. Concentrés jusqu'alors dans les mains de quelques savans, ou renfermés dans un petit nombre de bibliothèques, Thucydide, Aristote, Platon, Xénophon, Homère, etc. etc. furent mis à la portée des lecteurs les moins opulens; et l'abondance des bons livres multiplia nécessairement le nombre de ceux qui les étudièrent.

Quelques-uns regardent Alde comme le premier qui ait imprimé des livres entièrement en langue grecque ; cette erreur est fondée sur un fait qui en lui-même est vrai. Dans la plupart des éditions de ce temps, les passages qui s'y rencontrent en langue grecque sont laissés en blanc pour être ensuite remplis à la plume, parce qu'effectivement presque toutes les imprimeries étoient encore dépourvues de caractères grecs : mais on connoît un assez grand nombre d'éditions en cette langue, antérieures à toutes celles d'Alde, et plusieurs même assez importantes : on peut citer la Grammaire de Lascaris, Milan, 1476, in-folio; l'Homère de Florence, 1488, et beaucoup d'autres dont il n'est pas de mon sujet de donner ici la liste. Mais ce qui est incontestable, c'est qu'Alde est le premier qui ait employé de beaux caractères grecs, figurés d'après les meilleurs manuscrits. D'ailleurs, avant lui, aucun imprimeur n'avoit donné d'éditions grecques qu'en petit nombre, à des intervalles éloignés, et comme autant de productions péniblement exécutées ; au contraire, il n'eut pas plutôt monté son imprimerie, que ses éditions se succédèrent avec une rapidité qui eût été alors étonnante, même pour des livres d'une impression commune et facile.

Il sentit que pour étendre la lecture et l'usage des livres grecs, il étoit indispensable de faciliter l'etude de cette langue. Aussi voit-on que ses premiers soins se portèrent sur les meilleurs ouvrages des grammairiens grecs anciens et modernes. Il s'étoit lui-même occupé d'une Grammaire en cette langue, et il la vouloit publier dès les premières années de son établissement ; mais d'autres travaux en retardèrent l'achèvement, et l'on sait qu'elle ne fut imprimée qu'en 1515, après sa mort, par les soins de Marco Musuro, son ami, et l'un de ses collaborateurs les plus distingués.

Après avoir publié un bon nombre d'éditions grecques, pour l'exécution desquelles il avoit eu tant à cœur de fonder une imprimerie, il s'occupa des chefs-d'œuvre littéraires de l'ancienne et de la nouvelle Rome. Ainsi qu'il avoit fait pour le grec, il fit précéder par une Grammaire latine, les ouvrages classiques qu'il vouloit publier en cette langue, et cette Grammaire fut son propre ouvrage. Pour faire lire ses livres par d'autres que par les savans de profession, et ailleurs que sur le pupître dans l'intérieur des bibliothèques, il conçut la belle idée d'une collection de tous les bons ouvrages en petite forme, in-8° (*Enchiridii forma*), qui, dans un volume commode et portatif, réunît cependant presqu'autant de matière qu'un in-4° ou un in-folio, et qui fût aussi, par cette même raison, d'un prix bien plus modique et accessible à toutes les fortunes. Pour y parvenir, il imagina d'abord un caractère dont on assure que l'écriture de Pétrarque lui donna la première idée : et, se concertant avec François de Bologne, habile graveur, qui déjà lui avoit dessiné et gravé tous les autres caractères de son imprimerie, il lui fit exécuter ce petit italique si connu, le premier qui ait été fait dans ce genre, et qui, pendant long-temps, fut nommé *Aldino*, du nom de celui qui en avoit eu la première idée. Ce caractère, moins beau sans doute que les lettres rondes, employées vers 1472 par Vindelin de Spire, Jenson, etc. étoit bien supérieur au lourd et grossier gothique, auquel presque toutes les imprimeries sembloient être revenues depuis une quinzaine d'années : il avoit aussi le très-grand avantage de ressembler à une belle écriture minutée ; ce qui devoit beaucoup plaire dans ces temps où la plupart des livres étoient encore en manuscrit.

Dès 1501 parut son Virgile in-8°, le premier de tous les livres imprimés avec ce nouveau caractère, dont l'emploi ne tarda point à devenir général. Doni et plusieurs autres avancent, non-seulement qu'Alde l'imagina, mais même qu'il le dessina et le fondit. Au contraire, Soncino, qui a publié à Fano et dans plusieurs autres villes d'Italie des éditions estimées et devenues fort rares, prétend, dans la préface de son Pétrarque de 1503, in-8°, imprimé aussi avec un italique de Fr. de Bologne, qu'Alde se dit induement l'inventeur de ce caractère, dont tout le mérite appartient au graveur. Le reproche n'est pas juste, puisqu'à la tête du Virgile de 1501, Alde consacre les talens du graveur, et le reconnoît pour l'auteur de ce caractère. Il s'y exprime ainsi :

In Grammatoglyptae laudem.

Qui graiis dedit Aldus, en latinis
Dat nunc grammata scalpta daedaleis
Francisci manibus Bononiensis.

Que ce caractère ait été depuis nommé *Aldino*, du nom de l'imprimeur, sans rappeler celui du graveur, c'est ce qui devoit naturellement arriver. Il est tout simple que le public ait donné, à des lettres dont la forme lui étoit agréable et l'emploi si utile, le nom de l'imprimeur qui en faisoit un si bel usage, plutôt que celui du graveur que rien dans les éditions, hors les trois vers du Virgile de 1501, ne rappeloit au souvenir du lecteur. Maintenant même que dans presque toutes les parties de l'Europe on s'occupe tant de caractères d'imprimerie, de leur gravure et du perfectionnement de la typographie, combien peu de ceux qui recherchent et payent si chèrement les jolies éditions des Elzevier, savent que ces caractères, qui leur plaisent tant, sont l'ouvrage de François Garamond qui les grava, cent ans auparavant, à Paris, où depuis on n'a pas cessé d'en faire usage.

Ce petit italique d'Alde, si différent du gothique ou semi-gothique, devoit faire révolution dans l'imprimerie. Des priviléges pour son emploi exclusif pendant dix années furent accordés à l'imprimerie Aldine, le 13 novembre 1502, par le sénat de Venise; et le 17 décembre de la même année, par le pape Alexandre VI. Le privilége du souverain pontife fut renouvelé pour quinze années par Jules II, le 27 janvier 1513, et encore par Léon X, le 28 novembre suivant. On trouvera dans ce volume la copie exacte des quatre priviléges. Il eût été plus juste, et peut-être d'une utilité plus générale, d'accorder à l'artiste qui avoit gravé les caractères, un privilége pour les débiter et en approvisionner exclusivement les imprimeurs ; mais par l'heureux emploi qu'il sut en faire, Alde justifia cette faveur singulière, et la fit tourner au profit des lettres : ce qui est rarement l'effet des priviléges exclusifs.

Indépendamment de ces priviléges pour son petit caractère, Alde en obtint d'autres pour ses diverses éditions. Le premier volume d'Aristote (*Organum*) de 1495, porte à la fin « Concessum est eidem Aldo inventori ne quis queat imprimere neque hunc librum, neque caeteros quos is ipse impresserit ; neque ejus uti invento, etc. » Ces mots, *inventori*, *invento*, se rapportent indubitablement aux caractères grecs dont il étoit, par le privilége, défendu de copier les formes. Presque tous ses autres livres, depuis ce volume d'Aristote, portent à la fin la mention abrégée d'un privilége du sénat de Venise ; et divers souverains lui en accordèrent, à différentes époques, ainsi qu'à ses successeurs.

Il s'en fallut cependant de beaucoup que ces priviléges fussent universellement respectés, puisqu'à Fano, ville du duché d'Urbino, ce même Soncino, dont j'ai déjà fait mention, imprima dès 1503 un Petrarca, et ensuite plusieurs autres in-8° en caractères italiques. A Florence, Phil. Giunta se servit aussi dès 1503, de ce caractère, dont il continua l'emploi sans aucune interruption. Au reste, la défense des papes ne pouvoit être que spirituelle pour quiconque ne vivoit pas sous leur domination ; et les Florentins, quoique fort religieux, surent probablement apprécier la valeur et l'efficacité des foudres ecclésiastiques en matière purement temporelle et de négoce.

Dès 1502, des imprimeurs lyonnois contrefaisoient les éditions d'Alde, in-8°, latines et italiennes, à mesure qu'elles étoient publiées. Ils donnèrent successivement Virgile, Horace, Dante, Pétrarque, Juvénal et Perse, Martial, Lucain, Ovide, etc. etc. Ces éditions du même format, faites avec un italique assez joli, quoiqu'un peu lourd, étoient sans date, et sans aucune espèce de marque ; mais on y copioit tout, jusqu'aux préfaces qu'Alde ou ses éditeurs ont presque toujours mises à la tête de ses éditions. Les premiers volumes donnés par les Lyonnois étoient d'une incorrection vraiment révoltante, ce qu'Alde eut soin de faire remarquer dans un avis en forme de placard, daté du 16 mars 1503, que probablement il afficha et distribua à ses acheteurs. Dans cet avis, il exprime le chagrin que lui causent ces éditions, qui véritablement sont frauduleuses, puisqu'on cherche à les faire passer pour Aldines ; et qui, très-mal exécutées et remplies de fautes, peuvent nuire à sa réputation, en même temps que leur circulation est contraire à ses intérêts. Il indique les moyens de les reconnoître, sur-tout par les fautes typographiques dont il désigne un assez grand nombre : mais ce qui est assez piquant, c'est que les Lyonnois, toujours alertes à veiller à leurs intérêts, tournèrent à leur profit cet avis même dont le but étoit de nuire au débit de leurs éditions. Il y est dit que la contrefaction du Juvénal portoit telles et telles fautes : vîte ils réimprimèrent un Juvénal, dans lequel ces fautes n'existoient plus; et ils purent ainsi donner le change à beaucoup de ceux qui se seroient guidés sur les renseignemens fournis par l'écrit d'Alde. J'ai dans les mains ces deux éditions lyonnoises de Juvénal et Perse.

Cet avis d'Alde, dont les exemplaires se sont perdus, comme il en arrive presque toujours des feuilles volantes, a été retrouvé par feu l'abbé Mercier de S. Léger, dans un manuscrit grec de la Bibliothèque nationale, coté 3064, avec plusieurs catalogues Aldins; et comme ces pièces n'existent peut-être plus dans aucun autre endroit, je donne dans ce volume la réimpression exacte, et de celles par lui indiquées, et d'autres encore dont il n'a fait aucune mention, quoiqu'elles se trouvent dans le même recueil manuscrit.

Pendant les années 1501-2-3-4-5, l'imprimerie d'Alde fut en grande activité, et publia successivement les meilleurs auteurs grecs, latins et italiens, soit en in-folio, soit en in-8°, Démosthène, Lucien, Dante, Horace, Pétrarque, les Épîtres familières de Cicéron, Juvénal, Lucain, Homère, Sophocle, Euripide, etc. etc. chaque mois voyoit paroître au moins un volume : « Mille et amplius alicujus boni autoris volumina singulo quoque mense emittimus ex Academia nostra » dit-il dans sa préface d'Euripide, 1503, in-8°. Je conviens que la plus chétive de nos imprimeries modernes, ayant seulement deux ou trois presses à son service, expédie en apparence beaucoup plus d'ouvrage; mais quelle comparaison à faire pour l'exécution typographique et pour les soins littéraires, entre le roman in-12 ou in-18, entre le pamphlet éphémère et ces excellens volumes, dont le moindre feroit de nos jours la réputation d'un de nos imprimeurs! Ceux qui s'occupent d'éditions soignées et difficiles savent combien elles s'exécutent lentement, même avec le travail de tous les jours et l'activité la plus soutenue.

Tout étoit bon dans ces livres : quant à leur mérite littéraire, la plupart étoient chefs-d'œuvre : si on les examine sous les rapports typographiques, on y verra une composition égale et bien entendue, un tirage d'une belle couleur, et presque toujours uniforme, avec une encre d'une qualité si excellente, qu'elle a encore tout le brillant de son vernis; bien supérieure en cela à celle des rivaux perpétuels des Alde, les Junte de Florence, qui imprimoient sur un papier peu collé [1], avec une encre grise, et si mauvaise, qu'après

---

[1] Depuis que la fantaisie des papiers vélins est devenue presqu'universelle, depuis que le papier vélin est devenu un talisman qui, pour certains acheteurs, rend estimable tel ouvrage dont la belle typographie est la seule recommandation, les éditions de luxe sont, pour la plupart, des livres que le moindre usage détériore sensiblement. Ce défaut n'est cependant point inhérent à cette sorte de papier, mais à la manière dont il est le plus souvent fabriqué. Quelques Imprimeurs s'appercevant qu'un papier dépourvu de colle s'imprimoit avec une certaine facilité, et croyant aussi qu'il useroit moins leurs caractères, oublièrent qu'un livre doit, avant tout, être fait pour l'usage, et crurent perfectionner leurs moyens d'exécution en se

trois siècles elle macule encore sous le marteau du relieur.

Alde ne se dissimula point que la tâche qu'il s'étoit imposée excédoit les forces d'un seul homme, et que son travail le plus opiniâtre et le plus assidu ne pouvoit suffire aux soins qu'exigeoient la collation et la cor-

---

procurant des papiers si mous qu'on peut à peine s'en servir. Un tel système de fabrication ne pouvoit qu'être adopté avec empressement par les papetiers, puisqu'il leur présentoit diminution de dépenses, et facilité de vendre plus chèrement un papier dont la colle n'a aucunement altéré la blancheur. D'ailleurs, la réputation des Imprimeurs qui avoient introduit une telle innovation, devoit faire loi pour la multitude : rien de si naturel. Les Papeteries de Suisse et de Lorraine ont suivi le même exemple : aussi la plupart des livres imprimés sur papier vélin, soit dans la Suisse, soit dans l'Allemagne qui tire de ces contrées presque tous ses papiers de luxe, sont-ils plus désagréables encore que les nôtres, et à peine plus solides que les plus mauvais papiers brouillards employés aux livres allemands. Aussi quelle différence entre tout ce luxe moderne, et les bonnes et usuelles éditions de nos Alde, des Estienne, des Elzevier, celles dites *variorum*, et tous les classiques in-4° et in-folio du bon temps de la typographie hollandoise ! Cependant ces éditions, si justement renommées, ont été souvent faites sur du papier de France. On voit la marque, *Fin d'Angoumois*, dans les meilleurs volumes des Elzevier, et sur plus d'un in-4° et d'un in-folio hollandois du siècle dernier. Ainsi les élégans volumes qui ont fait la réputation des Elzevier étoient fabriqués sur du papier de France que leur fournissoit Angoulême, sur des caractères de France qu'ils tiroient de Paris ; qui sait même s'ils n'employoient pas aussi de cette excellente encre de France que les étrangers sont encore à présent si empressés à se procurer, quoique, dans ces derniers temps, des Anglois soient

rection de tant de textes différens, presque tous publiés d'après des manuscrits, dont le défaut le plus ordinaire étoit d'être presque toujours peu d'accord entre eux.

Trop habile homme pour ne pas connoître toute l'étendue de ses devoirs, et trop modeste pour chercher à paroître faire tout à lui seul, il sut s'entourer des

---

venus au milieu de Paris établir un dépôt d'encre angloise, qu'ils annonçoient comme la meilleure possible, mais dont les échantillons que j'ai vus me font douter qu'ils aient trouvé ici un grand débit.

La France peut faire aussi bien et mieux que les étrangers : elle peut faire du papier aussi solide que celui que Bodoni a le bon esprit de préférer pour ses magnifiques éditions; elle peut n'avoir pas à envier aux Anglois leur excellent et très-beau papier de *Whatmann*. Angoulême fait maintenant des papiers non moins solides et plus beaux que ceux que depuis un temps immémorial elle fournit à l'Europe entière : ses fins ordinaires, tels que celui qui est employé pour cet ouvrage, sont, à tous égards, les meilleurs en ce genre. Ses papiers vélins ont presque le bel apprêt et la solidité des papiers anglois de Whatmann ; et leur blanc naturel et sans azur est plus pur et plus ami de l'œil. Annonay a aussi conservé, plus que bien d'autres Papeteries, une certaine solidité dans ses papiers de luxe. Les autres fabricans François ne sont ni moins industrieux, ni plus dépourvus de tout ce qui peut les conduire à la perfection. Qu'ils consentent à abandonner une méthode de fabrication qui, pour être du goût de quelques-uns des consommateurs de leurs papiers, n'en déplaît pas moins au public, parce que le public veut des livres pour les lire, et que le nombre de ceux qui amassent des éditions de luxe, plutôt comme meubles précieux que comme objet d'instruction, est et sera toujours le moindre; que d'ailleurs ceux-là même n'en seront que plus satisfaits, lorsque ces volumes d'un

plus savans hommes de son siècle qui, à l'envi, s'empressèrent de l'aider à ouvrir le sanctuaire des lettres, pour le rendre accessible à la multitude des lecteurs. Les uns, pour le seul plaisir de servir leur ami, venoient le seconder dans ses utiles et pénibles travaux; d'autres recevoient un honoraire convenu; quelques-uns même vivoient dans sa maison, entièrement défrayés par lui. La réunion de ces savans distingués fut appelée *Aldi Neacademia*, nom qu'il lui avoit donnée lui-même. A des jours fixés, tous se rassembloient dans sa maison pour traiter d'intéressantes questions littéraires, et surtout pour s'occuper du meilleur choix possible des livres à imprimer, des manuscrits à consulter, des leçons à préférer parmi plusieurs qui présentoient quelque incertitude. Formée vers l'an 1500, cette académie dura seulement quelques années, et pendant ce court intervalle, elle servit efficacement les lettres. Comme c'étoit une simple société de savans, et non pas un établissement en forme, dans lequel les morts ou les absens fussent aussi-tôt remplacés, elle se trouva naturellement et promptement dissoute par la mort ou la dispersion accidentelle de ses membres. Alde conservoit dans son cœur le plus vif desir d'en former une

---

très-grand luxe, nécessaires à leurs jouissances, réuniront l'éclat à la solidité. Déjà beaucoup de lecteurs ont pris en aversion le papier vélin; et l'effet inévitable d'une mauvaise fabrication continuée seroit de dégoûter totalement de cette sorte de papier qui véritablement est très-agréable, et dont la vente sera d'autant plus assurée aux fabricans François, qu'ils se seront attachés à lui donner une supériorité plus réelle.

nouvelle, mais il mourut sans avoir pu réaliser son projet chéri.

Les personnes qui composoient cette académie étoient :
Alde.

Andrea Navagero, sénateur vénitien.

Pietro Bembo, depuis cardinal.

Daniello Rinieri, sénateur vénitien, et depuis procurateur de S. Marc.

Marino Sanuto, historien habile et sénateur vénitien.

Angelo Gabbrieli, sénateur vénitien.

Scipione Forteguerri (ou Fortiguerra), dit Carteromaco, de Pistoie.

Urbano Valeriano Bolzani, de Belluno, religieux de l'ordre des Mineurs.

Did. Erasme, de Rotterdam.

Girolamo Avantio, de Vérone.

Benedetto Ramberti, vénitien.

Pietro Alcionio, aussi vénitien.

Giov. Battista Egnatio, professeur d'éloquence à Venise, sa patrie.

Alessandro Bondino qui, dans divers de ses ouvrages, se nomme en grec *Agathemeron*.

Marco Musuro, de Candie, depuis lecteur *nello studio di Padoa*, et ensuite archevêque *di Malvasia*.

Marc-Ant. Cocchio Sabellico, de Vicovaro, dans la Campagne de Rome.

Benedetto Tirreno, ou Thyrreno.

Alberto Pio, prince de Carpi, qui ne dédaigna pas de prendre souvent part à ces intéressans entretiens.

Andrea Torresano d'Asola, beau-père d'Alde.

Federico et Francesco Torresano, fils d'André.

Outre les membres de cette réunion littéraire, et aussi après leur dispersion, Alde eut encore beaucoup d'autres habiles coopérateurs qui le secondèrent d'une manière brillante, et avec lesquels il fut uni par les liens d'une constante amitié. Demetrius Chalchondyle, venu de Grèce vers le temps de la ruine de l'empire d'Orient et la prise de Constantinople par les Turcs, soigna plusieurs de ses éditions grecques. Girol. Aleandro fut quelque temps occupé chez Alde, n'étant encore que dans les Mineurs (*in minoribus*) et n'en rougit pas, lorsque depuis il fut fait cardinal. Erasme, au contraire, fut dans la suite très-choqué de passer pour avoir été correcteur aux gages d'un Imprimeur. Il prit beaucoup de peine à assurer que jamais chez Alde il n'avoit revu que ses propres ouvrages, ou des éditions desquelles il s'étoit entièrement chargé comme éditeur, et non pas comme simple correcteur. Dans son apologie intitulée *Catalogus omnium Erasmi Lucubrationum*, il dit : « Moliti sumus simile quiddam apud Aldum, post edita Proverbia, in Comoedias Terentii et Plauti omnes, in Tragoedias Senecae, in quibus non pauca feliciter mihi visus sum restituisse, non sine praesidio veterum Codicum : exemplaria reliquimus Aldo, permittentes illius arbitrio quid de illis statuere vellet. » Effectivement, le Plaute, qui ne parut qu'en 1522, est annoncé par Fr. Asolano, comme imprimé sur un exemplaire corrigé par Alde, et ensuite par Erasme. Ailleurs, Erasme va plus loin encore. Alberto Pio lui objectoit qu'il avoit travaillé pour de l'argent chez Alde : « Ipsum Aldi, heri sui, officinae ministrasse, et ibidem quaestum fecisse. — An ille minister est officinae, répond Erasme, qui proprio adest operi? Neque enim aliam operam Aldo addixeram. Officina mihi potius erat ministra. » C'est se débattre beaucoup pour bien peu de chose; comme s'il étoit avilissant d'avoir reçu des honoraires d'un Imprimeur, pour contribuer à la perfection de ses éditions !

Ces deux savans avoient fait connoissance d'une manière assez singulière. Erasme étant à Bologne, avec l'intention de publier son recueil d'Adages, écrit à Alde, et lui mande qu'il desire faire imprimer cet ouvrage chez lui. Alde accueille sur le champ la proposition; Erasme arrive à Venise, et son premier soin est d'aller visiter le savant Imprimeur qui l'avoit appelé avec un empressement aussi obligeant. Étranger, et par conséquent inconnu dans la maison, il fut obligé d'attendre assez long-temps avant d'être introduit. Alde, occupé dans son imprimerie, ne se pressoit pas d'admettre ce visiteur, qu'il croyoit être quelqu'importun de la ville. Enfin, ayant su que c'étoit Erasme, il accourut lui faire ses excuses, et le reçut comme un homme pour lequel il avoit déjà conçu la plus haute estime.

Il ne tarda pas à s'occuper de l'impression du recueil d'Adages, dans la préface duquel il dit qu'il avoit suspendu l'impression des auteurs grecs et latins pour publier plus promptement cet excellent ouvrage. Tel fut le commencement d'une amitié qui, après avoir été très-vive, se changea en un éloignement que l'on pourroit appeler de la haine. Quelques-uns prétendent que la manière de vivre sobre, et parcimonieuse peut-être, de l'Italien, déplut au Hollandois, habitué à la chère des Allemands, et que c'est Alde qu'il a eu en vue dans l'un de ses Colloques, intitulé *de Opulentia sordida*, où il introduit un Allemand faisant de grandes plaintes sur la vie misérable et mesquine qu'il avoit menée chez un Italien où il avoit pensé périr d'inanition. La brouillerie fut sans doute complète, car Alde et ses successeurs, lorsqu'ils eurent occasion de réimprimer quelqu'opuscule d'Erasme, le nommèrent presque toujours *Transalpinus quidam homo*, ce qui ne marque pas une grande considération.

La préface de *Gregorii Nazanzeni Orationes*, 1516, in-8°, pourroit donner à croire que le gouvernement vénitien intervint aussi dans l'établissement d'Alde, et chargea M. Musuro, l'un des académiciens, d'y exercer une sorte d'inspection, non pas de police comme de nos jours, mais simplement littéraire, et dans la vue de le conserver sur un pied d'autant plus respectable; et que même, pour ces fonctions, il fut assigné à M. Musuro un traitement annuel. Voyez le passage de cette préface, à l'autre volume, page 128. Au reste, ce fait n'est pas suffisamment prouvé ni éclairci.

Le concours de tant d'hommes habiles contribua à la perfection des éditions Aldines, et bien loin de diminuer la gloire du conducteur de ces difficiles travaux, elle l'étendit au contraire, et la rendit plus solide. Le public sut répartir son estime ; et en même temps qu'il distinguoit les savans éditeurs qui rendoient plus facile la lecture des chefs-d'œuvre de l'ancienne littérature, il n'oublioit pas l'Imprimeur laborieux et éclairé qui, habile éditeur lui-même, dirigeoit tout l'ouvrage, et contribuoit si efficacement à son excellente exécution.

Toujours Alde eut soin de payer à chacun son tribut de remercîmens et d'éloges. Ses préfaces mentionnent avec distinction ceux qui l'ont aidé, ou à qui il doit d'intéressans renseignemens, des manuscrits plus corrects ou inédits. Précisément parce qu'il faisoit beaucoup, il n'ambitionnoit pas la réputation de ne rien devoir aux talens des autres ; aussi le public lui a tenu compte, autant des travaux qu'il a si bien dirigés, que de ce qu'il a fait par lui-même.

A l'impression des livres grecs, latins et italiens, il vouloit joindre celle des livres hébraïques. Instruit dans les langues orientales, et notamment dans la langue sainte, il avoit déjà donné, dans sa Grammaire latine de 1501, son *Introductio perbrevis ad hebraicam linguam,* souvent réimprimée avec cette même Grammaire et avec celle de Lascaris. Ce premier essai n'étoit que le prélude d'une entreprise bien plus considérable et d'une haute importance pour ces temps-là. Il vouloit donner le texte de l'Écriture sainte en trois langues, en hébreu, en grec et en latin, sur trois colonnes, de format grand in-folio. Dans une de ses lettres, écrite à Venise, *Nonis Iulii,* 1501, à Currado Celta et à Vincenzio Longino (la vingt-deuxième de la centurie de Melchior Goldast), on lit : « Vetus et novum Testamentum graece, latine et hebraice nondum impressi, sed parturio. » En tête du Psautier grec, sans date, mais certainement imprimé de 1497 à 1498, J. Decadyius, dans sa préface à ses compatriotes, annonce que bientôt on verra réalisée la promesse d'Alde, par la publication de la Bible en hébreu, grec et latin. De ce vaste projet, il n'a été exécuté qu'une feuille de modèle, présentant, sur une page de format in-folio, le texte dans les trois langues en trois colonnes. Cette page dont on conserve dans le manuscrit de la Bibliothèque nationale, n° 3064, déjà cité, un exemplaire, le seul peut-être échappé à la destruction, est d'une grande beauté, tant pour le caractère latin, le même que celui de *Bembi Aetna*, que pour le grec et l'hébreu ; et il fait regretter vivement que le malheur des temps et les tracasseries qu'Alde annonce lui avoir été suscitées par des envieux, l'aient empêché de réaliser son projet, et d'ajouter à sa gloire celle d'avoir le premier donné une Bible polyglotte : il auroit devancé celle qu'on imprima à Complute en 1514-15-17, par les soins et aux frais du savant cardinal Ximenès, qui dut peut-être à la feuille d'essai faite par Alde, la première idée de cette réunion de l'Écriture sainte en plusieurs langues sur une même page.

Vers 1500, Alde épousa la fille d'André Torresano, natif d'Asola [1], qui, depuis vingt ans, imprimoit à

---

[1] Château de l'état vénitien dont P. Bembo fait mention dans

Venise avec quelque réputation, et dont j'ai cru à propos d'indiquer les diverses impressions dans une liste succincte qu'on trouvera vers la fin de ce volume. Alde trouva des secours pécuniaires auprès de son beau-père qui, plus opulent, lui fournit les moyens d'étendre ses entreprises. La préface de l'*Origenes* de 1503, in-folio, citée page 71 des Annales, dit que ce volume étoit publié *alterius impensis, doctrina alterius ac studio*, ce qui prouve leur concours pour l'impression de ce livre. Au reste, cette préface, la première où il soit question de liaisons commerciales entre le beau-père et le gendre, n'indique pas encore une association positive, mais une simple réunion d'intérêts pour une entreprise particulière ; et on voit un livre fait l'année suivante, en 1504, par André d'Asola et à son seul nom, *Cepollae Consilia*, in-folio. Le premier ouvrage qui donne la preuve d'une association complète est l'édition des Lettres de Pline, in-8°, imprimée en 1508, *mense novembri, in Aedibus Aldi et Andreae Asulani soceri*; car il ne faut point parler du Juvénal de 1501, *in Aedibus Aldi et Andreae*

---

ses Asolani, feuillet a iiii de l'édition de 1505. « Asolo vago et piacevole castello posto ne gli stremi gioghi delle nostre Alpi sopra'l Trivigiano, è (si come ogniuno dee sapere) arnese della Reina di Cipri. » Ces derniers mots signifient simplement que cet endroit dépend de la reine de Chypre, chez laquelle il suppose qu'eurent lieu les entretiens contenus dans son livre : quelques écrivains s'étant mépris sur ce mot, ont cru qu'il étoit question de *Vénus*, et que Bembo avoit voulu par-là faire d'Asola l'éloge le plus complet, en disant qu'il appartenoit à la reine de la beauté.

soceri, avec l'ancre Aldine. Cette édition, qui a fait croire la société d'Alde avec son beau-père, existant dès 1501, n'est qu'une copie de la véritable édition de cette année, époque à laquelle Alde n'employoit pas encore l'ancre; et il est à croire que cette réimpression, qui même est assez peu conforme à l'autre édition, doit être rapportée à 1513 ou 1514.

En 1506, la guerre qui désoloit une partie de l'Europe, et sur-tout l'Italie, mit Alde dans la nécessité de quitter Venise, et par conséquent de suspendre les travaux de son imprimerie. Il s'étoit vu dépouiller de biens de campagne assez considérables, et cette année fut consumée en démarches pour les recouvrer; mais toutes ses sollicitations furent inutiles, et comme il revenoit à Venise après avoir été à Milan, où l'avoient appelé divers savans distingués, il eut encore la disgrace d'être arrêté par un parti de soldats du duc de Mantoue qui, le prenant pour quelqu'espion, ou au moins homme suspect et ennemi, le conduisirent en prison à Caneto, ville du duché de Mantoue. Les bons offices et la pressante intercession de Jaffredo Carolo [1], vice-chancelier du sénat de Milan, l'un de ceux qui l'avoient sollicité à faire un voyage dans cette ville, firent promptement cesser cette nouvelle vexation; et enfin Alde regagna ses pénates, plus pauvre encore, et plus dénué que quand il les avoit quittés un an auparavant.

---

[1] Dans la préface de son Horace de 1509, il témoigne à Jaffredo Carolo sa reconnoissance pour le service qu'il lui rendit à cette occasion.

Il est probable que cette perte de la plus grande partie de ses biens, et le préjudice que lui causa une aussi longue absence, auront été les principales causes de son association avec André d'Asola, dont les secours pécuniaires lui étoient devenus plus nécessaires que jamais. En 1507 il aura repris ses travaux, mais d'une manière pénible et avec cet embarras qui naît du manque de fonds; et l'année d'après, son beau-père l'aura enfin tiré de peine, en prenant tout-à-fait part à son commerce.

Les années 1510 et 1511 ne virent paroître aucune édition Aldine; les trois ou quatre qui ont été citées par divers Bibliographes sont démontrées chimériques, et par la falsification des dates dans les exemplaires produits comme preuves, et par le témoignage d'Alde lui-même dans la préface de son Pindare, 1513, in-8°. Voyez page 98 des Annales.

Les désastres de la guerre, dans laquelle plusieurs potentats de l'Europe s'étoient ligués contre la seule république de Venise, le forcèrent à cette longue et ruineuse inaction. Son imprimerie fut enfin rouverte en 1512, année de la naissance de son troisième fils, Paul Manuce, *Pridie Idus Iunii*[1]. Il eut trois autres enfans, l'aîné, Manutio de' Manutii, qui fut prêtre, et

---

[1] Cette date est prouvée par celle d'une lettre latine de Paul Manuce à Gugl. Paccio, la cinquantième du livre IV. *Venetiis M. D. XXXIII. pridie Id. Iun. qui mihi primus dies est anni XXI.* Unger se trompe en donnant à Alde un quatrième fils, nommé François.

vécut à Asola, dans le patrimoine de sa famille [1], chéri de son frère Paul, qui se déroba plusieurs fois aux travaux de son imprimerie pour l'aller visiter, et notamment en 1557 et 1565. Le second, Antoine, cultiva les lettres, et fut quelque temps, sinon Imprimeur, comme quelques-uns l'ont avancé, au moins certainement Libraire à Bologne, où il publia plusieurs éditions indiquées pages 296, 302 et 303 des Annales, et mourut dans cette ville de 1558 à 1559. On ignore les dates de leur naissance, ainsi que de celle de la fille d'Alde, dont le nom est pareillement resté inconnu, et dont on sait seulement, par une lettre de Paul Manuce, la huitième du liv. 5, qu'elle épousa un nommé Julio Catone, de Mantoue, et en eut un fils du même nom.

On ignore aussi le nom de l'épouse d'Alde, mais celui de sa belle-mère nous a été conservé dans une épitaphe placée par André d'Asola, son époux, dans l'église de *San Stefano* de Venise, et rapportée par Giorgio Palfero, page 103 d'un de ses manuscrits.

LAMBERTINAE
UXORI OPTIMAE ET CASTISSIMAE
CVM QVA VIXIT ANNOS XL SINE LITE
ANDREAS TVRISANVS AB ASOLA
LIBRARIAE ARTIS INSTAVRATOR
P. M. M. D. XX. IDIBVS IVLII.

Alde publia beaucoup d'éditions en 1513 et 1514; il en préparoit un plus grand nombre encore, lorsqu'en

---

[1] On montre encore à Asola une vieille maison qu'on dit avoir été celle de la famille d'Alde.

1515 la mort l'enleva aux lettres et à sa famille, à l'âge de près de soixante-dix ans. Ses quatre enfans, restés en bas-âge, furent élevés par leur mère à Asola, et non pas à Domo d'Ossola, comme l'ont cru quelques-uns, sous la tutelle de leur aïeul qui prit la direction de l'imprimerie, et la conduisit avec ses deux fils, Francesco et Federico, jusqu'à sa mort arrivée en 1529.

Il est difficile de se faire une idée de la passion avec laquelle Alde s'occupa de la reproduction des chefs-d'œuvre de la littérature ancienne. Dans ces temps de la renaissance des lettres, et voisins de l'origine de l'imprimerie, la plupart des bons livres anciens n'étoient pas encore imprimés, et par conséquent ils étoient rares et très-chers. Alde découvroit-il quelque part un manuscrit encore inédit, ou pouvant rendre meilleur un texte déjà imprimé, il ne lâchoit pas prise jusqu'à ce qu'il l'eût en sa possession. Dépenses, sollicitations, voyages, tout étoit mis en œuvre : aussi eut-il la satisfaction de voir que de tous côtés on s'empressoit de concourir à ses vues, en lui communiquant, les uns à titre gratuit, les autres à prix d'argent, la quantité innombrable de manuscrits précieux qui servirent à ses travaux : de pays très-éloignés, de la Pologne et de la Hongrie, il lui en fut envoyé sans même qu'il en eût fait aucune demande.

Indépendamment de tout ce qu'il fit comme imprimeur et comme éditeur, outre les préfaces, les dissertations écrites en très-bon latin, et quelques-unes même en grec, qu'il plaçoit à la tête de ses éditions, Alde a laissé beaucoup d'ouvrages bien plus que suffisans pour fonder la réputation littéraire la mieux motivée. En 1501, il publia la Grammaire latine dont j'ai déjà parlé, non pas la première qui ait été faite, comme Sallengre et quelques autres l'ont mal-à-propos avancé, mais la meilleure et la plus utile qui ait été publiée jusqu'alors. La Grammaire grecque dont il s'occupa longtemps devoit paroître même avant la latine, mais il ne put y mettre la dernière main; et, comme je l'ai dit plus haut, elle ne parut qu'en 1515, après sa mort, par les soins de M. Musuro, son ami, qui la retoucha, et y mit une préface fort curieuse que j'ai réimprimée en entier dans le volume des Annales, page 121.

Pour sa seconde édition d'Horace, 1509, il fit un excellent traité *de Metris Horatianis*, sur lesquels on n'avoit pas eu jusqu'alors des notions assez précises et des idées assez déterminées. Il mit tant de clarté dans ce petit écrit, qu'on l'a réimprimé nombre de fois depuis, même dans le cours du siècle qui vient d'expirer, et notamment dans la grande édition de Combe, *Londres*, 1792, 2 vol. in-4°.

Il promettoit des notes sur Oppien et sur Virgile, mais il ne les a point données. Son premier ouvrage avoit été l'Alphabet grec, imprimé en 1495, en supplément à la Grammaire grecque de Lascaris, et souvent depuis, avec quelques augmentations et son Introduction à l'étude de la langue hébraïque. Un plus important ouvrage est son Dictionnaire grec et latin, par ordre alphabétique, avec la traduction latine, imprimé d'abord en 1497, in-folio, avec plusieurs petits traités curieux de grammaire, et ensuite en 1524, aussi in-folio, avec un plus grand nombre de ces petits traités, et beaucoup d'augmentations dans le corps du Dictionnaire, par les soins de Fr. d'Asola.

Ce livre, que d'autres lexiques et meilleurs et bien plus complets ont depuis remplacé, n'est plus recherché que comme rareté typographique; mais il faut se reporter au temps où il fut imprimé, et ne pas oublier que ce fut le premier vocabulaire usuel en cette langue; Suidas, Hesychius, l'*Etymologicum magnum*, ne pouvant servir qu'aux personnes à qui elle est déjà familière.

Alde a traduit en latin la Grammaire grecque de Lascaris, la Batrachomyomachie attribuée à Homère, les Sentences de Phocylide, les Vers dorés qui portent le nom de Pythagore. La version latine d'Esope et de Gabrias, imprimée dans sa très-rare édition de 1505, in-folio, est aussi son ouvrage, de même que celle de la vie d'Aratus, qu'il a placée dans le recueil des anciens astronomes, 1499, in-folio. On a encore de lui un petit traité *De vitiata vocalium, et Diphthongorum prolatione*, qui se trouve avec l'ouvrage de son petit-fils, *Orthographiae Ratio*, 1566, in-8°. Dans *Rei rusticae Auctores*, impr. en 1514 et en 1533, un opuscule de six pages, *De duobus dierum generibus*.

Dans le Stace imprimé en 1502, et une seconde fois en 1519, est un traité de lui, intitulé *Orthographia et flexus dictionum graecarum omnium apud Statium, cum accentibus et generibus ex variis utriusque linguae autoribus*; avec une préface à M. Musuro, dans laquelle il lui rend grace des secours qu'il en avoit reçus pour l'achèvement de cet opuscule, et il ajoute : « Non est moris nostri fraudare quenquam sua laude.... » Il a encore fait une vie d'Ovide, *ex ipsius libris excerpta*, placée dans l'édition de 1502, au volume des *Métamorphoses*, et en tête des *Libri Amatorii* dans les deux suivantes de 1515-16 et 1533-34.

L'édition de 1502, contient des notes sur Ovide et des tables assez amples, aussi de lui, mais qui n'ont pas été conservées dans les deux suivantes.

De la quantité innombrable de lettres résultant de sa correspondance continuelle avec la plupart des savans de l'Europe, il n'en a été imprimé que quelques-unes ; la première à Angelo Poliziano, parmi celles de ce dernier, l. VII, ep. 7 ; une autre dans les *Epistolae clarorum virorum ad Reuchlinum*. Melchior Goldast, dans son Recueil de Lettres philologiques, en a publié une que j'ai déjà citée, page 27. Dans la vie des jurisconsultes allemands, à l'article de Conradus Minutianus Ruffus, jurisconsulte de Gotha, Melchior Adam en a inséré une du 22 février 1506, *ad Heinricum Urbanum S. Bernhardi sacerdotem*. Fred. Heckel, Recueil de Lettres choisies, *Manipulo primo*, pages 21-22, en donne une de 1514, adressée *ad Gregorium Spalatinum ;* et enfin Bandini (*Collect. Veterum Monumentorum*) en a récemment publié une du 28 octobre 1499, à Marcello Virgilio degli Adriani, auteur d'une traduction inédite de Dioscoride, et d'une de Demetrius Phalereus, impr. pour la première fois à Florence, 1738, in-8°.

Il existe sans doute encore des lettres inédites d'Alde l'ancien, sur-tout dans les bibliothèques d'Italie, soit publiques, soit particulières. J'invite les personnes qui en posséderoient quelqu'une, non publiée, à vouloir bien m'en donner communication, ou au moins à m'en indiquer l'existence.

Il paroît incroyable qu'Alde ait pu résister à tant de fatigue et conduire à la fois tant de travaux. A peine arrivé à Venise, il s'étoit chargé de lire et expliquer publiquement à une nombreuse réunion de jeunes auditeurs, les meilleurs écrivains grecs et latins anciens ; et il continua pendant plusieurs années cette espèce de cours public, même lorsqu'il fut le plus occupé par ses impressions. Aussi n'avoit-il pas un moment de relâche ; et un avis qui se trouve au verso du feuillet y iiii de la Grammaire de Lascaris, édition de 1512, contient un témoignage assez naïf de son assiduité au travail.

« .... Vix credas quam sim occupatus : non habeo certe tempus, non modo corrigendis, ut cuperem, diligentius, qui excusi emittuntur libris cura nostra, summisque die noctuque laboribus, sed ne perlegendis quidem cursim ; id, quod, si videres, misceresceret te Aldi tui.... cum sæpe non vacet vel cibum sumere, vel alvum levare. Interdum ita distinemur, utraque occupata manu, atque coram, id expectantibus impressoribus, quod habetur in manibus, tum importune, rusticeque instantibus, ut ne nasum quidem liceat emungere. O provinciam quamdurissimam...... »

Sa réputation lui attiroit, comme à tout savant distingué, une foule de visiteurs, les uns pour s'entretenir utilement avec lui, mais beaucoup d'autres aussi pour satisfaire une vaine curiosité, tuer le temps pendant une heure, et le questionner impitoyablement sur ce qu'il faisoit, sur les éditions qui étoient sous presse, sur celles qu'il se proposoit d'imprimer. Tout cela s'accordoit peu avec ses occupations si multipliées; et pour ne point s'exposer au désagrément de congédier peu civilement telle ou telle personne dont la visite lui devenoit importune, il prit le parti de placer sur la porte de son cabinet un avis en forme d'inscription, qu'il nous a conservé dans sa préface à André Navagero, en tête de *Ciceronis Libri Oratorii*, 1514, in-4°, préface copiée dans les deux éditions suivantes de 1521 et 1533.

Voici comme il s'y exprime à ce sujet.

« Mihi duo sunt præter sexcenta alia quibus studia nostra assidua interpellatione impediuntur : crebræ scilicet literæ virorum doctorum quæ undique ad me mittuntur, quibus si respondendum sit, dies totos ac noctes consumam scribendis epistolis : et ii qui ad nos veniunt partim salutandi gratia, partim perscrutaturi si quid novi agatur; partim, quæ longe major est turba, negotii inopia. Tunc enim, eamus, aiunt, ad Aldum. Veniunt igitur frequentes, et sedent oscitabundi.

Non missura cutem nisi plena cruoris hirudo.

« Mitto qui veniunt recitaturi, alii carmen, alii prosa oratione aliquid, quod etiam excusum typis nostris publicari cupiant, idque rude et incastigatum plerumque....

« A quibus me cæpi tandem permolestis interpellatoribus vindicare. Nam iis qui ad me scribunt, vel nihil respondeo, cum quod scribitur non magni intersit; vel, si intersit, laconice. Quam quidem rem, quoniam nulla id a me fit superbia, nullo contemptu; sed ut quicquid est otii, consumam edendis bonis libris; rogo ne quis gravius ferat, neve aliorsum atque ego facio, accipiat. Eos autem qui vel salutandi, vel quacunque alia causa ad nos veniunt, ne posthac molesti esse pergant; neve importuni interpellent labores et lucubrationes nostras, curavimus admonendos epigrammate, quod quasi aliquod edictum videre licet supra januas cubiculi nostri, his verbis : QVISQVIS ES, ROGAT TE ALDVS ETIAM ATQVE ETIAM : VT, SI QVID EST, QVOD EI SE VELIS : PERPAVCIS AGAS : DEINDE ACTVTVM ABEAS : NISI TANQVAM HERCVLES, DEFESSO ATLANTE : VENERIS SVPPOSITVRVS HVMEROS. SEMPER ENIM ERIT : QVOD ET TV AGAS : ET QVOTQVOT HVC ATTVLERINT PEDES [1]. »

Universellement estimé et jouissant d'une réputation si justement acquise, Alde ne fut cependant pas à l'abri de la critique; et de son temps comme de nos jours, plus d'un savant lui a fait des reproches

---

[1] Jean Oporin, habile imprimeur à Bâle, dans le milieu du seizième siècle, et Zach. Ursin (Beer), célèbre théologien réformé, du même temps, mirent sur la porte de leur cabinet un avis à-peu-près semblable. Celui d'Ursin, qui lui donna la réputation d'un homme dur et peu obligeant, étoit ainsi conçu : « Amice, quisquis huc venis, aut agito paucis, aut abi, aut me laborantem adjuva. » Voyez Melch. Adam in Vitis Theolog. page 540.

dont quelques-uns sont jusqu'à un certain point mérités. Dès la fin du quinzième siècle, le savant et malheureux professeur de Bologne, Urceus Codrus, qui mourut en 1500, se plaignit de ce qu'Alde laissoit des fautes dans ses éditions grecques [1]; il le reprend aussi de ce qu'il vendoit ses livres trop cher, et leur donnoit des marges trop grandes et inutiles. Qu'eût-il dit de la plupart de nos éditions luxueuses de ces dernières années ?

---

[1] Dans une lettre qu'il écrivit à l'un de ses amis, *Baptista Palmario*, avec prière de la communiquer à Alde, mais lui enjoignant aussi de ne la laisser voir à aucun autre.

Dès l'année 1495, dans sa préface d'Hésiode, adressée à Bap. Guarini, Alde avoit été au-devant de ce reproche d'incorrection.

« Si qua tamen leges incastigata, magister doctissime, tam hic, quam in ceteris libris, quos ego, ad communem studiosorum omnium utilitatem, curo imprimendos (nam esse aliqua non eo inficias), non mihi imputes, sed exemplaribus. Non enim recipio me emendaturum libros, nam in quibusdam Oedipo conjectore opus esset, ita enim mutilati sunt, et inversi, ut ne ille quidem, qui composuit, si revivisceret, emendare posset : sed curaturum summo studio, ut vel ipso exemplari imprimantur correctiores. Sic in Apollonio grammatico fecimus. Sic in hoc libro, in iis, quae addidimus eclogis : rati, satius esse aliquid habere, quam nihil. Quod incorrectum est, si lateat, raro, vel potius nunquam, emendetur. Si vero prodit in publicum, erunt multi, qui castigent, saltem longa die. Sic in Fabio Quintiliano, sic in Plinio Nepote, sic in nonnullis aliis factum videmus, qui quotidie emendantur, quotidie pristinae elegantiae et candori propius accedunt. Sed periniqui sunt, et ingrati, si qui sunt qui me accusent. His ego nihil imprecarer, nisi ut, quemadmodum ego, ita et ipsi, curarent aliquando imprimendos graecos libros. Sentirent certe longe aliter.... ».

Quant au prix, les livres d'Alde bien imprimés et sur très-bon papier, devoient sans doute se payer plus chèrement que les éditions négligées de beaucoup de ses confrères; et d'ailleurs le peu de fortune qu'il laissa à ses enfans prouve l'injustice du reproche.

Gruter, dans ses notes sur les Lettres de Pline, reproche à Alde trop de licence dans ses conjectures.

J. A. Ernesti, dans la préface de son excellent Homère, 1759-64, 5 vol. in-8°, prétend que les trois éditions Aldines d'Homère, et sur-tout la dernière [1], sont incorrectes et faites sans beaucoup de discernement. Dans la préface de son Tacite, il va plus loin encore, et c'est ici qu'il devient injuste : « Observatum est a viris doctis Aldum saepe priores editiones non auxisse, nisi vitiis operarum. » On pourroit renvoyer une partie de ce mauvais compliment à ce savant et très-habile éditeur, dont l'Homère est loin d'être sans fautes; dont l'édition de Tacite, tout estimable qu'elle est (celle de 1772), est beaucoup trop incorrecte; et dont enfin l'édition, par lui augmentée, de la Biblioth. latine de Fabricius, 1773-74, 3 vol. in-8°, est tellement fautive, qu'on ne peut en faire usage sans une extrême circonspection. Tant il est vrai qu'il est bien plus aisé de trouver à reprendre dans les autres, que de rester soi-même exempt de tout blâme.

Gasp. Barthius, Advers. XXVI, c. 27, dit : « Aldus, ejusque asseclae, ut non raro corruperint auctores

---

[1] Cette troisième édition, de 1524, fut faite par André d'Asola et ses fils, et non par Alde, mort dès 1515.

audacia corrigendi, ita tamen, ut optimorum Italiae codicum (dic et praecipue Galliae) subsidio nixi, nobis recensentibus enucleate omnia, non sint plane insuper habendi. » Quoique Gruter *recensuerit enucleate omnia*, ainsi qu'il a soin de s'en vanter, ceux qui sont venus après lui l'ont souvent aussi trouvé en faute, et toujours il en arrivera de même ; la différence ne sera que du plus au moins.

Il est cependant vrai que les éditions grecques d'Alde sont en général moins correctes que celles qu'il a données en latin et en italien. Il est vrai aussi qu'il n'a pas été toujours heureux dans le choix de ses leçons, dont quelques-unes n'ont pu être justifiées ; et enfin que plusieurs de ses éditions sont faites sur des textes évidemment mauvais. Celle des Opuscules de Plutarque, 1509, in-folio, n'est pas bonne ; mais il manqua de bons matériaux. Il faut passer condamnation sur l'édition de Lucien, 1503, in-folio, bien inférieure à celle de Florence, 1496 : mais pour juger sainement et sans prévention, il faut considérer et les temps, et l'état où étoient alors les restes de l'ancienne littérature. Lorsqu'Alde pouvoit réunir plusieurs manuscrits, il les conféroit entr'eux ; mais combien de fois ne fut-il pas obligé d'imprimer d'après un seul exemplaire, et vicieux et tronqué. Parce qu'il n'avoit qu'un seul et mauvais manuscrit d'Hesychius, devoit-il renoncer à publier cet excellent Lexique, dont mille événemens imprévus pouvoient détruire le seul exemplaire qui en existât, le seul qu'on connoisse même aujourd'hui, et nous priver irrévocablement de ce livre si nécessaire pour l'intelligence des auteurs grecs ? Combien de livres de l'antiquité se seroient perdus, si l'on ne se fût empressé de reproduire, par l'impression, les premiers fragmens presque méconnoissables qu'on en découvroit dans la poussière des vieilles bibliothèques ! Si M. Haiter, qui maintenant travaille à dérouler à Naples les manuscrits qu'on a trouvés à Herculanum [1], parvient à découvrir dans ces rouleaux charbonnés et presque détruits, quelqu'un de ces morceaux précieux dont nous regrettons la perte, ou même quelqu'excellent ouvrage entièrement nouveau pour nous, ne doit-on pas desirer qu'il livre sans délai à l'impression les fragmens par lui recueillis, si décousus et si mutilés puissent-ils être : les efforts successifs des savans pourront ensuite améliorer et rendre plus corrects ces restes tronqués, mais toujours faudra-t-il conserver d'abord par l'impression ce qu'on aura eu le bonheur de recouvrer. Et, pour continuer la comparaison, aimerons-nous mieux que M. Haiter, content d'avoir déroulé et déchiffré un seul de ces manuscrits, passe sa vie entière à en examiner et reviser

---

[1] On assure qu'il a déjà découvert un traité grec d'Epicure, sur sa philosophie.

Le roi de Naples vient tout récemment d'envoyer en présent au Gouvernement françois quelques-uns de ces manuscrits : espérons que l'ingénieuse industrie de nos concitoyens saura promptement nous révéler ce que contiennent ces vénérables restes, échappés à une immense destruction. Les manuscrits sur lesquels travaille M. Haiter ont, dit-on, été donnés au prince de Galles par le roi de Naples.

minutieusement le texte, plutôt que de travailler sans relâche à arracher à la destruction le plus qu'il pourra de ces restes dégradés et près d'être anéantis pour jamais?

Quant à la correction typographique, nul doute qu'elle ne dépende de l'Imprimeur; mais on conviendra qu'elle est bien plus difficile à obtenir pour les éditions grecques que pour toute autre langue plus généralement connue; et qu'elle est sur-tout plus difficile, d'après des copies manuscrites, que d'après des imprimés déjà revus avec soin. Au reste, qu'on mette ces légères taches en comparaison avec les travaux de toute la vie d'Alde, et qu'on réfléchisse qu'ordinairement des hommes devenus célèbres on cite quelques bons ouvrages, quelques actions éclatantes, en passant sous silence tout le reste de leur vie ou de leurs écrits; tandis que pour trouver faute en celui-ci, les critiques ont été réduits à chercher, dans la foule de ses éditions, quelques volumes sur lesquels puissent tomber leurs reproches; on conviendra qu'à tous égards, il occupe et occupera long-temps, et sans aucune exception, le premier rang parmi tous les Imprimeurs anciens et modernes.

Presque toutes les éditions Aldines, les grecques sur-tout, ont été consultées utilement par les éditeurs les plus habiles, même dans ces derniers temps, et après un grand nombre d'éditions postérieures et très-soignées des mêmes ouvrages. Je pourrois, entr'autres autorités, citer celle du savant Brunck, à qui on n'a pas à reprocher une trop grande indulgence. Dans ses éditions grecques d'Aristophane, de Sophocle, etc. il donne à celles d'Alde des éloges non suspects, et les déclare la base nécessaire de toute édition future. Voyez le vol. des *Annales*, pages 22 et 52.

Le reproche d'une trop grande licence dans les corrections, fait à Alde *et ejus asseclis*, est plus mérité par ses successeurs immédiats, André d'Asola et ses deux fils. Savans aussi, mais cependant beaucoup moins habiles, ils ont donné plus d'une édition insignifiante et médiocre, sur-tout en grec. L'Oppien de 1517, et quelques autres de leurs livres, prouvent que s'ils n'eussent pas pris la suite des travaux d'Alde, ils n'auroient pas obtenu un rang aussi distingué parmi les Imprimeurs. Leurs éditions ne sont cependant pas à dédaigner, et à très-peu d'exceptions près, elles méritent les suffrages des savans, en même temps que leur très-grande rareté et leur belle exécution les rendent précieuses pour les amateurs des raretés de l'ancienne littérature.

Parmi ceux qui recherchent les éditions Aldines, quelques-uns donnent une préférence exclusive à celles d'Alde l'ancien, et négligent toutes les suivantes. D'autres vont jusqu'en 1529, époque de la mort d'André d'Asola ; mais un plus grand nombre d'amateurs, indépendamment de la très-grande estime qu'ils accordent à presque toutes les éditions de ces trente-six premières années, recherchent aussi avec empressement la plupart de celles que Paul Manuce publia jusque vers 1562, et seulement quelques-unes de celles qui furent données depuis ce temps par le même Paul Manuce, ensuite par Alde le jeune, son fils, et finalement par Nicc. Manassi, avec l'ancre Aldine, et dans la même maison d'imprimerie, jusqu'en 1597, époque de la mort d'Alde le jeune. Ces derniers sont les plus fondés en raison. Nul doute que les éditions d'Alde l'ancien ne soient, presque sans exception, bien plus rares que celles dont la date est plus récente; elles sont d'ailleurs assez généralement d'une plus belle impression et sur un bien meilleur papier : elles ont encore ce mérite tout particulier que, faites presque toutes immédiatement d'après des manuscrits qui depuis se sont perdus, elles nous représentent l'état au vrai de ces manuscrits dont elles tiennent en quelque façon la place : elles en sont des copies plus fidelles que les éditions du quinzième siècle, la plupart faites par des éditeurs moins savans, quelques-uns même beaucoup au-dessous de leur travail, tels que le bon évêque d'Aleria : mais cependant, s'il est question d'une plus parfaite révision des textes, il est rarement vrai que les plus anciennes des éditions Aldines soient celles qu'il faille préférer. Je conviens que *Polyphili Hypnerotomachia*, de 1499, est au rang des livres les plus précieux, tandis que la réimpression de 1545 n'a qu'une bien moindre valeur; ceci est vrai, à considérer les livres comme raretés typographiques; mais pour les classiques, latins sur-tout, qui, après avoir été imprimés par Alde, l'ont encore été par son fils Paul Manuce, presque toujours les dernières éditions ont été supérieures aux premières; et c'est ce qui a dû nécessairement arriver, tant que le savant Paul Manuce leur a donné lui-même ses soins. Les quatre volumes de Cicéron de 1502, 1512, 1513, 1514, sont des curiosités très-piquantes pour quiconque aime les livres rares ; ils sont même tellement introuvables, que très-peu d'amateurs ont réussi à les réunir en totalité : mais ce n'est plus dans ces rares volumes qu'il faut lire Cicéron, tandis qu'on peut encore très-utilement faire un usage habituel des éditions multipliées que Paul Manuce a données des divers ouvrages de ce père de l'éloquence latine.

Quant aux éditions des dernières années de Paul Manuce, et de son fils Alde le jeune, elles sont beaucoup moins estimables, soit pour l'exécution typographique, soit pour la correction ; trop souvent même elles portent des témoignages évidens de la négligence, comme aussi de la parcimonie avec lesquelles elles ont été fabriquées. Les productions de cette imprimerie commencent d'ailleurs à redevenir ce qu'étoient généralement presque toutes celles de la fin du quinzième siècle. Elles consistent presqu'entièrement en livres mystiques ou de jurisprudence, en longues et pesantes dissertations, et fort peu de haute littérature. Ainsi donc quiconque n'a pas la *manie colligeante*, n'a pas un grand nombre de livres à acquérir dans ceux des trente dernières années de cette imprimerie [1].

---

[1] Depuis long-temps je m'applique à réunir toutes ces éditions, bonnes ou mauvaises, rares ou communes ; mais j'ai été déterminé à former cette difficile collection par le désir de mettre moins d'inexactitude dans les notices, que depuis beaucoup d'années j'avois le projet de publier sur toutes les productions de cette imprimerie célèbre.

Les éditions d'Alde et la plupart de celles d'André d'Asola, ainsi que de Paul Manuce, ont encore un mérite réel qui leur est commun avec celles du bon temps des Estienne; c'est que l'exécution typographique en est à-peu-près aussi bonne pour toutes. Les livres des mêmes années portent la même physionomie, et font voir que tout l'atelier étoit monté pour travailler régulièrement bien ; tandis que dans beaucoup de nos imprimeries modernes, trop souvent à la suite d'une édition magnifique, et digne d'être placée dans les collections les plus riches, on voit paroître quelque chétif volume, sur mauvais papier, et d'une impression trop négligée. A mon avis, c'est là que commence l'abus et même le ridicule du luxe typographique. Pour qui travailloient avec tant d'ardeur les Alde, les Estienne, les Plantin, les Elzevier? pour le commun des acheteurs : leurs impressions étoient bien un peu plus chères que le volume mesquin et négligé de tel imprimeur leur voisin ; mais toujours étoient-elles d'un prix accessible à la plupart des lecteurs, et c'est ainsi qu'un habile Imprimeur se rend véritablement utile. Les livres qu'il fabrique à grands frais, et dont il exige un très-haut prix, doivent le mettre à même de pouvoir tout imprimer, non pas avec un luxe inutile, mais avec goût, netteté et correction, disons même avec une certaine élégance ; soit qu'il imprime pour son propre compte, soit qu'il exécute un ouvrage qui ne devra pas être vendu chez lui, ce qui, dans ces derniers temps, est trop souvent une cause de négligence. Sans cette influence nécessaire des chefs-d'œuvre de la typographie sur la meilleure fabrication des livres usuels, le luxe typographique n'est pas en soi plus recommandable que le seroit une fabrique de draps qui, au lieu d'en donner de bons pour quelques écus par aune, en feroit d'admirables au prix de deux ou trois cents écus, pour habiller les puissans de la terre, mais n'auroit plus ensuite à nous offrir pour notre usage que des tissus grossiers et mal fabriqués.

De tout temps les Imprimeurs qui ont eu un certain talent dans leur art, ont pris plaisir à tirer de quelques-unes de leurs éditions un ou plusieurs exemplaires sur vélin. Ces curiosités typographiques, d'une fabrication difficile autant que dispendieuse, ne peuvent être acquises que par les amateurs les plus opulens; et on pourroit même ajouter que presque jamais volume imprimé sur vélin n'a véritablement servi à la lecture: mais leur exécution n'en tourne pas moins à l'utilité commune, en ce qu'elle rend les ouvriers imprimeurs plus habiles, et qu'en même temps elle procure au chef un excédent de bénéfice, une espèce de prime d'encouragement qui lui permet de soigner d'autant plus l'ensemble de l'édition. Alde a tiré sur vélin des exemplaires de beaucoup de ses livres, et les amateurs les payent des prix excessifs. Je n'en connois aucun de ses successeurs immédiats; mais Paul Manuce a quelquefois fait revivre dans son imprimerie cette sorte de luxe. Il a été tiré aussi, mais plus rarement, des exemplaires sur papier plus grand et plus fort, ou sur papier bleu (*charta caerulea*). Dans le cours de la liste des éditions, j'ai noté avec soin toutes ces particularités, qui ne sont rien il est vrai pour la science, mais qui n'en sont pas moins recueillies avec avidité par ceux qui s'intéressent aux succès de l'art de la typographie, et mettent leur jouissance à en rassembler les plus rares productions.

Avant Alde, les caractères grecs, concentrés dans quelques imprimeries, étoient d'une mauvaise forme et taillés avec rudesse : il fut le premier qui, examinant avec soin la configuration des lettres sur les plus beaux et les plus anciens manuscrits, sut monter son imprimerie en caractères bien plus agréables à l'œil, et d'après lesquels on a exécuté, sauf plus ou moins de corrections, tous les bons caractères grecs qui ont été faits depuis. Quant aux lettres latines, on sait que Jenson et Vindelin de Spire, après avoir employé vers 1472 ces belles lettres rondes, qui ont fait leur réputation, furent obligés de revenir à des caractères, soit gothiques, soit semi-gothiques, pour complaire au grand nombre des lecteurs, accoutumé à l'usage des anciens manuscrits ; de même que la plupart des Allemands préfèrent encore aujourd'hui les formes rudes de ce gothique, à la configuration plus nette et plus élégante des lettres romaines. Alde ne voulut rien de gothique dans ses caractères : il chercha bien à imiter les manuscrits, mais ceux de la plus belle écriture courante ou *cursive*; et c'est dans ceux-ci qu'il prit l'idée de son petit italique dont j'ai déjà parlé plus haut, page 14. Ses caractères romains furent taillés à-peu-près dans les formes que Vindelin de Spire avoit d'abord préférées.

Les deux premiers alphabets furent très-imparfaits, mais le troisième est d'une grande beauté, et bien supérieur dans son genre à beaucoup de bons caractères modernes. Une partie nécessaire de l'histoire de cet homme célèbre est peut-être l'indication détaillée des divers caractères employés par lui et par ses descendans. Cette énumération, qu'on ne trouvera point déplacée dans un ouvrage du genre de celui-ci, fera voir mieux encore la suite et le progrès de ses travaux typographiques, qui sont nécessairement liés à ses travaux littéraires.

1. Son premier grec est celui du *Lascaris*, 1494-5. Ce caractère, sans alignement, de formes incorrectes, de lettres inégales et mal calibrées, montre évidemment le tâtonnement d'un premier essai. Il ne fut employé à aucun autre ouvrage.

2. Le second est celui dont le *Musaeus* est le *specimen*. Il a imprimé tous les in-folio grecs qu'Alde publia dans les dernières années du quinzième siècle. On voit qu'il est formé sur les mêmes modèles que celui du Lascaris, mais avec bien plus de régularité et d'amélioration dans la plupart des lettres, dont cependant quelques-unes sont conservées. On le trouve déjà usé dans le *Theod. Gaza* de 1495, ce qui fait présumer qu'alors on employoit pour la fonte de ces caractères une matière très-peu forte, et qui n'étoit presque que du plomb [1].

---

[1] Un écrivain, contemporain d'Alde, cité par Maittaire, dit qu'il poussa l'amour de son art au point de faire fondre des

3. Grec plus fin, mais dans le même goût, employé d'abord pour la Grammaire grecque de Bolzani, 1497, in-4°, et le Dictionnaire grec, 1497, in-folio, de la même année; ensuite pour les préliminaires du *Psalterium graecum*, in-4°, sans date, mais imprimé de 1497 à 1498; enfin pour les Scholies d'Aristophane, 1498, in-folio; *Epist. Graec. Collectio*, 1499, in-4°; *Astronomici veteres*, 1499, in-folio; *Dioscorides*, 1499, in-folio.

4. Grec à-peu-près de la grosseur du précédent, mais bien plus maigre. On le voit dans le *Nonnus*, in-4°, sans titre ni date, imprimé en 1501, et qui probablement en fut l'essai ou le *specimen*; dans *Poetae Christiani veteres*, 1501-2, in-4°; *Philostratus*, 1501-2-4, in-folio. Il est à remarquer que de plusieurs des premiers caractères d'Alde l'ancien, on trouve d'abord un petit volume qu'il imprimoit pour essai,

---

caractères en argent. Un autre prétend que le pape avoit promis à Paul Manuce des caractères d'argent, *argentei typi*. Si jamais Alde a tenté de faire faire des caractères de ce métal, il aura dès les premiers essais reconnu que l'excessive dépense n'étoit même pas le plus grand obstacle qui s'opposât à son emploi. Mais je crois plutôt que ces deux écrivains auront imaginé cette circonstance de caractères d'argent pour embellir leur récit; ils auront cru qu'une très-belle impression ne pouvoit avoir été faite qu'avec une matière plus précieuse que le plomb; de même que depuis, on a prétendu que la petite Bible de 1656, dite de Richelieu, étoit aussi imprimée en caractères ou d'argent, ou au moins dans lesquels il étoit entré une forte portion de ce métal. Il falloit dire qu'ils étoient d'or, l'anecdote en eût été plus piquante.

et sans date : *Musaeus* pour le second grec et le second latin, *Diaria de bello Carolino* pour le troisième latin, et *Nonnus* pour ce quatrième grec.

5. De la grosseur de celui de Nonnus, mais mieux taillé, plus égal et mieux aligné. Je crois que c'est le même, mais mieux fondu, dans des matrices mieux ajustées, et avec un certain nombre de lettres refaites à neuf. Au surplus, en examinant attentivement ceux de ces caractères qui sont analogues entr'eux, on y reconnoît un singulier mélange de formes toutes différentes dans les mêmes lettres, ce qui prouve que, pendant plusieurs années, Alde fit continuellement retoucher ses caractères, et que plus d'un poinçon fut recommencé plusieurs fois de suite, dans l'espoir d'obtenir une plus grande perfection.

Ce caractère, employé d'abord dans le Thucydide et l'Hérodote de 1502, in-folio, le Pindare de 1513, in-8°, *Erotemata*, 1512 et 1517, in-8°, et dans tous les in-folio publiés par Alde depuis 1502, et par ses successeurs immédiats, et le caractère suivant, n° 6, employé dans les in-8°, sont les deux dont les Alde ont fait l'usage le plus continu, et sont, avec le gros grec (n° 2) de l'Aristote, les caractères grecs des Alde les mieux connus à quiconque a fait quelqu'usage de leurs éditions.

6. Plus fin que les précédens, employé d'abord pour le Sophocle de 1502 et l'Euripide de 1503, et ensuite sans interruption dans les in-8°, concurremment avec le n° 5 qui, plus fort, servoit pour les in-4° et in-folio ; ce qui dura jusqu'en 1549, que Paul Manuce adopta les deux caractères suivans.

7. Ce grec n'est guère plus fin que le n° 5, mais il est plus serré : je ne le vois employé que dans *Etymologicum magnum*, 1549, in-folio.

8. De la même hauteur que le n° 7 ; mais plus maigre et portant trop peu de blanc entre les lignes, ce qui en rend la lecture pénible. Il a servi pour l'Aristote, le Démosthène, et autres éditions faites de 1550 à 1554 par les fils d'Alde, pour Federic Turrisan, et en société avec lui. De tous les grecs des Alde, celui-ci est, dans son ensemble, le plus désagréable à l'œil, quoiqu'il soit néanmoins gravé avec plus de correction que les précédens.

9. Ce grec, le dernier que je remarque dans les éditions Aldines, est d'une grosseur qui tient le milieu entre le fin des in-8°, n° 6, et l'autre plus gros, n° 5. Il est incontestablement fait sur le beau grec de Garamond, mais avec moins de ligatures, ou lettres liées ; et la Grammaire grecque de Lascaris, de 1557, in-8°, dans laquelle il paroît neuf et employé pour la première fois, est un des livres grecs des plus élégans et des plus agréables à lire.

La fabrication des lettres latines ne fut pas moins soignée par Alde, qui n'hésita point à faire recommencer plusieurs fois de suite ses premiers alphabets, et à les remplacer successivement par d'autres de formes et meilleures et plus correctes.

1. Le premier caractère latin d'Alde est celui qu'il employa dans le Lascaris, 1494-5, in-4° ; c'est un romain de la grosseur du S. Augustin : il est lourd et peu agréable, mais d'une égalité parfaite, et l'un

des mieux fondus qui existent; bien supérieur en cela au grec du même livre, qui a sur-tout le défaut d'être inégal et mal aligné. Les points des i sont figurés par un trait oblique, tiré de droite à gauche, dans le même sens que l'accent aigu. On ne le revoit plus que sur le titre de Theod. Gaza, 1495, in-folio, et sur le dernier feuillet du premier volume d'Aristote, de la même année.

2. Un peu plus haut que celui qui précède, auquel il est bien inférieur : aussi fut-il promptement rebuté ; et je ne le vois employé dans aucun autre livre que dans le *Musaeus*, dont il est le premier et le dernier essai.

3. En tous points supérieur aux deux précédens, qui véritablement n'étoient que des essais défectueux. Celui-ci réunit la beauté des formes à la correction de la gravure; et le *P. Bembi Aetna*, 1495, dans lequel il est employé absolument neuf, est d'une beauté achevée. Il a été depuis employé sur le titre d'*Hesiodus*, 1495, in-folio, et ensuite pendant plus de soixante années dans toutes les occasions où un caractère aussi gros pouvoit être d'usage.

4. Plus fin et d'une forme assez mauvaise : on le voit dans le mince et rare volume de *Leonicenus de Morbo Gallico*, 1497, in-4°, et dans la préface du Dict. grec de la même année. Ce caractère, assez inférieur, paroît avoir été promptement remplacé par le suivant, de la même grosseur, mais d'une coupe plus régulière.

5. On voit celui-ci d'abord dans le Lucrèce, 1500, in-4°, *Poetae Christiani*, 1501-2, in-4°; mais il y

figure mal, parce que les lignes sont trop serrées, et que l'impression de ces deux rares éditions est lourde et beaucoup trop chargée d'encre. Il reparoît dans *Aesopus*, 1505, in-folio, avec quelques lettres refaites, et un peu plus de blanc entre les lignes, dont trente-quatre occupent la même place que trente-sept du Lucrèce. De cette façon, il fait un très-bon effet, et l'édition est fort jolie.

6. Le fameux italique, nommé si long-temps *Aldino*. On sait qu'il fut d'abord employé pour le rare Virgile de 1501, in-8°, sur lequel voyez les Annales, page 39, et ci-dessus, page 14; et successivement dans la multitude presqu'innombrable des éditions Aldines, in-8°, in-4° et in-folio, qui furent imprimées jusqu'à l'année 1558, que P. Manuce lui substitua celui qui est indiqué au n° 14.

Cet italique est rempli de lettres liées, *manum mentientes*, ainsi que les nommoit Alde l'ancien, qui les aimoit beaucoup et les avoit fait faire pour mieux imiter l'écriture : mais P. Manuce débarrassa, avec raison, son imprimerie de toutes ces inutiles ligatures, qui multiplioient à l'excès les sortes de caractères nécessaires à la composition, sans avoir aucun agrément, ni aucune utilité pour le lecteur.

7. Italique dans le genre du précédent, mais plus fin : employé seulement pour quelques tables ou sommaires.

8. Italique de grosseur de S. Augustin : caractère assez bizarre : je le vois pour la première fois employé à la courte préface de *Medici Antiqui Latini*, 1547,

in-folio, et ensuite seulement sur quelques titres, ou dans des avis de peu d'étendue.

9. Romain, plus fin que le n° 5, et assez joli : à-peu-près une philosophie : employé pour le texte de *Medici Antiqui Latini*, où il semble entièrement neuf.

10. Italique de cicéro : dans *Petri Paschalii Oratio*, 1548, in-8°.

11. Italique de petit-romain : sur le titre du même ouvrage.

12. Romain, petit-romain : neuf dans *Tractatus de Nullitatibus processuum*, 1554, in-8° : assez bon, mais cependant inférieur à l'excellent caractère de *Medici Antiqui*.

13. Romain, petit-texte : dans des tables, vers 1558 et années suivantes.

14. Italique, de grosseur de philosophie : substitué par Paul Manuce, en 1558, à l'ancien italique *Aldino*, employé depuis 1501. Ce nouveau caractère est plus correct ; mais comme il est un peu épais, et employé serré, sans espace suffisant entre les lignes, il n'est pas agréable à l'œil ; et dans les éditions des derniers temps, où il est usé et imprimé sans beaucoup de soin, il est extrêmement pénible à lire. Paul Manuce aura voulu un caractère moins fin, qui cependant contînt presqu'autant de matière dans le même espace ; et c'est ce qui lui aura fait trop diminuer les blancs ; faute qu'il fit aussi pour le grec de 1551, n° 8, et dans laquelle bien d'autres, même de nos jours, sont tombés après lui [1].

---

[1] Trop ou trop peu d'écart entre les lignes, trop ou trop peu de marge autour de l'impression, et enfin une dimension exces-

Je ne pousse pas plus loin ce recensement analytique des caractères Aldins : mon but a été de faire voir quels furent les progrès d'Alde dans l'établissement de son imprimerie, et avec quelle persévérance il s'attacha à la munir de tout ce qui lui étoit nécessaire pour mériter ses succès. Je ne présente de modèle gravé d'aucun de ces caractères, parce qu'il n'en est guère dont on ne puisse avoir l'occasion de faire l'examen dans quelqu'une des nombreuses productions de l'imprimerie Aldine, toutes rares que soient la plupart d'entr'elles.

Je crois avoir indiqué tous les caractères grecs qui y furent employés : quant aux caractères latins ou romains, après la liste de ceux des bonnes années, je m'arrête, parce que cette nomenclature devient sans intérêt, lorsqu'il ne s'agit plus que de caractères et d'éditions ressemblant à tout ce qui se faisoit dans les autres imprimeries du même temps, sauf un peu plus ou un peu moins de soins dans l'exécution.

Quant aux caractères hébraïques, leur emploi se borne à peu de chose. On en voit une ligne dans *Politiani Opera*, 1498, in-folio, ch. 83 des *Miscellanea* : une colonne dans l'essai in-folio de la Poly-

---

sivement grande donnée à des livres, dans lesquels tout ce qui y est contenu auroit très-convenablement trouvé place sur des pages qui n'auroient pas excédé la demi-feuille de grand in-folio, sont des excès également désagréables aux lecteurs, et dans lesquels on tombe bien fréquemment, quoiqu'il soit si facile de les éviter. Un livre démesurément grand n'en est point plus beau, il n'est qu'incommode.

glotte, dont il a été question plus haut. Cet essai peut être rapporté à l'an 1500 environ : le caractère est dans la proportion d'un gros-romain, très-beau, et avec les points. A l'avant-dernière page de la feuille *b* de *Polyphili Hypnerotomachia*, 1499, in-folio, on en trouve encore deux lignes, d'un caractère plus petit, et aussi en lettres mobiles, quoique Maittaire les croye gravées et non fondues. Un autre caractère, de même sans les points, de la même grosseur, mais plus correct que ce court essai, reparoît dans le rare volume *Recognitio Veteris Testamenti*, 1529, in-4°, ainsi que dans les mêmes deux lignes de *Polyphili Hypnerotomachia*, réimpression de 1545.

Alde ayant muni son imprimerie d'un nombreux assortiment d'excellens caractères grecs et latins, et l'ayant mise en pleine activité, crut convenable d'adopter une marque particulière à sa maison, pour en décorer la première ou la dernière page de ses livres, et souvent l'une et l'autre. Cette marque, qu'on sait être une Ancre entortillée d'un dauphin, est devenue justement célèbre dans les fastes de la typographie, sous la dénomination d'*Ancre Aldine*. C'est la mieux choisie peut-être de toutes celles qu'aucun Imprimeur ait jamais adoptées, et elle convenoit sur-tout à l'habile homme qui, le premier, imagina d'en décorer ses éditions [1]. Le dauphin désigne la vîtesse, à cause de la

---

[1] Dans son Recueil d'Adages, Chiliad. II, cent. 1, Erasme dit de la marque d'Alde : « Non symbolum hoc tum illustrius fuisse crediderim, cum inscalpium Imperatorio numismati, negotiato-

rapidité avec laquelle il fend les ondes. L'ancre est, au contraire, une marque de repos et aussi de solidité : ce qui exprime avec beaucoup de justesse, que pour travailler solidement et avec fruit, il faut travailler sans relâche, mais cependant avec une lente réflexion; mettre toute la lenteur nécessaire dans la formation de ses plans, mais toute célérité dans leur exécution [1] : ce qui est aussi très-bien exprimé par cet Adage latin, *Festina lente.* On prétend qu'Auguste avoit adopté cette devise; et il existe une ou même plusieurs médailles de Vespasien, ayant d'un côté son effigie, et de l'autre une ancre entortillée d'un dauphin. P. Bembo fit présent à Alde d'une de ces médailles en argent, ainsi qu'Erasme nous l'apprend dans ses Adages ; et il paroît qu'Alde eut assez long-temps l'idée de cette marque avant de l'adopter, car dans la préface de la version latine de *Procli Sphaera,* à la fin du Recueil des Anciens Astronomes, 1499, in-folio, il dit au prince de Carpi : « Sum ipse mihi optimus testis, me semper habere comites, ut oportere aiunt, Delphinum et Anchoram. Nam et dedimus multa cunctando, et damus assidue. » A la page *d* 7 de *Polyphili Hypne-*

---

rum manibus terendum, circumferretur, quam nunc, cum ubique gentium, vel ultra Christiani Imperii terminos, una cum omnigenis utriusque linguae voluminibus propagatur, agnoscitur, tenetur, celebratur ab omnibus qui liberalium studiorum colunt sacra : praesertim iis, qui fastidita barbara ista pinguique doctrina, ad veram atque antiquam aspirant eruditionem.... »

[1] Antequam incipias, consulto; ubi consulueris, mature facto opus est. SALLUST. *Catil. I.*

n° 3

nº 1

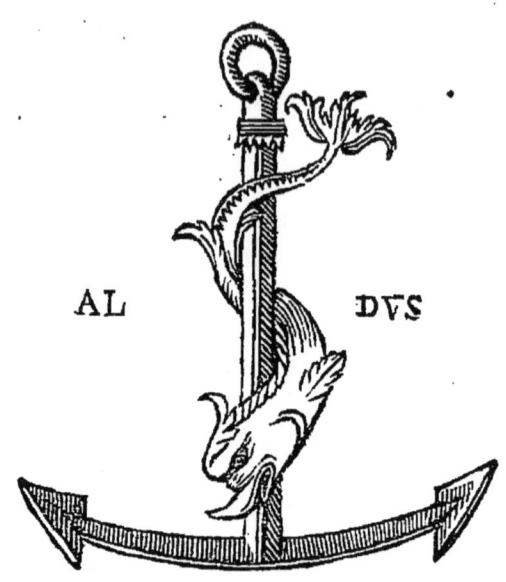

nº 2

rotomachia, 1499, in-folio, dans le bas d'une des singulières gravures en bois, dont est rempli ce livre extraordinaire, on trouve ce même emblême, qu'il fit exécuter depuis pour sa marque, dont il ne fit cependant usage que quelques années après; puisque les premiers livres où on la voie sont, *Philostratus*, 1501-2-4, in-folio; *Sedulius*, 1502, in-4°; *Herodotus*, 1502, in-folio, etc. Quant au Juvénal de 1501 avec l'Ancre, comme il est bien reconnu pour être une réimpression postérieure au moins de dix à douze années, il ne peut être cité comme le premier livre où cette marque soit employée.

L'ancre étoit accompagnée de son nom divisé, ainsi qu'on le voit à la copie exacte que j'en ai fait faire, et qui est ici sous le n° 1. Dans quelques-uns de ses livres des premières années du seizième siècle, la même marque est encadrée d'un filet; et sur les grands volumes elle est d'une plus grande dimension, avec ou sans encadrement, mais toujours semblable à ce n° 1.

Cette marque fut long-temps employée telle qu'Alde l'ancien l'avoit d'abord fait exécuter. Ses fils s'étant, en 1540, séparés de ceux d'André, ne la changèrent point encore; et avec leur nouvelle formule *apud Aldi filios*, ils se contentèrent de regraver l'ancienne ancre d'une manière un peu plus soignée, ainsi qu'on la voit sous le n° 2. Enfin, en 1546, sa forme simple éprouva un changement plus considérable, et elle fut remplacée par celle du n° 3, dans laquelle les mots *Aldi filii* furent aussi substitués au mot *Aldvs*.

La plupart des livres imprimés de 1546 à 1554

portent cette nouvelle marque, que Paul Manuce abandonna en 1555, probablement à l'époque à laquelle il devint seul maître de l'imprimerie. Il revint alors à l'ancre simple du n° 2, que dans les années suivantes il entoura quelquefois d'un ornement ovale dont il eut de deux sortes; l'une est ici représentée sous le n° 4.

Le n° 5 donne la figure des armes accordées à Paul Manuce par l'empereur Maximilien. Alde le jeune les adopta pour la marque de ses livres quand il conduisit seul l'imprimerie, peu avant le temps de la mort de son père. Il en continua l'emploi jusqu'en 1581, sans avoir cependant renoncé entièrement à l'ancre du n° 2, qu'on trouve sur plusieurs éditions de ces mêmes temps, et quelquefois sans le mot *Aldvs*. La famille des Turrisan conserva aussi cette marque, n° 2, sur ses impressions, et même sur celles qu'elle fit depuis 1562, hors de l'imprimerie Aldine, et portant sur le titre les mots : *Ex Aldina Bibliotheca.*

Nous avons vu qu'Alde le jeune, mécontent de la concurrence de ses cousins, avoit imaginé de distinguer ses éditions par cette marque très-compliquée du n° 5, au verso de laquelle il ajoutoit quelquefois le portrait en bois de son aïeul, avec un avis portant que cette édition étoit réellement *Manutienne* : quelquefois aussi, au lieu de l'ancre, il mettoit sur le titre ce même portrait d'Alde l'ancien. On voit le sien propre sur le titre de *Paulli Manutii Antiquitatum, Liber de Senatu*, 1581, in-4°.

Après 1581, on ne voit plus que l'ancienne Ancre,

n 4

A L   D V S

nº 5

n° 2; et Nic. Manassi, qui probablement fut, à dater de 1585, maître de l'imprimerie, continua de l'employer encore après 1597, année de la mort d'Alde le jeune, puisqu'on la retrouve sur un volume de 1619, *Ragionamento spirituale di Ant. Antonii*, in-4°. Si on ne l'apperçoit pas sur d'autres éditions par lui publiées entre 1597 et 1619, c'est que peut-être, se contentant d'exploiter le fonds d'Alde, Manassi n'aura point fait imprimer, ou au moins qu'il n'aura fait aucune édition qui ait mérité d'échapper à l'oubli.

Dans le Recueil des Marques typographiques, publié par Roth. Scholtz, à Nuremberg, en 1730-32, in-folio, je trouve, sous le n° 381, la marque d'Alde le jeune que j'ai donnée au n° 5, mais d'une plus grande dimension, et renfermée dans un ovale formé d'un amas d'ornemens allégoriques d'assez mauvais goût, telle qu'on la voit sur le titre du Cicéron, 1583, 10 vol. in-fol. L'éditeur a mis au bas *Aldus Manutius, junior, Venetiis* 1610 : aura-t-il copié cette marque sur quelque volume publié par Manassi en 1610, c'est ce que je n'ai encore pu vérifier; mais il n'est pas à présumer que Scholtz ait mis cette date précise sans l'avoir trouvée sur son modèle.

Bernard ou Bernardin Turrisan, frère d'André et de Jérôme, et fils de François ou Federic, mit l'Ancre Aldine et les mots *In Aldina Bibliotheca*, sur toutes les éditions qu'il fit à Paris, de 1554 à 1568, soit seul, soit en société avec Guill. Morel. On en trouvera la liste dans le cours de ce volume. Après lui, Rob. Colombel ou Coulombel employa la même marque qu'on voit avec son nom et les mêmes mots *In Aldina Bibliotheca*, d'abord sur *Alex. ab Alexandro Genialium dierum libri sex*, 1579, in-8°, et encore en 1601, sur un autre in-8°, *Paschalii Censura animi ingrati*.

Bien avant ce temps, l'Ancre d'Alde avoit attiré l'attention de plusieurs Imprimeurs, dont les uns crurent donner du relief à leurs éditions, en y mettant avec leur nom, ou la copie exacte de cette marque, ou quelqu'autre marque analogue. D'autres, moins délicats, la contrefirent frauduleusement, et cherchèrent à vendre leurs éditions comme étant de l'imprimerie des Alde. Je puis citer *Strozɛii Carmina*, in-8°, sans date, avec l'Ancre, mais imprimé à Bâle par J. Oporin, vers 1545; l'Ovide des Giunti, de 1519, dont on voit des exemplaires avec l'Ancre, le nom d'Alde et la date de 1515; la Grammaire latine d'Alde, contrefaite par les mêmes, ainsi que Fr. d'Asola s'en plaint avec raison dans la préface de son Tite-Live de 1518, in-8° et in-folio, en ces termes :

« .... Extremum illud est, ut admoneamus studiosiss. queq; Florētinos quosdam impressores cum uiderent diligentiam nostram in castigando, & imprimendo non posse assequi, ad artes cōfugisse solitas, hoc est Grammaticis institutionibus ALDI necessarij nostri in sua officina formatis, notá Delphini Ancoræ inuoluti nostrá apposuisse. Sed itá egerunt ut quiuis mediocriter uersatus in libris nostræ impressionis animaduertat illos imprudenter fecisse, nam rostrum Delphini in partem sinistram uergit, cum tamen nostrum in dextram totum demittatur.... »

Il ne paroît pas que cet avis ait fait grande impression sur les Giunti, puisque l'année suivante ils mirent encore l'Ancre et le nom d'Alde sur l'Ovide dont je viens de parler.

Thierry (*Theodoricus*) Martin, d'Alost, associé de Jean de Westphalie, qui avoit porté l'imprimerie à Louvain, vers 1474, a mis une Ancre sur plusieurs de ses livres : quelquefois aussi il emploie une double Ancre, comme dans l'Odyssée en grec, de 1523, in-4°, avec ce distique :

> Ne tempestatum vis auferat, Anchora sacra,
> Quo mentem figas, est jacienda tibi.

Ce Th. Martin imprima beaucoup, et sur-tout de bonnes éditions grecques qui sont devenues rares. Il mourut à Alost en 1533. Erasme qui avoit fait imprimer chez lui plusieurs ouvrages, a fait son épitaphe, dans laquelle il fait allusion à son Ancre.

En 1547, Nicolas Le Riche (*Nicolaus Dives*), imprima à Paris plusieurs livres, avec un fort joli italique imité de celui d'Alde, tout aussi rempli de ces lettres liées qui lui plaisoient tant, et gravé aux frais de Jean de Gaigny, chancelier de l'université. Le Riche prit pour marque deux Ancres en sautoir, avec ce vers autour :

> Non satis una tenet ceratas Anchora puppes.

Au-dessous, on lit ces quatre autres vers :

> IN GEMINAM ANCHORAM.
> Fundabat satis Aonias una anchora puppes,
> Dum tantum Ausoniis musa nataret aquis.

Nunc quum Palladiæ sulcant maria omnia naues,
   Visa ⚓ (*quod*) una parum est anchora, facta duplex.

Le premier livre imprimé avec cet italique, et sur lequel Le Riche ait mis la double Ancre, est : « Psalmi Davidici septvaginta qvinqve, in lyricos versvs redacti, &c. authore Ioan. Ganeio, &c. in-8°. » Au verso du titre est l'avis suivant :

« Habes tandem, Lector optime, Domini Ioannis Gaignei in 75 psalmos odas diu desideratas, quot olim illi per aulicos tumultus edere licuit. Nunc enim plusculum otii nactus, si tibi non displicere intellexerit institutum suum, pergit in reliquos psalmos. Illi autem uni acceptum ferre debes quod aut mortui, aut diu in Italia latitantes Aldini typi in Galliis revixerint. Nam hosce typos proxime Aldinos referentes impensis suis sculptos per me in publicum studiosorum gratia exire voluit, amplamque bonorum tibi librorum supellectilem tum parturit, tum a viris excerptos doctissimis, tibi parat his nostris typis prope diem excudendos.... »

Je n'indiquerai point les autres livres imprimés par le même Le Riche, avec cet italique et la double Ancre, parce que ces détails ne sont pas de mon sujet. Je me contenterai d'observer que ses éditions, approchant de l'élégance de celles d'Alde, correctes, sur bon papier, et devenues rares, n'ont cependant pas attiré l'attention, et sont peu connues : ce qui arrivera toujours aux éditions de livres secondaires ou d'un intérêt de circonstance. Aussi l'imprimeur qui vise à quelque réputation doit-il s'attacher sur-tout à faire de bonnes éditions des ouvrages qui seront lus dans tous les temps et par tous les peuples. De nos jours, en France, et plus encore peut-être chez nos voisins, on a trop prodigué le luxe typographique à des brimborions sans mérite, à de chétives productions que leur magnifique impression ne pourra sauver d'un juste oubli.

A Venise, en 1555, Hieronimo Scoto prenoit une Ancre entre deux arbres, avec ces mots *In tenebris fulget*, et trop d'accessoires pour être détaillés ici.

A Brescia, vers 1565, Francesco e Pier-Maria Marchetti mirent sur leurs éditions une ancre et un dauphin, mais en sens contraire de ceux des Alde. Leurs impressions ne sont point remarquables.

Jean Crespin de Genève a employé, sur son joli Homère grec et latin, in-12, de 1560-67, et probablement encore sur d'autres éditions, une ancre entortillée d'un serpent, et tenue par deux mains sortant des nuages, avec les deux lettres I. C.

Dans la même ville, Eustache Vignon, qui peut-être posséda la même imprimerie après J. Crespin, prit, vers 1578, la même marque sans les deux lettres initiales; quelquefois il y ajouta au-dessous une mer, dans laquelle on voit des monstres et hommes marins, avec ces vers aux deux côtés :

> Anchora sacra Mari jactatos unica Christo
> Fundat, et est omni tempore sola salus.

Dans la même ville, on voit l'ancre Aldine sur des livres imprimés par Pierre Aubert, en 1626, entr'autres sur la Relation de l'état de la Religion, par Edwin Sandis, 1626, in-8°; et enfin en 1638, sur un

Nouveau Testament en grec vulgaire, in-4°, que Le Long croit imprimé par Pierre Chouet. Je suis porté à croire que c'est toujours la même imprimerie qui, de J. Crespin, passa à Vignon, ensuite à Pierre Aubert, et enfin dans les mains de Pierre Chouet.

Sur le titre des Recherches et Antiquités de la province de Neustrie, depuis Normandie, etc. par Charles de Bourgueville; à Caen, de l'imprimerie de Jean Lefevre, 1588, in-8°, est une ancre tenue par deux mains, et entourée d'un serpent.

En 1607, Evangelista Duchino, à Venise, prenoit deux ancres avec ces mots *His suffulta*.

A Anvers, vers 1619, Gerard Wolffchat avoit une ancre tenue par deux mains sortant des nuages, et au-dessus le mot CONCORDIA; sur le bas de l'ancre est écrit ANCHORA SACRA DEUS : le haut forme une croix et en même temps un P et un X avec les deux lettres grecques A Ω sur les deux bras de la croix.

J. Reppius, qui imprimoit à Strasbourg vers 1642, avoit pour marque une ancre renversée, dont la tige étoit entourée d'un serpent, et sur le haut étoit perché un oiseau.

J. Phil. Mulhius, dans la même ville, avoit, en 1643, une marque semblable, mais posée sur un socle.

On voit l'ancre Aldine sur le livre suivant, in-folio : « Le Lettere familiari di Cicerone e d'altri auttori, Commentate in lingua volgare da Giov. Fabrini da Fighine, &c. In *Venétia*, 1648, appresso *Ogniben Classeri*. » On la voit aussi sur quelques livres peu importans, imprimés à Rome dans le commencement du seizième siècle.

En 1651, à Copenhague, la marque de Pierre Hauboldt représentoit, en un médaillon, une femme tenant à la main une horloge ou autre instrument que je n'ai pu bien reconnoître ; au-devant d'elle est une ancre, et autour du médaillon on lit ces mots, *Sat cito si sat bene* : au bas un P et un H liés.

J'ai vu plusieurs livres imprimés à Paris, par Sebast. Cramoisy, de 1641 à 1652, dans la marque desquels est à la partie supérieure une très-petite ancre dans un médaillon, et surmontée de trois étoiles.

En 1700, Théophile Ludewig, à Wirtemberg, prenoit l'ancre Aldine avec l'exergue *Festina lente*, dans un très-petit médaillon porté par deux anges ou génies ailés et habillés, avec beaucoup d'autres accessoires.

Enfin, dans ces derniers temps, m'occupant de l'histoire des Alde, j'ai cru pouvoir me permettre, non pas de me parer induement de leur marque typographique, mais d'en adopter une qui eût au moins quelque rapport à la leur : elle est sur le titre de ce volume et de tous les livres que j'ai fait imprimer depuis 1802, année dans laquelle je l'ai employée pour la première fois.

PAUL MANUCE.

La mort du chef ne ralentit point sensiblement les travaux de cette imprimerie. André d'Asola, qui s'étoit chargé de la tutèle des quatre jeunes enfans d'Alde, reprit toutes les affaires par lui délaissées et les conduisit avec beaucoup d'activité, aidé de ses deux fils Francesco et Federico. Remplis d'ardeur et de la plus louable émulation, ils donnèrent tous trois les plus grands soins aux impressions, s'appliquèrent d'abord à terminer celles qui étoient commencées, tirèrent des portefeuilles de leur parent toutes les révisions et collations dont il laissoit un grand nombre, et eurent l'attention d'indiquer dans leurs préfaces celles des éditions auxquelles il avoit contribué par des travaux anticipés. Quoiqu'inférieurs pour la science à Alde et à son fils Paul Manuce, la plupart des éditions qu'ils ont publiées prouvent que cependant ils étoient habiles littérateurs. En grec, Pausanias, Strabon, la Bible grecque des Septante, Artemidore, les Vies de Plutarque, divers Commentaires d'Aristote, Apollonius Rhodius, Æschyle, Xénophon, Galien, Hippocrate, Æginète, publiés pour la première fois; en latin, Térence, Tite-Live, Plaute, Pline, Celse, Macrobe, Priscien, Silius Italicus, Valerius Flaccus, Claudien, Justin, Quinte-Curce, Suétone, Ausone, et une foule d'autres ouvrages en grec, latin ou italien, la plupart aussi imprimés pour la première fois, remplirent leur laborieuse carrière; et les savans du temps se plurent à leur rendre la justice qu'ils méritoient. « Sed quid ego dicam quanto studio Franciscum Asulanum tibi addictissimum feceris; qui haereditariam laudem Aldi secutus, nihil non egit, ut bonae litterae, cum graecae, cum latinae, in dies majorem recipiant cultum, » dit entr'autres Egnatio dans sa préface à l'édition de Celse, adressée au cardinal Herc. Gonzaga. Toutes leurs éditions ne sont cependant pas également bonnes. Dans l'Æschyle, le texte de deux pièces, Agamemnon et les Coephores, est mutilé et étrangement confondu : l'Oppien est fait sur un mauvais texte, et cependant ils avoient sous la main une bien meilleure édition, donnée à Florence, en 1515, par les soins de M. Musuro. Le Galien est loin d'avoir été publié avec autant de discernement que l'Aristote de 1495-98, auquel on peut, en quelque sorte, le comparer, au moins pour la multitude des traités, l'immensité de l'ouvrage et le manque absolu d'éditions grecques antérieures, avec la même multiplicité d'éditions latines.

Il paroît que ces trois hommes réunis firent une grande faute qui influa considérablement sur toutes leurs publications. Alde avoit appelé les secours de quantité de savans, et ceux-ci les négligèrent. Ils commencèrent par se brouiller avec le savant M. Musuro, l'un des meilleurs amis d'Alde; et même, dans leur Oppien de 1517, ils s'expriment sur son compte d'une manière aussi désobligeante qu'elle étoit peu méritée. Alde vouloit que tout se fît le mieux possible, ceux-ci voulurent peut-être que tout fût fait ou censé fait par eux, et crurent mal-à-propos leurs forces égales à la tâche dont ils se chargèrent : aussi, à très-peu d'exceptions près, François et Féderic se trouvent indiqués comme éditeurs de toutes leurs éditions. Etoit-ce économie mal entendue ou présomption littéraire ; toujours est-il vrai que s'ils eussent suivi l'excellent plan de conduite de leur habile prédécesseur, quelques savans employés à propos leur eussent été fort utiles. Avec les conseils de quelques amis éclairés, François d'Asola eût été moins hardi dans ses conjectures ; il eût évité plusieurs erreurs de fait, comme lorsque dans son Claudien il donne pour inédites des pièces déjà imprimées depuis treize ans. Son Homère de 1524 auroit pu être supérieur aux deux précédens de 1504 et 1517, qui valent beaucoup mieux sous tous les rapports. Enfin, avec cette modestie éclairée qui sait ne pas repousser d'utiles secours, ils auroient peut-être acquis une réputation égale à celle du fondateur de l'imprimerie qu'ils dirigèrent. Quoi qu'il en soit, leurs éditions sont belles, presque toutes rares, et en général elles jouissent de beaucoup d'estime. Les amateurs des livres anciens et précieux les placent avec empressement dans leurs collections ; les éditeurs les consultent souvent avec fruit ; et à défaut d'un Alde ou d'un Paul Manuce, nous aurions encore à souhaiter que quelque homme aussi habile que les trois Torregiani [1]

---

[1] Dans leurs éditions ils employèrent rarement leur nom de famille Torregiano ou Torresano (*Turrisanus*), presque toujours ils se bornent à leur nom de baptême, suivi de celui du lieu de

d'Asola voulût s'appliquer sérieusement à faire à Paris de bonnes éditions grecques, et réussît à rendre à la France cette suprématie en ce genre, qu'après le temps d'Alde, les Estienne, les Turnèbe et les Morel lui avoient acquise, et surent lui conserver pour longtemps.

Pendant ces années de la gestion d'André d'Asola, les fils d'Alde passoient leur première enfance, et leur éducation s'avançoit. Le temps qu'ils restèrent à Asola, avec leur mère, ne leur fut pas d'un grand secours pour leur éducation littéraire : ce qu'ils y apprirent leur auroit été plus nuisible qu'utile, et n'auroit fait que leur gâter le goût, s'ils n'eussent été de bonne heure amenés à Venise, où Paul sur-tout fut accueilli et aidé par les hommes de mérite en tous genres de littérature qui abondoient dans cette ville, alors le séjour des arts et des lettres, et qui tous avoient été sincèrement amis de son père. P. Bembo, Sadoleto, Bonamico, Reg. Polo, et notamment Ben. Ramberto, et Gasp. Contarini le formèrent par leurs conseils, et lui applanirent la route des connoissances littéraires. Dans sa préface aux Ep. famil., Paul reconnoît surtout avoir de grandes obligations à G. B. Egnatio. « Ille mihi primum ad eas artes iter ostendit a quibus bene beateque vivendi ratio proficiscitur ».

L'ardeur avec laquelle il se livra à l'étude de l'éloquence influa tellement sur sa constitution ; déjà très-

---

leur naissance. Andrea d'Asola, Andreas Asulanus, Francesco e Federico d'Asola, Franciscus et Federicus Asulanus.

foible, qu'il tomba dans une maladie dont l'effet lui fut d'autant plus désagréable, que les médecins lui défendirent l'usage des livres. Enfin, au bout d'une couple d'années, sa santé devint meilleure, et il reprit ses études.

A peine échappé à la maladie, il éprouva des contrariétés d'une autre nature, et non moins affligeantes, qu'il appelle lui-même *domesticas controversias : Ep. Saulio 1, 3*. Il ne s'explique pas davantage ; mais par l'inactivité de l'imprimerie pendant les années qui suivirent la mort d'André d'Asola, arrivée en 1529, il paroît que ce furent des démêlés de famille, occasionnés par les discussions relatives au partage de la double succession d'Alde et d'André, dont les intérêts, dans l'imprimerie, étoient peut-être jusqu'alors restés indivis. Il est aussi très-naturel de penser que les deux oncles Francesco et Federico, habitués à régir en maîtres depuis quatorze années, à nommer jusques dans leurs préfaces cette imprimerie *nostra officina*, à s'en croire peut-être même les propriétaires exclusifs, voyoient de mauvais œil les jeunes héritiers d'Alde, qui, de leur côté, se regardoient à bien plus juste titre comme les propriétaires naturels de cette imprimerie, fondée par leur père. De tout ceci, il résulta beaucoup de querelles qui durèrent jusqu'en 1533, année dans laquelle Paul Manuce, âgé seulement de vingt-un ans, rouvrit l'imprimerie fermée depuis 1529, et montra dès-lors cette supériorité qui, dans les hommes de tous états, littérateurs, artistes, guerriers ou princes, annonce dès leur jeunesse ce qu'ils seront en état de faire un jour. L'imprimerie fut régie par lui, au nom et au profit des héritiers réunis d'Alde et d'André, *In Aedibus haeredum Aldi et Andreae Asulani soceri,* mais cette association dura peu d'années. Les démêlés entre les deux familles n'avoient été qu'assoupis, ils recommencèrent en 1537, et l'imprimerie Aldine fut encore inactive pendant cette année et les deux suivantes. Enfin, en 1540, la société se rompit pour recommencer au nom des seuls fils d'Alde, *Aldi filii :* et à dater de cette année, on ne voit plus le nom des Turrisan sur aucune édition Aldine, excepté sur quelques exemplaires des premier et second volumes du Pline de 1536-37, portant le titre et la souscription avec une date rajeunie, de 1540. On les voit plus tard sur divers livres grecs, mais plus comme co-propriétaires de l'établissement : *Expensis Fed. Turrisani.*

Paul Manuce, devenu chef de la maison à un âge aussi peu avancé, s'appliqua sans relâche à suivre les glorieuses traces de son père ; et dès-lors tout son temps fut employé à ses travaux littéraires ou typographiques. Pour la publication des livres grecs inédits, le champ étoit presque moissonné, aussi se livra-t-il de préférence à la littérature latine ; et dans toutes ses nombreuses réimpressions, on est assuré de trouver toujours quelque amélioration, soit dans le texte, soit dans les accessoires, comme notes, scholies, et tables sur-tout dont il sentit bien la grande utilité. Passionné pour les ouvrages de Cicéron, il s'appliqua sans cesse à former son style sur celui de cet admirable écrivain, aussi ses lettres et préfaces latines sont-elles au rang de ce qui nous reste de mieux écrit en cette langue, depuis la renaissance des lettres. Le premier livre qu'il imprima fut un ouvrage de ce père de l'éloquence, qui occupoit toutes ses pensées, *Ciceronis libri Oratorii, 1533, in-4°*. Ce ne fut, il est vrai, que la réimpression soignée des précédentes éditions de 1514 et 1521, mais dès-lors il s'occupoit tout entier de la révision des Lettres familières dont il donna vers la fin de cette même année 1533 (*mense octobri*), une édition bien supérieure aux précédentes Aldines de 1502, 1512 et 1522; et de là datent ses premiers travaux Cicéroniens, auxquels il consacra si utilement pour la littérature la plus grande partie de sa vie. Dans l'intervalle de la publication de ces deux volumes, il avoit donné la cinquième Décade de Tite-Live, *Il Cortegiano, Il Petrarca, Pontani Carminum tomus primus*, simples copies d'éditions antérieures, mais faites avec soin, et d'une correction scrupuleuse. Trompé par un passage de la préface de Manuce à l'édition des Lettres familières, Zeno a cru ce volume le premier fruit de ses travaux : mais si dans cette préface on lit : « Primos labores et vigilias nostras ad emendandas Ciceronis Epistolas, quas familiares vocant, conferre volui, » il ajoute plus loin qu'il a employé huit mois à conférer le texte sur douze manuscrits, tandis que dans la préface des *Libri Oratorii*, il dit clairement : « Hanc primam industriam in excudendo nostram, » ce qui caractérise bien une première production typographique : d'ailleurs les dates de mars et octobre que portent les deux livres, tranchent la question sans laisser d'incertitude.

A l'exemple de son père, Paul Manuce aima surtout à requérir l'aide des hommes les plus savans. G. B. Egnatio, G. P. Valeriano, Lazzaro Bonamico, Ben. Lampridio, et autres personnages non moins habiles, ramenèrent dans sa maison les beaux temps d'Alde; et dès les premières années de l'établissement de Paul Manuce, les éditions Aldines reprirent la supériorité que son père avoit su leur donner, en même temps que les conseils et la fréquentation de tant d'hommes de mérite formèrent son goût, lui furent une occasion continuelle d'instruction, et préparèrent ses succès comme éditeur et comme typographe.

Dans cette année 1533, et dans le cours de la suivante, il donna un assez grand nombre d'éditions latines et italiennes, qui toutes sont reconnues pour excellentes; et sa première édition grecque fut celle de Themistius que suivirent bientôt Isocrate et Aetius Amidenus, éditions bien faites et qui prouvent ses connoissances dans cette langue. L'année suivante, en 1535, il fut appelé à Rome : « Ecce me nescio quis (dit-il, dans une Lettre à Saulio, la troisième du livre premier), homo certe satis fortuna felix praemiis commotum, et blanditiis captum atque irretitum Romam abduxit, ubi cum aliquot menses, non in iis quae semper amaveram litterarum studiis, sed inani officiorum genere consumpsissem ; et ille, quem secutus eram, montes aureos pollicitus, vix minime praestaret; collegi ipse me; neque solum studiorum meorum, quae intermiseram potius, quam dimiseram, verum etiam rei familiaris, cui nisi consulerem, ipsa quoque jacere studia necesse erat, habendam mihi rationem duxi ; quo consilio in patriam reversus, retuli me omnino ad veteres meas tum legendi, tum scribendi exercitationes. » On ignore qui induisit ainsi Paul Manuce en erreur ; mais ce voyage ne fut cependant pas tout-à-fait une fausse démarche, car il lui procura des connoissances précieuses. Il s'y lia d'amitié avec Marcello Cervino, qui depuis fut pape quelques jours sous le nom de Marcel II, et avec Bern. Maffei. C'est aussi à ce temps qu'il faut rapporter le commencement de ses liaisons avec Annib. Caro, avec lequel la conformité de génie et d'inclination pour les lettres lui fit contracter une amitié toute particulière ; ce que prouve une lettre qu'il lui écrivit le 15 février 1555, dans laquelle il commence ainsi : « Benchè la nostra amicizia, la qual hebbe principio hora è il ventesimo anno.... » C'est l'avant-dernière du 1. 3.

Revenu dans sa patrie, il reprit aussi-tôt sa tâche d'éditeur, et continua ses travaux littéraires avec une assiduité telle qu'en 1556 il écrivoit à G. Selva, que depuis vingt ans il n'avoit point laissé passer un seul jour sans écrire quelque chose en latin.

Extrêmement occupé et des lettres, et de son imprimerie, et de ses affaires domestiques, car il s'en falloit de beaucoup qu'il fût opulent, il se chargea encore du soin d'instruire douze jeunes gens nobles; réunion que dans une de ses Lettres à Saulio, déjà citée, la troisième du liv. premier, il nomme une académie.... « Erudienda duodecim nobilium adolescentium Academia per triennium occupatus.... » On ignore les noms de ces jeunes gens, mais il est à présumer que de ce nombre furent Math. Senarega, le traducteur des Lettres à Atticus, que dans sa préface aux Ep. famil. il dit avoir reçu dans sa maison, et instruit dans les lettres et l'étude de l'éloquence ; et Paul Contarini, à qui il écrit, lib. I, ep. XI. « Mecum in iisdem aedibus per triennium fere vixisti; qui quicquid es, de meorum consiliorum praeceptorumque forte fluxisti; cujus a laude mea laus quodammodo pendet.... » Pourquoi il nomma cette réunion de jeunes gens académie, c'est probablement en mémoire de celle qu'avoit formée son père, et dans le desir de renouveler cette intéressante et solemnelle assemblée de savans qui servirent si utilement Alde dans la publication de ses difficiles éditions grecques et latines.

Au bout de trois années, en 1538, dégagé du soin de cet enseignement, et ennuyé peut-être par quelques tracasseries de ses oncles, Paul Manuce quitta de nouveau Venise, et employa un certain temps à parcourir d'anciennes bibliothèques, dans l'intention d'y recueillir des matériaux et des secours pour ses éditions futures. Une lettre que lui écrivit Annib. Caro en décembre de cette année, contient des reproches obligeans de ce qu'il s'étoit soustrait furtivement à ses amis pour aller s'enterrer dans la bibliothèque de Césène. Il passa effectivement plusieurs mois dans la bibliothèque des Franciscains de cette ville, occupé à confronter les excellens manuscrits laissés à ce couvent par Malatesta Novello. Vers ce même temps, deux chaires d'éloquence lui furent offertes; celle de Venise, occupée par son ami J. G. Egnatio, devenu trop âgé pour en continuer les fonctions, et celle de Padoue, vacante par la mort de Bonamico : mais sa mauvaise santé, et plus encore sa passion pour la profession qui avoit tant illustré son père, le déterminèrent à refuser ces emplois, dans lesquels il lui étoit si facile de se distinguer, et lui firent préférer la vie péniblement laborieuse qu'il mena jusqu'à sa mort.

En 1540, il se sépara, comme je l'ai dit plus haut, des frères Torresani, et imprima dès-lors pour son compte et pour celui de ses frères, *Apud Aldi filios*. Pour cette nouvelle société, il changea l'ancienne marque Aldine, et prit celle dont la représentation exacte est plus haut, page 61, n° 3.

Les éditions continuèrent à se succéder rapidement. Virgile, Pétrarque, les meilleurs auteurs modernes, et toujours, et par-dessus tous, Cicéron, furent l'objet de ses travaux non interrompus. On en voit la très-longue liste dans l'autre volume de ces notices. Il fit à Rome un second voyage qui fut assez court, et en 1546 il épousa Margherita Odoni, fille de Girolamo, et sœur de Carlo et Rinaldo. Ce dernier fut ecclésiastique et même assez lettré : on a de lui un Discours philosophique sur l'immortalité de l'ame, imprimé par Paul Manuce, en 1557, in-4°.

Ces deux frères eurent ensemble quelques différends qui furent appaisés par l'intervention amicale et les bons offices de Paul Manuce, qui les chérissoit tous deux également.

Le premier enfant de P. Manuce fut Alde, né le

jour des Ides de février 1547, ainsi qu'il l'apprend lui-même dans diverses préfaces de ses éditions, entr'autres à la fin de celle du *Censorinus*, qu'il date ainsi : *Venetiis, Idib. Febr.* ∞ ᴅ xxc. *qui mihi primus est dies anni 35;* et dans celle du traité de Cicéron, *De optimo genere Oratorum,* tome second de l'édition in-folio : *Venetiis, Idib. Febr.* ᴄɪɔ ɪɔ xxcɪɪɪ *more Veneto : quo ego die* xxxɪɪx *ingredior annum.* A ces témoignages on peut ajouter celui de Paul, qui, dans une lettre à Sim. Thomas, d'avril 1550, parle d'Alde comme lui étant né trois ans auparavant. Il lui donna ce nom par un tendre respect pour la mémoire d'Alde l'ancien, et aussi dans l'espoir d'amener son fils à se pénétrer des obligations que ce nom lui imposoit.

Il eut trois autres enfans, Girolamo qui mourut en 1559, âgé de neuf ans, à Raguse, où il l'avoit confié aux soins de Paul Bosio; une fille dont il parle plusieurs fois dans ses lettres, et qu'il maria en 1573. Je ne trouve d'autre mention de son troisième fils que dans les deux lettres qu'il écrivit à P. Bosio et à l'archevêque de Raguse, à l'occasion de la mort de Girolamo, et dans lesquelles il dit : « Mi restano tre figliuoli, due mascoli, e una femina. » Ce fils, dont je ne vois ailleurs aucune mention, mourut sans doute aussi en bas-âge.

P. Manuce ne se borna point à imprimer d'excellentes éditions; et plus d'un ouvrage utile est le fruit de ses savantes veilles. Il se livra sur-tout à l'étude de l'antiquité, et cette étude devoit lui plaire, parce qu'elle se trouvoit liée à l'intelligence et à l'éclaircissement des auteurs anciens. Sans cesse relisant les ouvrages de Cicéron, Virgile, Tite-Live, &c. l'un de ses premiers projets littéraires fut un Traité des Antiquités romaines; il s'en occupa dès l'an 1547, ainsi qu'il nous l'apprend au commencement de son traité *De Legibus*, imprimé pour la première fois en 1557, in-folio. Ses amis l'encouragèrent fortement à ces travaux; le fameux Silvestre Aldobrandin entr'autres, s'appliqua à lui faire sentir combien la gloire littéraire étoit plus réelle et plus durable que tout le vain brillant des richesses et des dignités; et combien il lui importoit de ne devoir son bien-être et sa réputation qu'à lui seul et à ses ouvrages : moyen plus sûr et plus honorable en même temps que la trop souvent trompeuse protection des heureux du siècle. « Non vorrei, lui écrit-il le 8 janvier 1548, che v'ingannasse una certa falsa apparentia delle cose del mondo, & di una populare opinione; ma da savio consideraste, quanti Vescovi, quanti Cardinali, quanti Signori temporali son vivuti in somma felicità, vivente l'onorato padre vostro : i quali per la maggior parte, se non tutti, sono sotterrati in un' eterno oblio, e dimenticanza de gli huomini : dove quella virtuosa & honorata memoria di M. Aldo vive, e viverà sempiternamente.... finchè saranno in pregio le buone lettere...» (Voyez fol. 74 du tome 3e delle Lettere volgari, 1564, in-8°).

Paul Manuce conserva cependant le desir d'un établissement à Rome. L'accueil qu'il y avoit reçu en 1535, et plus récemment dans un court voyage, en 1543, lui faisoit espérer d'y trouver un sort plus avantageux qu'à Venise, où probablement, avec beaucoup de réputation, il entassoit dans ses magasins une multitude d'éditions qui, tout excellentes qu'elles étoient, se vendoient peut-être assez lentement, et ne le récompensoient point de ses peines infinies et de ses avances considérables [1]. C'est ce qui n'arrive que trop en librairie :

---

[1] La lettre suivante, écrite par Paul Manuce à Marc-Antoine Natta, à l'occasion de son livre *De Deo*, imprimé en 1559, in-folio, montre avec quelle bonne foi il traitoit les affaires de son négoce, et sur-tout aussi fait voir que, plus véritablement littérateur que négociant, il savoit très-bien faire d'excellentes éditions, mais n'avoit pas réussi à donner à sa maison de commerce l'activité nécessaire pour favoriser le prompt écoulement de tous les bons livres qu'il fabriquoit. Ce n'étoit pas, il est vrai, la meilleure route pour arriver à la fortune; mais tout ami des lettres conviendra néanmoins avec moi que Paul Manuce, à l'exemple de Marie, avoit choisi la meilleure part : *Optimam partem elegerat.*

« Adeone erravi, & lapsus sum in subducenda ratione, ut de foliis quinquaginta conjecerim, quae nunc octuaginta fore video? pudet indiligentiae meae. Verum, ut ut est, commodo meo rem suscipere non possum, nec audeo recusare; ne mea fides in dubium apud te veniat. Itaque peto a te, ut cum tua ratione meam quoque ducas, nec exigas a me plus, quam res et fortunae meae patiantur. Nam, quod ais, redituram ad me pecuniam cum fenore, libro vendito : videlicet communi quadam, non propria me regula metiris. Non enim ego, ut alii, qui libros imprimunt, habebo statim certos homines, qui eos divendant, et longinquas in urbes, regionesque disseminent. Venduntur hic statim a meis omnes ita parvo pretio, ut lucri quidem minimum, sed minimo simul labore, minima molestia fiat. Meum

combien d'éditions, tout particulièrement estimées, devenues chères, et recherchées avec avidité, s'écoulèrent avec une extrême lenteur, et firent le désespoir de leur propriétaire, qui jamais ne devoit voir la tardive justice qu'enfin le public viendroit à leur rendre! En 1550, P. Manuce écrit à Gir. Dolphin que dans le mois de février il quittera Venise pour aller à Rome, mais pour y rester seulement jusqu'au milieu de mai, et par amitié pour Bern. Maffei et Ottavio Pantagatho. Il paroît cependant que ce voyage n'eut pas lieu avant 1553, au moins cette dernière excursion est-elle prouvée par une de ses lettres à Fr. Coccio de la fin de cette année, dans laquelle il lui mande avoir passé à Rome environ deux mois de l'été précédent.

Sa mauvaise santé, qui dès sa jeunesse avoit contrarié son amour pour l'étude, dérangea souvent ses travaux littéraires. En 1554, une fièvre tierce, suivie d'une incommodité bien plus fâcheuse pour un homme de lettres, une humeur âcre qui se jeta sur ses yeux, vint le tourmenter, et pour long-temps. Il n'en fut entièrement guéri que vers la fin de 1559, par les soins de l'habile Gabr. Falloppe, dont il dit dans une lettre à J. B. Pigna (la quarante-cinquième du liv. 4), «... Cui viro, quanti hanc lucis usuram, id est,

---

ergo librum itidem, inquis, vendes. De doctrina libri tui, de elegantia possum ego facile judicare : de venditione quis praestat? An nescis, libros latinos, optimos veteres, ita nunc jacere, ut paene sordium in genere putentur ; vix jam Ciceronem ipsum, Caesarem, Sallustium legi, a multis etiam ne legi quidem, planeque contemni?... » L. III. Ep. 31.

quanti vitam facio, quanti etiam praeclara litterarum studia mihi sunt, quibus vix ipsa vita pluris est, uni plane totum acceptum refero. » Pendant le cours de cette longue maladie, les médecins lui avoient défendu tout travail, mais c'étoit la seule privation à laquelle il lui fût impossible de se soumettre : « Quae valetudini nocent omnia fugio, studio excepto. » Sa mauvaise santé ne fit pas plus languir les travaux de son imprimerie, car de 1554 à 1558 nous voyons une foule d'éditions toutes bonnes et soignées par lui.

En 1555, dans un temps où ses yeux le faisoient un peu moins souffrir, il alla à Bologne pour y voir son frère Antoine, qu'une affaire, dont on ignore les détails, et que dans une de ses lettres P. Manuce nomme *juventutis erratum*, avoit forcé de quitter Venise, et qui, y étant revenu après avoir assoupi cette affaire, avoit été peu après obligé de s'expatrier pour jamais, par l'effet d'une loi nouvelle, abrogeant toutes amnisties antérieures. S'étant mis en route en assez mauvaise santé, à son arrivée à Bologne P. Manuce se trouva bien plus malade encore, et fut obligé de rester assez long-temps dans cette ville, où il fut vivement sollicité à venir se fixer entièrement avec sa famille. Les Bolonois lui offroient un traitement aussi avantageux qu'honorable, trois cent cinquante écus par an, avec divers autres émolumens, sans autre obligation que celle d'imprimer de bons livres dont la publication pût servir les lettres, et faire honneur à la ville d'où ils seroient sortis. Ces conditions ne furent cependant pas aussi-tôt acceptées : Paul Manuce fit quelques autres demandes; l'affaire traîna pendant une couple d'années, et enfin il n'en fut plus question. Paul Manuce, à qui sa tendresse pour son frère Antoine avoit pu faire un instant supporter l'idée d'un établissement à Bologne, ne put néanmoins se résoudre à quitter Venise, sa patrie. Au reste, s'il n'alla point se fixer chez les Bolonois, il n'en resta pas moins reconnoissant pour ce témoignage qu'ils lui avoient donné de leur estime; et dans une lettre à Muret, il dit de leur ville : *Civitas ad humanitatem nulla propensior.* De Pérouse on lui avoit aussi fait des propositions non moins avantageuses; enfin il accepta des offres qui lui furent faites par le cardinal Hippolyte d'Est, et alloit se rendre auprès de cet illustre Mécène, lorsqu'il en fut détourné par une maladie contagieuse qui se manifesta dans le pays habité par ce prince, et encore par le mauvais état de sa propre santé, toujours aussi languissante.

En 1556, Feder. Badoaro, l'un des sénateurs les plus distingués de la république de Venise, forma le projet de fonder, dans sa propre maison, une académie dont le plan étoit si vaste, que si un particulier très-opulent put le concevoir et l'exécuter, il falloit un souverain pour le rendre durable. Cette académie fut nommée *Academia Veneziana,* et aussi *della Fama,* parce que sa devise étoit une Renommée avec ces mots : *Io volo al ciel per riposarmi in Dio.* Elle étoit composée d'environ cent personnes, les plus habiles dans toutes les branches de la littérature et des sciences; à-peu-près sur le même plan qu'a été depuis établi l'Institut national de France, sauf les améliorations résultantes du progrès des connoissances et de la plus juste direction des idées. On s'y occupoit de théologie, de philosophie naturelle et morale, de poésie, d'antiquités, de musique, &c. &c. Enfin l'intention du fondateur étoit qu'aucune partie des connoissances humaines n'y fût négligée. Selon Quadrio et Zeno, le chancelier ou garde des archives et registres fut Bernardo Tasso, père de Torquato Tasso, avec deux cents ducats d'appointemens ; mais ceci n'est prouvé par aucune lettre, ni aucun autre écrit contemporain. Aux divers établissemens de cette académie fut jointe une imprimerie qui véritablement devoit en être le principal; le projet de Badoaro étant que son académie donnât d'excellentes éditions des meilleurs ouvrages existans, et sur-tout d'ouvrages non encore imprimés; son plan étant aussi d'engager les académiciens à en composer sur les sujets les plus intéressans de la littérature et des sciences. P. Manuce, outre la chaire de l'éloquence, eut la direction de l'imprimerie, qui fut entièrement montée avec des fontes neuves de ses propres caractères ; et il avoit sous ses ordres divers autres imprimeurs, tous gens habiles, l'un desquels étoit Domenico Bevilacqua. Pendant les années 1558 et 1559, cette imprimerie publia une quinzaine d'éditions, dont aucune n'est volumineuse, mais qui n'étoient que le prélude de travaux beaucoup plus considérables, travaux dont il fut publié une espèce de programme en un Catalogue, dont il y a deux éditions, l'une italienne et l'autre latine. Toutes ces éditions sont d'une exécution parfaite; elles sont devenues fort rares, et les amateurs des bonnes impressions du seizième siècle les acquièrent avec empressement. On en trouve la liste dans le volume des Annales, pages 311 et suivantes, où cependant j'en ai omis deux qui n'étoient pas encore venues à ma connoissance; les voici :

Federici Delphini de fluxu et refluxu aquae maris Disputatio. Eiusdem de motu Octavae Sphaerae. 1559, in-folio.

In Aristotelis Topica nova Explanatio, 1559, in-folio.

L'académie avoit aussi sa bibliothèque particulière. Une lettre de Sigonio, du 9 octobre 1558, fait mention de son ouverture : « La Libbreria dell' accademia s'aperse Lunedi passato con gran fasto. »

Un tel établissement composé des littérateurs les plus habiles de l'Italie, faisoit concevoir les plus hautes espérances. Des souverains s'étoient empressés à l'honorer de leur protection et à lui accorder divers privilèges. Sa durée fut cependant éphémère : dès 1562 il n'en restoit plus aucune trace, et à peine s'appercevroit-on de sa courte existence, sans les livres exécutés dans son imprimerie par les soins et sous la direction de Paul Manuce.

La véritable cause de sa destruction n'est pas positivement connue. Une lettre de L. Contile, l'un des académiciens, du 4 février 1560, feroit croire que Badoaro se rendit coupable d'une honteuse malversation : « Nell' accademia si è ritrovato Messer Federigo Badoaro haver fatto sotto il nome di questa honoratissima adunanza, cosa, che gli torrà per giustitia l'honore, & forse la vita. Et promettovi essere stata al mondo gran perdita, che in si brutta maniera si sia annullata, perciocchè le tante opere promesse publicamente sarebbero senza alcun fallo condotte in luce. » Quel peut-être ce délit, si ce n'est d'avoir spolié la caisse de l'académie? c'est au moins l'avis de Mazzuchelli qui assure que ce fait lui a été attesté par une personne digne de foi.

L'académie ne fut cependant pas encore dissoute; car le même Contile, dans une autre lettre du 2 avril de la même année, raconte que Gonzalvo Perez avoit, dès l'année précédente, offert à l'académie sa traduction d'Homère, en vers espagnols, afin qu'elle la fît imprimer, mais que rien n'étoit encore décidé sur cet objet. Le 21 août suivant, une troisième lettre de Contile fait voir que la déroute de Badoaro étoit alors consommée, et rendue publique : « Il fallimento de' Badoari, dogliomi, che ne fui profeta, & come reggente della scienza, ch' jo era, me ne levai, & quello antiveder mio mi darà quel credito ch' jo desidero. » Il faut cependant présumer que Badoaro parvint peu après à rétablir momentanément ses affaires; car l'année suivante il fut nommé par la République pour aller faire une visite d'inspection dans les domaines publics et même particuliers de la plupart des provinces de la domination vénitienne; et avant de partir de Venise, il fit son testament, qui a été depuis imprimé, dans lequel, entr'autres dispositions, il prescrit à Gianluigi et à Giustiniano Badoaro, ses neveux, et la manière dont ils devoient pourvoir à la conservation de l'académie, et les dépenses qu'ils auroient à faire pour son administration : il donne aussi la liste des académiciens qui la composoient alors. Ce calme ne dura pas long-temps; et Mazzuchelli assure, d'après des mémoires manuscrits qui lui ont été communiqués, que le 19 août 1562, Badoaro fut arrêté et mis en prison pour le fait même de cette académie, qui dèslors fut dissoute par un décret public. On ignore combien dura la détention de Badoaro; mais il ne mourut qu'en 1593, et depuis 1562 il ne fut plus employé à aucune fonction publique.

Il est très-probable que la mauvaise administration fut la cause immédiate de la ruine de cet établissement littéraire, mais un vice inhérent à sa formation ne contribua pas moins à accélérer sa destruction. Badoaro avoit voulu tout réunir dans son académie, et il en forma un ensemble composé d'élémens trop discordans. L'antiquaire s'y trouvoit sans doute déplacé à côté du musicien, qui, de son côté, devoit se soucier fort peu d'entendre la lecture de savans mémoires sur Platon ou sur Aristote; et le poète, nourri de la lecture de Virgile et de Pétrarque, ne prenoit pas un intérêt bien vif à la discussion de quelque passage de l'un des commentateurs de l'Écriture sainte. Qui sait même si tous ces académiciens, occupés d'études si différentes, ne faisoient point réciproquement très-peu d'estime de tout ce qui étoit hors de la sphère de leurs connoissances personnelles? Moins vaste, le projet du fondateur eût reçu une exécution plus durable; et les malversations de Badoaro n'auroient peut-être point amené la destruction entière de cette académie, si elle eût pu subsister sans des dépenses excessives. Un desir inconsidéré du mieux possible entraîna au-delà des bornes, et tout fut perdu.

Dégagé des soins qu'exigeoit de lui cette imprimerie, Paul Manuce reçut, en mars 1561, des lettres du card. Seripandi, qui lui témoignoit le vif desir du pape Pie IV de voir publier avec soin et exactitude, tant les Livres sacrés que les ouvrages des Pères de l'église, *vel hominum incuria, vel improbitate corruptos :* il lui annonce que Sa Sainteté ayant jeté les yeux sur lui, il étoit invité à venir s'occuper de cet important travail. Le projet n'étoit pas nouveau. Dès 1539, deux hommes d'un grand mérite, les cardinaux Marcello Cervino et Aless. Farnese avoient eu l'idée d'établir à Rome une magnifique imprimerie ; ils avoient choisi l'habile Antonio Blado, d'Asola, qui étoit venu à Venise pour acquérir de Paul Manuce des fontes de ses beaux caractères. « Magna enim optimae voluntatis documenta saepissime dedistis, » écrit P. Manuce à Marcel Cervino (l. I, Ep. VII.), « majora etiam dare cogitatis, cum quidem ut Antonius Bladus ad me detulit, pulcherrimam rem, et vobis dignissimam aggressi, omnes libros graece scriptos, qui nunc in bibliotheca Palatina conditi asservantur, praelo subjicere cogitetis ; ut, multiplicatis exemplaribus, per orbem terrarum, in usum omnium gentium, omniumq. saeculorum, divulgentur : cui se muneri Bladus a te esse praepositum aiebat : itaque venisse ad nos, ut & eos typos, quibus atramento illitis charta imprimitur, conflandos curaret, &, si qua praeterea sunt ad opus necessaria, maturaret. » Les intentions des deux cardinaux ont été en partie remplies, et Blado a honoré son nom par diverses belles impressions grecques et latines, parmi lesquelles on distingue sur-tout l'excellent Homère d'Eustathe, 1542-50, 4 vol. in-folio.

Les conditions proposées à Paul Manuce de la part du souverain pontife étoient aussi avantageuses qu'honorables. Il ne put cependant se décider sur-le-champ. Il ne s'agissoit de rien moins que d'abandonner sa patrie, sa maison, ses études particulières; enfin de s'arracher à tous ses goûts, de renoncer à toutes ses habitudes. Il accepta néanmoins après quelque hésitation. Ses affaires domestiques n'étoient pas dans une situation brillante, et le traitement qu'on lui offroit devoit lui donner les moyens de faire cesser ses embarras pécuniaires. « Laborabam domesticis incommodis, fratrum meorum culpa : nec spes erat emergendi, nisi nova consilia caperentur : » écrit-il depuis à J. Craton, en novembre 1570, dans une longue lettre où il lui rend compte des motifs qui l'avoient déterminé à ce déplacement. Sa gêne datoit de plusieurs années; car, dès 1559, une affaire sur laquelle il ne s'explique pas, mais qui étoit peut-être relative à quelques dettes de son négoce, avoit été sur le point de le forcer à s'expatrier. En février, c'est-à-dire, à la fin de cette année 1559, il écrit à Muret : « Del mio caso si saprà l'avvenimento o Lunedi prossimo, o sabato : gli amici mi danno speranza di salute ; ma io temo fortemente del contrario. Benchè non voglio però, che questo caso mi affligga, come per avventura si stima; in ogni luogo si vive, e poca robba mi basta, havendo avvezza la mia famiglia alla frugalità. » Et à la fin de la même lettre : « Son hora per mia sicurezza in S. Gio Polo, nelle stanze del nostro humanissimo fra Sisto ; ma presto per mutar luogo, anderò da un amico in fino alla fine del giudicio. » Quelle fut l'issue de cette affaire : une lettre écrite au même, le 25 du même mois, pourroit faire présumer qu'elle lui fut très-désagréable, et qu'il eut à craindre d'être obligé d'abandonner Venise. « E perche debbo io dolermi, vedendomi già chiamato a Bologna & a Roma, e potendo haver in una solitudine non molto di qua lontana un ocio tranquillissimo ?... » Et cependant sa correspondance prouve qu'il étoit encore à Venise dans les années 1559, 1560 et 1561.

Il accepta donc les propositions du pape, aux conditions fixées par le cardinal Seripandi. Son voyage et le transport de l'imprimerie devoient être aux frais du S. Père, et les appointemens à raison de six cents écus par an, suivant Zeno, et de cinq cents seulement, à en juger par une de ses lettres. Il se rendit à Rome vers le mois d'août 1561, précédé par une grande réputation. Il y fut accueilli avec le plus vif empressement, et ce fut à qui obtiendroit la faveur de faire imprimer chez lui quelque ouvrage. Se voyant si agréablement établi dans cette ville, pour laquelle il avoit toujours eu une prédilection particulière, il ne tarda pas à y faire venir sa femme, sa fille, et sur-tout son fils, dont il avoit extrêmement à cœur de diriger lui-même les études.

Les premières publications de cette imprimerie nouvelle devoient être la Bible, en latin, et les ouvrages de S. Cyprien : mais par divers obstacles, ces impressions furent retardées ; le S. Cyprien ne parut qu'en 1563, et la Bible seulement au bout de vingt-huit années, en 1590. Paul Manuce débuta par un petit écrit du card. Polo, *De Concilio, et de Reformatione Angliae*, 1562, in-4°, qui est devenu fort rare. Diverses autres impressions peu considérables suivirent ce premier volume, jusqu'en 1564, que Paul Manuce paroît avoir mis ses travaux en pleine activité. La principale production de cette année fut le Recueil des Décrets du Concile de Trente, pour l'impression desquels le souverain pontife avoit le plus desiré l'érection de cette imprimerie. P. Manuce en fit, dans cette même année, plusieurs éditions différentes ; son fils qui étoit retourné à Venise, où déjà il donnoit des soins à l'imprimerie que son père y avoit conservée, les imprima aussi plusieurs fois avec la même date de 1564. Cette multiplicité d'éditions de la même année a occasionné une confusion que je crois avoir fait cesser par les détails dans lesquels je suis entré, page 346 et suiv. de l'autre volume. La date de ce livre, *In Aedibus Populi Romani*, nous fait connoître que l'imprimerie de Paul Manuce fut placée dans le Capitole, où elle resta même après son départ, jusqu'au temps où Sixte v fonda l'imprimerie Vaticane, qui devint depuis si célèbre.

L'édition de S. Cyprien fut faite avec toute l'attention qu'elle méritoit ; nombre d'excellens manuscrits furent cherchés de tous côtés et consultés avec soin ; plusieurs pièces inédites assez importantes furent publiées ; et l'éditeur de la dernière édition de Paris, 1726, in-folio, rend ce témoignage que, depuis celle-ci et celle de Morel, 1564, dans laquelle sont aussi quelques nouvelles pièces, rien n'a été découvert qui puisse être attribué à S. Cyprien.

P. Manuce fut aussi [1] chargé de remettre en meilleur latin le Catéchisme du Concile de Trente, confié d'abord à trois théologiens pour ce qui concernoit la doctrine. Il l'imprima en 1566, in-folio, et plusieurs fois depuis, soit à Rome, soit à Venise, in-4° et in-8°.

Beaucoup d'excellentes éditions occupèrent successivement ses presses, *Hieronymi Epistolae*, *Salvinius*, et quantité d'autres dont le détail se trouve dans le volume des Notices, par ordre chronologique.

Tant de travaux n'étoient pas convenablement récompensés. Pendant que Paul IV vécut, P. Manuce n'eut cependant pas absolument à se plaindre : s'il n'eut pas l'occasion de s'enrichir, au moins pouvoit-il vivre et soutenir sa famille ; mais après la mort de ce pontife, sa situation ne tarda pas à empirer ; à grande peine pouvoit-il se faire payer de ses appointemens : sa santé devenue plus mauvaise ajouta à ses chagrins, et lui fit desirer de revoir sa patrie, de retourner dans

---

[1] Ceci est contesté par le P. Lagomarsini. V. *Poggian. Ep.* vol. III, pag. 99.

son ancien domicile. Enfin, en septembre 1570, il quitta Rome après y avoir passé neuf années sans aucun fruit, et avec beaucoup de travail et de peines d'esprit de toute espèce. « Nunc demum, écrit-il à un de ses amis le 20 novembre suivant, exoriri mihi videor, et quasi post multam noctem lucem adipisci, reversus post annos decem in patriam ab urbe Roma (il n'étoit cependant resté à Rome que neuf ans) unde me, laborem nullum pro publica re communique commodo recusantem, gravis morbus ac diuturnus extrusit. »

De ces plaintes, comparées avec quelques lettres écrites dans les années précédentes, dans lesquelles il paroît satisfait du bon accueil et des avantages de fortune qu'il trouvoit à Rome, quelques écrivains, et entr'autres le P. Lazzeri, ont conclu que son mécontentement fut injuste, et uniquement fondé sur son humeur exigeante, et tant soit peu bizarre. Cette contradiction apparente dans sa conduite disparoîtra aux yeux de quiconque prendra la peine de considérer que ce fut précisément parce qu'on changea de manière d'agir à son égard, qu'il se dégoûta de Rome, où il se trouva bien tant qu'il y fut honoré et convenablement salarié ; que s'il se plaignit ensuite si vivement, si le séjour de cette ville lui devint insupportable, c'est qu'il n'y trouvoit plus la considération qui lui étoit due, et la juste indemnité de ses travaux.

Pendant son séjour à Rome, son imprimerie de Venise n'étoit point restée inactive. Chaque année avoit vu paroître un nombre d'éditions, parmi lesquelles on compte plusieurs de ses propres ouvrages ; et dans les derniers temps elle étoit conduite par Alde son fils, qui en dirigeoit les travaux avec une capacité bien au-dessus de son âge si peu avancé.

Paul Manuce ayant enfin quitté Rome après une maladie de neuf mois, s'occupa du soin de sa santé, peu ou point de son imprimerie, et chercha à la campagne le repos dont il avoit un si grand besoin. Il se retira d'abord à Piove del Sacco ; et en octobre 1571 il résolut de faire une excursion dans l'Italie ; il alla à Gênes, à Reggio, enfin à Milan, où il passa l'hiver chez Bart. Capra, l'un de ses amis, dans sa société et celle d'Ottaviano Ferrari, avec lequel il n'étoit pas moins lié. Quoique sa santé fût plutôt mauvaise que bonne, ainsi qu'il l'écrit lui-même, il ne put renoncer à ses anciennes études, et tout le temps qui ne fut pas donné à ses amis fut consacré à son Commentaire sur les Oraisons de Cicéron. Cet ouvrage avoit été commencé deux ans auparavant à Piove del Sacco, d'où il écrivoit le VI des Ides de nov. 1570, à Ottaviano Ferrari. « Nullis hic angimur curis, nullis implicamur negotiis : licet id, quod antea numquam licuit, prorsus nihil agere, si volumus.... Sed in hoc tamen vitae genere libros, communes delicias nostras, abjecisse me penitus, nolim existimes : nobiscum ubique sunt, comites numquam molesti, loquentes, silentes, cum volumus, quoad volumus : et quamquam veteris morbi reliquiae quaedam supersunt, et vires adhuc languent, quiddam tamen aggredi sum ausus ; quod si, ut spero, absolvam, vel a te probabitur, vel.... Locus ipse me, vacuus interpellatoribus, et haec vivendi arbitratu meo, rerum omnium dulcissima, optata antea potius, quam sperata libertas invitavit, ut ordirer id, quod, nisi sedem hic statuo, aut certe, nisi in hoc secessu, et in hac paene solitudine.... majorem anni partem consumpsero, vereor, ne sero admodum, fortasse etiam pertexere numquam liceat : opus est nec temporis, nec laboris exigui. »

En mai 1572, il revint à Venise, d'où il ne tarda pas à repartir pour Rome. Lorsqu'il avoit quitté cette ville, en 1570, il y avoit laissé sa fille dans un couvent pour y achever son éducation. La voyant en âge d'être mariée, il voulut la ramener à Venise dans la maison paternelle. Ce voyage ne devoit être que de quelques semaines; mais, écrit-il à Cam. Paleotto, en septembre 1572 : « ... Jam sarcinulas collegeram ut in viam me darem.... sed vicit consilium meum Cardinalium voluntas, quorum opera est effectum ut Gregorius XIII Pont. Max... honorifico me stipendio retinendum putaverit. Hic igitur cogimur consistere, libenter, ut Romae, in summa celebritate, et amicorum copia.... » Et ce qui, dans son état de langueur, devoit lui rendre encore plus précieuses les libéralités du saint Père, c'étoit de pouvoir en jouir dans un repos absolu, sans aucune charge ni obligation. Entouré de ses livres, et trouvant au milieu d'une grande ville tous les avantages de la solitude, il y continua son Commentaire sur les Oraisons de Cicéron, et ne mit dans son travail d'autre interruption que celle qu'y apportoit forcément son état presque habituel de maladie. En trois mois il interpréta et commenta dix Oraisons; et l'ouvrage fut achevé pour toutes, à l'exception de celles *Pro Ligario* et *Pro Dejotaro*, dont il s'occupa ensuite. Le Commentaire sur l'Oraison *Pro Archia poeta* fut imprimé séparément à Rome, *apud Josephum de Angelis*, 1572, avec une préface de P. Manuce à G. Boncompagno.

En février 1573, il maria sa fille à un jeune homme de bonne famille, et jouissant de quelque réputation dans la profession d'avocat. J. Imperiali, *Mus. Historic.* page 108, copié par Bayle, page 2657 de son Dictionnaire, prétend que la fille de Paul Manuce eut les mœurs les plus dissolues, et que son père fut conduit au tombeau par le chagrin que lui causa le déréglement de sa fille, et par les tristes restes d'une maladie honteuse qui le minoit depuis long-temps. Quand un écrivain se permet de flétrir la mémoire de personnes qu'aucun autre témoignage n'accuse, on est bien fondé à rejeter ses odieuses imputations, et sur-tout lorsqu'il ne prend pas même le soin de les appuyer de la moindre preuve. Certes, si P. Manuce avoit eu de telles plaintes à faire sur le compte de sa fille, parmi tant d'écrivains qui eurent avec lui de continuelles relations littéraires et d'amitié, il seroit échappé à l'un d'eux, je ne dis pas même d'indiscrètes révélations, mais au moins l'expression de quelques regrets pour les tourmens que ce malheureux père auroit éprouvés. Lui-même dans ses lettres à ses amis, qui connoissoient très-bien sa famille, auroit-il pu s'exprimer ainsi en annonçant le mariage de sa fille:

« Unicam filiam (écrit-il à Cam. Paleotto, lib. XII, ep. 4.) inter sacras virgines educatam, non hebetem ingenio, *nec paucis*, nisi me fallit amor, *virtutibus instructam*, juveni optimo, satis honesti loci, haud postremi ordinis in jure civili, addo etiam, quod hodie potissimum requiritur, a fortunae bonis non imparato, meis reclamantibus, de sententia tamen fidelium amicorum despondi. » Quant au honteux reproche qui lui est personnel, sa vie entière y répond suffisamment : un homme aussi continuellement occupé, aussi passionnément ami de l'étude, avoit autre chose à penser qu'à se livrer aux excès qui conduisent à l'état déplorable où l'on suppose qu'il fut réduit. Pour peu qu'il eût été enclin au libertinage, avec une constitution aussi foible que le fut la sienne, et une vie aussi occupée par l'étude, une telle maladie, s'il en eût été atteint, ne l'auroit-elle pas fait succomber bien avant sa soixantième année ? Mais c'est trop m'arrêter à repousser des inculpations dont tous les écrivains honnêtes ont été indignés, et qu'ils n'ont pas hésité à traiter de méchantes calomnies.

Paul Manuce sembloit n'avoir plus qu'à goûter le repos qu'il desiroit depuis si long-temps. Accueilli et estimé dans la première ville du monde, le séjour des lettres, n'ayant à penser qu'à ses études chéries et à ses amis, vivant avec son gendre et sa fille, qu'il paroît avoir tendrement aimés, il ne lui restoit pour être complètement heureux sur la fin de ses jours, que de voir se prolonger de quelques années une manière d'exister aussi conforme à ses goûts : ce bonheur lui fut refusé; dès le mois de septembre de 1573, année du mariage de sa fille, sa santé devint plus mauvaise encore. Trois mois après, il se crut beaucoup mieux, mais il lui restoit une grande foiblesse de reins, et un violent mal de tête qui lui ôtoit quelquefois l'usage de la parole. Divers remèdes furent inutilement employés, et son mal, empirant de jour en jour, le mit au tombeau le 6 avril 1574. Il fut inhumé, sans aucune inscription funéraire, dans l'église des Dominicains à la Minerve. Il avoit vécu soixante-un ans, neuf mois et vingt-six jours. Il expira dans les bras de son fils qui, à la première nouvelle de son état alarmant, étoit accouru de Venise pour le ramener dans cette ville, et y être plus à portée de lui donner des soins, mais qui n'arriva que pour recevoir ses derniers soupirs.

Ainsi vécut et mourut Paul Manuce, l'honneur de son art et de sa famille; universellement regretté parce qu'il étoit universellement estimé. Il fut en grande faveur auprès des grands, et ne retira que de très-foibles avantages de leur protection, dont il reçut néanmoins pendant toute sa vie les assurances les plus multipliées. Il eut un grand nombre d'amis sincères, beaucoup d'émules et quelques envieux. Fr. Robortello, l'éditeur d'Æschyle, et ennemi juré de Sigonio, fut assez long-temps le sien, mais ils furent enfin réconciliés par les bons offices du cardinal Silv. Seripando.

On ignore si Manutio de' Manutij, son frère, lui survécut. Quant à Antoine, on a vu plus haut qu'il mourut à Bologne de 1558 à 1559. Quoique toujours en bonne intelligence avec lui, ses deux frères lui donnèrent de vifs sujets de plainte; leur conduite lui causa de cuisans chagrins, et ne contribua pas peu à jeter de l'embarras dans ses affaires domestiques. Il paroît que l'aîné fut de tout temps très-insouciant sur ce qui n'étoit pas lui, et qu'il passa commodément sa vie en chanoine, à Asola, dans le patrimoine de sa famille. Quant à Antoine, d'un caractère impétueux, nous avons vu qu'une grande faute de jeunesse le contraignit de s'expatrier. Il cultiva les lettres avec quelque succès : on lui doit le tome second *Delle Lettere volgari*, publié en 1545, dont Paul avoit recueilli le premier, paru en 1542. Il fut aussi l'éditeur d'un recueil de voyages faits par divers Vénitiens, *Viaggi alla Tana, in Persia*, &c. 1543, in-8°, et réimprimé en 1545. Il aida Enea Vico et Golzio dans leurs travaux numismatiques. On peut consulter à son sujet l'ouvrage de Foscarini, *Della Letteratura Veneziana*. Il se maria, mais on ignore le nom de sa femme, et il ne paroît pas qu'il ait eu des enfans. Quant à l'imprimerie qu'on prétend qu'il éleva à Bologne, je crois avoir démontré, pag. 296 du volume des Notices, que cette opinion est mal fondée, et que le petit nombre de livres très-peu volumineux qui portent son nom, ont dû être imprimés les uns à Venise chez Paul Manuce, les autres chez quelqu'imprimeur de Bologne.

Les productions littéraires de P. Manuce sont nombreuses, et sur-tout remarquables par une diction élégante et pure, formée sans l'affectation qu'on reproche à quelques savans de son temps, sur le style de Cicéron, dont il fit toute sa vie une constante étude ; par une érudition claire et lumineuse, et par une justesse de critique peu commune, *argutum judicis acumen*, qui le distingue éminemment de la multitude des éditeurs et des commentateurs.

Le Recueil de ses Lettres latines et des préfaces dans la même langue qu'il avoit successivement mises à la tête de ses diverses éditions, est au rang de ce que nous avons de mieux écrit en latin moderne. La première édition est de 1558, in-8°, *in Academia Veneta*. La seconde, de 1560, in-8°, est plus ample, et les lettres y sont divisées en quatre livres. Chacune des suivantes de 1561-69-71-73 a quelqu'augmentation nouvelle, et enfin celle de 1580, copiée en 1590, est la première complète ; elle contient beaucoup plus de préfaces, et douze livres de lettres.

Ses Lettres italiennes, recueillies de même en un volume, sont écrites avec autant de soin, mais d'un style peut-être moins élégant que les Lettres latines ; elles ont été imprimées en 1556, in-8°, et ensuite en 1560. Cette dernière, augmentée d'un livre, est la meilleure, et elle est rare.

Les travaux de P. Manuce sur Cicéron, indépendamment d'une très-habile révision du texte entier, consistent en Commentaires sur presque toutes ses parties : 1°. Sur les Lettres familières : dans leur première édition de 1540, ce n'étoit qu'un livret de quarante feuillets, imprimé à la suite du texte : il les augmenta dans les réimpressions successives, au point que, dans celle de 1579, ils forment avec le texte un gros volume in-folio de plus de 600 pages.

2°. Sur les Lettres à Atticus; publiés en 1547, en un gros in-8°; augmentés successivement jusqu'à la dernière édition de 1582, in-folio, non moins volumineuse que celle des Lettres familières.

3°. Sur les Lettres *ad Brutum et ad Quintum fratrem*; publiés en 1557, in-8°, tels qu'ils furent réimprimés en 1562, in-8°, et enfin en 1582, à la suite des Lettres à Atticus, in-folio.

4°. Quelques Scholies sur les Livres Oratoires et sur les Livres Philosophiques.

5°. Enfin le plus important de ces Commentaires est celui qu'il fit sur les Oraisons, et qui ne parut en entier qu'après sa mort, en 1578-79, 3 vol. in-folio, par les soins de son fils. Il avoit donné, en 1556, in-8°, le Commentaire sur l'Oraison *Pro Sextio*; et à Rome, en 1572, in-4°, celui de l'Oraison *Pro Archia Poeta*.

Il a donné aussi de courtes notes sur Virgile, mais ces notes sont pour la plupart extraites de celles de Servius.

On a de lui quatre traités sur les Antiquités romaines.

1°. *De Legibus*, 1557, in-folio; ouvrage critiqué par Cujas, mais dont beaucoup de savans, ses contemporains, firent grand éloge.

2°. *De Senatu*, faisant suite au précédent, et publié seulement en 1581, in-4°, par Alde le jeune.

3°. *De Comitiis*, à Bologne, 1585, in-folio, selon le catalogue *Imperiali*, et in 8°, selon Maittaire.

4°. *De Civitate Romana*, imprimé à Rome, 1585, in-4°. Foscarini *Hist. Litter. Venet.* dit que P. Manuce avoit écrit sur beaucoup d'autres sujets de l'antiquité ; mais on n'en a vu rien paroître. Il a traduit en très-bon latin les Philippiques de Démosthène, et les a imprimées deux fois, en 1549 et 1551, in-4°.

A la suite d'une lettre à Ottaviano Ferrari, la treizième du livre premier, il lui adresse un discours italien d'une dixaine de pages, sur les devoirs de l'orateur ; et à la fin d'une autre lettre à Phil. Gualdi, la dernière du même livre, se trouve un autre morceau de six pages, *Sulle cinque parti dell'Oratore*. Vers la fin de la première de ces deux lettres, il dit à son ami : « Ho qualche capriccio, se haverò sanità, et otio, di spiegare l'arte della retorica per via di discorso, e sopra tutto la materia dello imitare : nella quale ho ghiribizzato gran tempo ; e parmi di havervi trovato di molti segreti, i quali fin'hora il volgo non conosce. » Mais il ne paroît pas qu'il ait rien exécuté de ce projet.

Paul Manuce voulut s'essayer dans plus d'un genre. En 1557, il donna un petit traité *Degli Elementi, e de' loro notabili effetti*, in-4°. Mais, plus habile à interpréter Cicéron qu'à étudier la nature, il ne fut pas même aussi bon physicien qu'on pouvoit l'être de son temps ; et son opuscule, compilé des anciens auteurs, est maintenant autant oublié qu'il mérite de l'être.

Pendant son dernier séjour à Rome, il avoit été chargé par le pape Grégoire XIII de revoir et corriger les Recueils d'Adages et d'Apophthegmes formés par

Erasme, pour en retrancher tout ce qui ne seroit pas assez orthodoxe. Les Apophthegmes ainsi corrigés et revisés sur l'avis des théologiens, furent imprimés en 1577, par son fils, en un petit in-12; et les Adages, à Florence, en 1575, in-folio, chez les Giunti, à qui P. Manuce les avoit adressés de son vivant. Il est, au reste, assez douteux que la révision de ce dernier Recueil soit son ouvrage; et il est plus probable que cette théologique expédition fut faite par un certain Thom. Manriquez qu'il consulta, ou même qui lui fut adjoint pour ce travail.

ALDE LE JEUNE.

Nous avons vu qu'Alde fut le premier enfant de P. Manuce, et naquit le 13 février 1547, ce qu'il apprend aussi lui-même dans la préface de son traité *De Veterum notarum explanatione*, qu'il termine ainsi : *Venetiis,* M D LXVI. *Idibus Febr. qui mihi primus dies est anni* XIX. Cette date est encore prouvée par des indications du même genre dans le *Censorinus*, 1581, et ailleurs.

Son père qui ne desiroit rien tant que d'en faire un habile et savant imprimeur, donna les plus grands soins à son éducation, dont il s'occupa continuellement lui-même dès qu'il le vit hors de la première enfance. Il savoit, par l'expérience de sa vie entière, quelles longues études sont indispensables pour exercer avec quelque distinction cette profession, dans laquelle il est si difficile de s'élever au-dessus de la médiocrité ; et la réputation qu'il avoit su y acquérir lui fit desirer d'autant plus vivement de voir son fils profiter de son exemple et suivre glorieusement ses traces.

Alde fut ce qu'on appelle un enfant prématuré ; et dès ses premières années il montra une facilité à s'instruire qui véritablement faisoit augurer qu'il laisseroit bien loin derrière lui son père et son aïeul. Muret en avoit ainsi jugé dans une visite qu'Alde encore enfant lui fit à Padoue, accompagné de son maître ; et il en écrivit en ces termes à P. Manuce : « Nihil illo puero festivius, nihil ingeniosius, nihil amabilius, nihil ardentius in studio virtutis ac litterarum, quanta in sermone suavitas, quanta indoles in ipso vultu, ac motu corporis, ut in summa ingenii celeritate parem modestiam facile agnoscas. Itaque feras hoc aequo animo : spero eum aliquando et patre et avo majorem et celebriorem futurum : ne vivam, si non ex animo loquor. »

A l'âge de onze ans, il publia son recueil, *Eleganze della lingua toscana e latina*. Cet ouvrage, que je ne puis croire entièrement de lui, eut le succès le plus complet. Imprimé deux fois en 1558, il le fut encore l'année suivante, et très-souvent depuis, avec diverses augmentations et corrections.

En 1559, Paul Manuce fit une édition nouvelle de la traduction italienne des Epîtres familières de Cicéron, qu'il avoit déjà imprimée en 1545 et en 1552. Ce volume contenant une grande quantité de corrections très-heureuses, porte sur le titre *quasi in infiniti luoghi corrette da Aldo Manutio*. Je ne relève point l'erreur de ceux qui, trompés par l'énoncé du titre, ont cru Alde auteur de la traduction, imprimée pour la première fois deux ans avant sa naissance; mais pour ce qui concerne les corrections de cette nouvelle édition, je ne puis que m'en rapporter à ce que j'en ai déjà écrit au volume des Notices, page 235; et je doute très-fort qu'un enfant annoncé dans ce temps-là même par une lettre de son père *imbecillum corpore, et cui dictandum sit incisim, et paene syllabatim*, ait été en état de compiler seul et sans aide le recueil fort bien fait des *Eleganze latine e toscane*, et de revoir et améliorer aussi sensiblement la traduction entière des Epîtres familières de Cicéron. Il en sera arrivé de ces deux ouvrages, et de ce jeune auteur comme de tant d'autres. L'enfant y aura contribué en quelque chose, ce qui pour son âge étoit déjà une espèce de phénomène ; et le père, ayant fait tout le reste, aura cependant mis tout le travail sous le nom de son fils, dont il commençoit ainsi la réputation littéraire. Je conviens qu'Alde soutint cette réputation ; il continua ses travaux avec une persévérance vraiment étonnante pour son âge ; et en 1561, c'est-à-dire à quatorze ans, il fit paroître son *Orthographiae Ratio,* ouvrage qui a le très-grand mérite de présenter un excellent systême d'orthographe latine, fondé sur les monumens, et notamment sur les inscriptions, les médailles et les manuscrits. En 1562, Alde appelé à Rome auprès de son père, profita de son séjour dans cette ville pour visiter les bibliothèques, les musées : il ne négligea aucun des monumens antiques qui y sont réunis en si grande quantité, et dont la connoissance étoit si nécessaire pour les études auxquelles il se livroit, et sur-tout pour le perfectionnement de son ouvrage sur l'orthographe. Aussi l'améliora-t-il considérablement : il put copier sur les originaux une foule d'inscriptions qu'il n'avoit connues que dans des livres, ou sur des copies manuscrites plus ou moins inexactes. Ces secours le mirent à portée d'en donner en 1566 une autre édition qu'il augmenta de toutes ces inscriptions, et d'une Dissertation sur les Abréviations des anciens monumens : *De veterum notarum explanatione.* Il y ajouta l'ancien calendrier romain que Paul Manuce avoit publié pour la première fois en 1555, d'après un ancien marbre, avec un commentaire, et un opuscule d'Alde l'ancien. Enfin, en 1575, il imprima un abrégé de ce même traité d'orthographe, sans les inscriptions. Cet ouvrage, très-bien fait et le fruit de savantes recherches, est encore même actuellement fort utile à ceux qui veulent écrire en latin, ou au moins imprimer des livres en cette langue. Non pas que le système d'Alde soit bon en tous points, qu'il faille orthographier précisément comme lui, ni avoir une confiance illimitée dans ses inscriptions, qu'on accuse de n'être pas toutes très-fidèlement rapportées, ce que je n'ai pas entrepris de vérifier. Mais la plupart de ses observations sont fondées en raison, et un très-grand avantage qu'on retire nécessairement de la lecture de ce livre, est d'y prendre l'idée d'un système quelconque, mais régulier, d'orthographe latine; ce qui est beaucoup trop négligé par la plupart des écrivains et éditeurs. Il peut être très-indifférent en soi d'écrire *praelium* ou *proelium*, *maeror* ou *moeror*, *nunquam* ou *numquam*, *quidquid* ou *quicquid;* mais ce que les savans ne devroient jamais perdre de vue, c'est d'écrire les mêmes mots toujours uniformément, au moins dans le même ouvrage. Je me rappelle avoir vu, dans l'une des meilleures éditions in-4° données par Burmann, deux lignes se suivant immédiatement, et contenant deux fois les deux mots *praelium* et *nunquam*, chacun écrit de deux manières différentes; irrégularité que rien ne peut excuser.

Après l'ouvrage d'Alde, Dausquius, Cellarius, et

d'autres savans, ont écrit sur le même sujet ; mais ils n'ont point fait oublier l'ouvrage d'Alde, et surtout son *Epitome* qui est peut-être ce qu'il a écrit de plus véritablement utile.

En 1563, pendant le séjour d'Alde à Rome, parut dans l'imprimerie de son père un Salluste avec les fragmens réunis par lui, et quelques notes. Il y ajouta une dédicace aux jésuites de cette ville, dédicace qui ne se trouve pas dans des exemplaires datés de Venise, 1563, qui probablement sont de la même édition.

P. Manuce voyoit, avec une satisfaction bien vive, son fils occuper sa jeunesse de travaux littéraires qui lui faisoient tant d'honneur, en même temps qu'ils perfectionnoient son instruction, et le préservoient des dangers auxquels l'eussent exposé la dissipation et l'oisiveté.

On peut croire que dès-lors les ouvrages annoncés comme étant d'Alde sont véritablement de lui. Fixé à Venise, il ne pouvoit plus être que dirigé de loin par son père, que nous avons vu être resté à Rome jusqu'en 1570 : d'ailleurs, en avançant en âge, il avoit acquis d'autant plus de connoissances. Le témoignage de Paul Manuce lui-même nous prouve que ce n'étoit plus le temps où son fils ne pouvoit marcher sans guide, que jusqu'alors il avoit dirigé ses travaux, mais que de ce temps il l'avoit confié à ses propres forces, « filius meus.... Mea voce jam qua quotidie fere ejus aures antea personabant, in discendo non utitur. Sic enim in utraque versatur lingua, ut suo jam studio potiùs, quam nostra proficiat industria. »

On ne peut savoir au juste combien de temps Alde resta à Rome auprès de son père, mais il est certain qu'en 1565 il étoit à Venise de retour de ce premier voyage; car P. Corrado s'étant adressé à Paul Manuce, avec prière de lui procurer quelques livres, et surtout des grammairiens anciens, en reçut, le 8 novembre 1565, une lettre contenant l'assurance que toutes recherches seroient faites pour lui procurer les ouvrages qu'il desiroit, et cette lettre est ainsi terminée : « Quam vellem filius adesset, qui Venetias profectus est : praestaret aliquid, opinor. Haec enim studia tractat naviter; et Grammaticos, de Orthographia cum scriberet, evolvit omnes. »

Pendant le séjour de Paul à Rome, l'imprimerie de Venise, en quelque sorte conduite par son fils, produisit peu d'ouvrages neufs; elle fut sur-tout occupée à la réimpression des principaux livres qui déjà formoient le fonds de librairie de cette famille. Je n'entre dans aucun détail sur ces diverses publications, dont la liste se trouve au volume des Annales : je me bornerai à observer que les presses Aldines furent presque continuellement occupées sur les ouvrages de Cicéron; et il est à remarquer que, de 1540 à 1575 il ne se passa aucune année qui n'ait vu paroître ou quelque volume de Cicéron, ou au moins quelque commentaire sur l'un de ses ouvrages.

En 1571, Alde donna un *Velleius Paterculus* que sa famille n'avoit pas encore imprimé, et que Fr. d'Asola, lors de la première édition faite à Bâle en 1520 par les soins de Beatus Rhenanus, avoit cru mal-à-propos un ouvrage ou moderne, ou de beaucoup postérieur aux temps d'Auguste. Dans sa préface au Tite-Live, 1518, il s'exprime ainsi : « Basileenses impressores aliud genus sceleris commiserunt : hi enim historiam quamdam rerum Romanarum sub nomine Paterculi ediderunt, cum nihil fere latinum in ea legatur, quod Augusti tempora redoleat, quibus illum floruisse aiunt. »

Le savant Cl. Dupuis avoit communiqué à Alde des notes qu'il avoit faites sur Paterculus : au lieu de publier ce travail après en avoir préalablement obtenu l'autorisation de son auteur, Alde en prit ce qui lui convenoit, ajouta des notes de sa façon, fit à son gré des corrections au texte, s'écarta, souvent sans aucun motif, de l'édition première de Bâle, 1520, et donna le tout comme son propre ouvrage : bien différent en cela de son père et de son aïeul, qui se faisoient un devoir de nommer tous les savans dont les travaux avoient été utiles à leurs éditions. Cette supercherie littéraire fit d'autant plus de tort à celui qui s'en étoit rendu coupable, que presque tout ce qu'il avoit mis du sien étoit mauvais. « Plurima satis etiam temere, ex ingenio immutavit, sed minimam partem eruditis approbare potuit.... et indignationem eruditorum meruit Aldus, qui typographus, nec ad paternae eruditionis laudem aspirans, criticus etiam ambitiose existimari, et iis, quae a Cl. Puteano acceperat, insuper habitis, sua venditare voluit. » (Burmann, Praef. ad Paterc. 1744, in-8°.) « Depravata lectione insequentibus editoribus labores et multas disputationes moluit....

In notis saepissime ineptas, et indoctas, et imperitas proposuit conjecturas.... Inter has tamen ineptias, quas ingenium et *doctrina modica* in emendandi studio affectato procreavit, bona nonnulla attulit.... (Prolegom. ad Patercul. in Jani et Krause editione, Lips. 1800, in-8°.) Quicquid bonae frugis Aldus Nepos (*Paterculo*) attulit, Puteano sublectum esse, Aldi ignavia credibile facit. Sed ut iste ab avita paternaque virtute descivit, ita.... (Rhunk. Praef. ad Patercul. 1779, in-8°.) Cl. Dupuis, mécontent du mauvais procédé d'Alde, songea pendant quelque temps à donner un Paterculus avec ses propres notes ; il mourut cependant en 1594, sans avoir réalisé ce projet: mais enfin, en 1608, Cl. Aubert, à la fin de son excellent Tacite, in-folio, accompagné des notes de beaucoup de savans, imprima Paterculus avec toutes celles qu'avoit laissées Dupuis; et dès-lors on put voir à quoi se réduisoit le travail d'Alde sur cet auteur.

Zeno fait mention d'un discours d'Alde *Intorno all' eccellenza delle Repubbliche*, qu'il dit avoir été imprimé, en 1572, de format in-4°. Je ne l'ai point vu de cette édition, mais on le retrouve sans nom d'auteur à la fin de l'ouvrage de G. Contarini *Della Republica di Venetia*, 1591, in-8°.

Dans cette même année 1572, Alde épousa Francesca Lucrezia, de la famille des Giunti, de Florence, dont une branche étoit depuis long-temps établie à Venise, et y exerçoit l'imprimerie avec distinction.

Devenu, en 1574, par la mort de son père, maître de l'imprimerie que depuis long-temps il conduisoit seul, Alde n'interrompit point ses travaux particuliers, et en 1575 il publia *Le Locutioni dell' Epistole di Cicerone*, in-8°, *Epitome Orthographiae*, in-8°, abrégé plus usuel que le recueil entier, et il mit à la fin une petite dissertation *De Epistolis*, adressée à Muret, qu'il y appelle *amicorum κορυφαῖος*. A ce volume n'est plus l'ancre simple, mais un écusson armorié, sur l'emploi duquel voyez ci-dessus, page 62, n° 5 des marques Aldines.

L'année suivante, 1576, il donna un Commentaire sur l'Art poétique d'Horace, et un petit volume très-savant, *De Quaesitis per Epistolam*, dans lequel il discute trente questions d'antiquité; dissertations qui ont été réimprimées depuis dans divers recueils. Gabr. Barri, dans une lettre du premier août 1577, adressée à Pier-Vettori, accuse Alde le jeune de s'être induement dit l'auteur de ce livre. Selon lui, P. Manuce, qu'il nomme *avis implumis et furax insignis*, eut du card. Seripandi un ouvrage de J. Parrhasio, gendre de Demetr. Chalcondyle, sous ce même titre, divisé en vingt-cinq livres, et traitant plusieurs questions d'antiquité. Il ajoute que P. Manuce eut en même temps les Commentaires du même Parrhasio sur les Lettres à Atticus, et qu'il ne rougit point de les publier comme étant de sa composition; que pour l'autre ouvrage il se contenta d'en piller quelques morceaux, et donna le reste à son fils, que le même Barri gratifie du nom de *cornacchia spennata* (corneille déplumée), afin qu'il en fît son profit; qu'effectivement Alde, à peine sorti de l'enfance, morcela le tout en petites parties qu'il dédia à divers cardinaux, et le publia comme sien, sous le même titre qu'avoit adopté Parrhasio. Barri répète cette accusation dans son livre *De Situ et Antiq. Calabr. l. II, c. 7.* Mais, comme l'observe très-judicieusement Tiraboschi, cette accusation n'est mise en avant que par le seul Barri, et les faits prouvent eux-mêmes sa fausseté. L'ouvrage de Parrhasio fut publié en 1567, à Paris, par Henry Estienne; il n'a, avec celui d'Alde, paru en 1576, d'autre rapport que la ressemblance du titre. Les deux recueils réunis ne formeroient qu'un volume peu considérable, et une bien foible partie du grand ouvrage dont Barri suppose l'existence. D'ailleurs, si Alde eût donné comme étant de sa composition une portion quelconque d'un écrit qui eût appartenu à Parrhasio, il se seroit au moins gardé d'en copier le titre, d'autant mieux qu'il n'étoit plus un enfant, comme l'annonce Barri, puisque né en 1547, il avoit en 1576 près de trente ans.

Vers ce temps, il fut nommé professeur de belles-lettres et lecteur dans les écoles de la chancellerie, où s'instruisoient les jeunes gens qui aspiroient aux fonctions de secrétaires de la République; et, en 1578, Bernardo Rottario, ambassadeur d'Emm. Philibert, duc de Savoie, auprès de la République, étant venu à mourir, il fut chargé de faire son oraison funèbre, qu'il composa en moins de trois heures, et qu'il prononça le 4 décembre dans l'église de S. Jean et S. Paul. Elle est imprimée in-4°, sous ce titre : « Oratio in funere Bernardi Rottarii, Emmanuelis Philiberti

Ducis Sabaudiae apud Venetam Remp. Legati, habita ab Aldo Manutio Paulli F. Aldi N. in aede DD. Io. & Paulli, IV. Non. Dec. M D LXXIIX. Elle est sans nom de lieu ni d'imprimeur, quoique sans doute de l'imprimerie d'Alde, ce que je n'ai pu vérifier, ne l'ayant pas encore rencontrée, et n'en faisant mention que d'après Zeno.

En 1580, il réimprima ses *Eleganze*, &c. avec beaucoup d'augmentations. La préface qu'il y adresse à Gir. Boncompagno, jeune enfant de douze ans, est beaucoup trop longue, et pourroit être réduite à très-peu de chose.

Le Censorinus qu'il donna en 1581, avec ses propres notes, est très-médiocre, parce que, n'ayant que de mauvais manuscrits, avec beaucoup de travail il ne put donner qu'une édition fort imparfaite, quoique cependant moins mauvaise que les précédentes. L. Carrion, pourvu d'un meilleur manuscrit, fit à Paris, en 1583, une nouvelle édition de cet ouvrage, beaucoup rectifié, et présenté sous une nouvelle division des chapitres, division qui fut suivie dans toutes les éditions subséquentes, dans lesquelles on rétablit cependant quelques-unes des leçons d'Alde, avec la plupart de ses notes.

Un petit voyage qu'il fit à Milan en 1582, où il fut reçu et accueilli par le card. Charles Borromée, lui donna aussi l'occasion de se lier d'amitié avec Goselini qui, dans une de ses lettres, dit qu'Alde après l'avoir quitté passa à Ferrare, où il vit l'infortuné Torq. Tasso dans l'état le plus déplorable, « non per lo senno, del quale gli parve al lungo ragionare ch'egli ebbe seco, intero e sano, ma per la nudezza e fame, ch'egli pativa prigione, e privo della sua libertà, etc. »

En 1583, Alde publia son édition complète de Cicéron, 10 vol. in-folio, avec de très-amples commentaires. C'est l'ouvrage le plus volumineux qui soit sorti de cette imprimerie ; mais il faut bien se garder de le croire une production de cette seule année. Depuis 1578, divers ouvrages de Cicéron avoient été successivement imprimés de format in-folio, et en 1583 il n'y manquoit plus que les livres philosophiques et oratoires. Alde acheva dans cette année les quatre volumes qui contiennent ces traités, et mit des titres nouveaux aux six autres pour en faire un corps complet sous une date uniforme.

La chaire d'éloquence et de belles-lettres qu'il occupoit à Venise ne laissoit pas de lui attirer un certain nombre d'auditeurs, parmi lesquels étoient de jeunes nobles vénitiens. Pour leur usage, il fit un petit traité intitulé *Il Perfetto Gentiluomo*, qu'il imprima en 1584, temps vers lequel il fut pourvu de l'emploi de secrétaire du sénat.

Avec ces emplois réunis il pouvoit vivre honorablement dans sa patrie de leurs émolumens, et du revenu modique qu'il auroit continué à retirer de son imprimerie, toute languissante qu'elle étoit dans ces dernières années; mais l'espoir d'une meilleure fortune le détermina, en 1585, à abandonner sa maison, son imprimerie, et à dire à sa patrie un éternel adieu. C. Sigonio, qui avoit occupé si long-temps et avec tant de distinction la chaire d'éloquence à Bologne, venoit d'y mourir l'année précédente. Les Bolonois jetèrent les yeux sur Alde, qui véritablement étoit bien en état de devenir son successeur. On lui offrit de bons appointemens, et on réussit à l'attirer dans cette ville. Par la première de ses *Lettere volgari*, du 25 mai 1585, adressée à Monsig. Gio. Angelo Papio de Salerne, qui s'étoit beaucoup employé dans cette occasion, il est prouvé qu'à cette date Alde étoit déjà arrivé à Bologne.

Le dernier ouvrage qu'il avoit publié à Venise étoit son recueil intitulé *Locutioni di Terentio*, 1585, in-8°, auteur dont il avoit fait une étude longue et approfondie ; et le premier qu'il fit paroître à Bologne est un Commentaire sur l'ode d'Horace, *De Laudibus Vitae rusticae*, 1586, in-4°, qu'il dédia à Jules, fils de George Contarini.

Dans la même année, il fit imprimer, avec beaucoup d'élégance, de format in-folio, *La Vita di Cosimo de' Medici*, le premier des grands-ducs de Toscane ; et il la dédia au roi d'Espagne, Philippe II. Zeno fait de cet ouvrage le plus grand éloge, et dit que *la pulitezza, la eleganza, e la proprietà*, avec laquelle sont décrites les actions du grand-duc Cosme, font voir que les soins que l'auteur avoit donnés à la langue latine, ne lui avoient cependant pas fait négliger l'étude de sa propre langue.

Il paroît que cet ouvrage fut très-agréable à François de Médicis, duc régnant, et fils de Cosme le Grand, et que ce fut à sa publication qu'Alde dut l'offre que lui fit ce prince de la chaire de belles-lettres dans l'université de Pise, offre accompagnée de conditions si avantageuses, qu'il crut ne pouvoir les refuser. Mais à peine eut-il accepté cette nouvelle place, qu'il lui vint de Rome une autre invitation non moins honorable : c'étoit sa nomination à la chaire qu'avoit occupée avec une réputation si brillante et si méritée le fameux Marc-Ant. Muret, constant ami de son père et le sien, et qui étoit mort en juin 1585 dans sa soixantième année. Déterminé à se rendre à Pise, Alde refusa l'offre faite par les Romains : mais telle étoit alors la réputation dont il jouissoit, et l'estime qu'on faisoit de ses talens et de sa personne, que, bien qu'il eût refusé, son nom fut inscrit dans la liste des professeurs, et la place restée vacante ne fut donnée à aucun autre.

En avril 1587, il prit congé des Bolonois, et se rendit à Florence, de là à Pise, d'où sa première lettre est datée du 4 mai. Il y prit le grade de docteur *in utroque jure*, et en novembre suivant y prononça l'éloge funèbre de François, duc de Toscane, mort le 14 octobre précédent. On l'a imprimé sous ce titre : « Oratio de Francisci Medices Magni Etruriae Ducis laudibus, habita ab Aldo Mannuccio in augustissima aede Pisana XII. Kal. Decembris, 1587, in-4°. » Je n'ai point noté cette pièce dans les Annales, parce qu'elle n'étoit pas encore venue à ma connoissance. Vers ce temps, il fut reçu à l'académie de Florence, et invité à y faire un discours public au prochain carnaval, ce qu'il exécuta le 28 février 1588 dans le salon de Médicis; et son discours qui traite de la poésie a été aussi imprimé. Je n'en ai vu aucun exemplaire. L'automne suivant, il alla passer le temps des vacances à Lucques, et pour son plaisir, et plus encore afin d'être à portée d'y recueillir les matériaux nécessaires pour la vie du fameux Castruccio Castracani qui, vers le commencement du quatorzième siècle, fut souverain, tyran si l'on veut, de Lucques et pays environnans. Alde fit aussi imprimer dans cette ville une comédie latine en prose, qu'il crut d'un ancien auteur comique du nom de Lepidus. Trompé par l'indication du manuscrit d'où il l'avoit tirée, il la donna sous ce titre : « Lepidi Comici Veteris Philodoxios Fabula ex antiquitate eruta ab Aldo Mannuccio. Lucae, 1588, in-8°. »

D'autres savans ont été dupes de pareilles fraudes littéraires, mais pour des ouvrages qui véritablement avoient du mérite : la satyre *De Lite*, du chancelier de l'Hôpital, que Z. Boxhorn crut d'un auteur ancien ; le livre *De Consolatione*, que Sigonio soutint être de Cicéron, si toutefois par une double fraude il n'en étoit pas lui-même l'auteur, pouvoient laisser quelques doutes à un érudit ; mais la comédie attribuée à Lepidus est tellement au-dessous du médiocre, qu'Alde n'auroit pas dû s'y laisser prendre.

Nous avons vu que la chaire vacante à Rome depuis juin 1585 par la mort de Muret, offerte depuis à Alde, avoit été sur son refus laissée vacante dans l'espoir qu'il se détermineroit à l'aller occuper ; enfin, après être resté deux ans à Pise, appelé par ses amis et même par Sixte V, il prit le parti d'accepter cet emploi dont les honoraires étoient bien plus considérables, et dans l'exercice duquel il pouvoit sur-tout, plus qu'à Pise, espérer d'étendre sa réputation. Le 4 novembre 1588, il prévint de sa résolution son ami intime P. Angelo Rocca, l'un des savans chargés de revoir la Bible latine, qui s'imprimoit alors dans l'imprimerie du Vatican, par les ordres de Sixte v.

Arrivé à Rome, le nouveau professeur ne tarda pas à y publier deux opuscules de sa composition, déjà achevés depuis quelque temps. L'un est : « Instruttione politica di Cicerone scritta in una pistola a Quinto il fratello nuovamente tradotta in lingua volgare. In Roma, per il Santi e compagni, 1588, in-12, » opuscule dédié à Alessandro di Sangro. L'autre contient : « Varie descrittioni di Ville di C. Plinio secondo, volgarizzate da Aldo, a petizione di Camillo Paleotto. » C'est Zeno qui me fournit la notice de ces deux pièces.

Établi à Rome, où son intention fut de se fixer définitivement, il songea à y faire transporter de Venise, et non de Vérone, comme l'écrit à tort Teissier dans ses Éloges, la savante et nombreuse bibliothèque formée par son aïeul et son père, et que lui-même avoit aussi beaucoup augmentée.[1] On a écrit qu'il étoit tellement

---

[1] Gian-Vittorio De' Rossi dans son ouvrage intitulé : *Pinacotheca illustrium imaginum*, sous le nom supposé de *Janus Nicius Erythraeus*. Le morceau relatif à Alde n'étant point long, je le rapporte ici en entier; on aura d'autant plus de facilité pour apprécier ses allégations et la réfutation de Zeno.

« Aldus reliquum familiae Manuliae, Sixto Quinto Pont.

gêné, et avoit si peu de ressources pécuniaires, que, pour le seul transport de sa bibliothèque, il lui fallut emprunter à gros intérêts une somme assez forte, qui l'obéra beaucoup, et dont il ne fit le paiement qu'avec une extrême difficulté. Zeno, dans ses *Notizie*, s'élève contre cette allégation, qu'il appelle une fausseté manifeste; et à cette occasion il entre dans la réfutation d'autres assertions plus importantes, contenues dans le même ouvrage. Il s'appuie du témoignage d'Angelo Rocca, de Mus. Panza, pour conclure que, pour le

---

Romam venit, adeo modicis facultatibus, ut illi necesse fuerit, aliquot centena aureorum foenori sumere, & quod est gravissimum, usura centesima, quae pro vectura bibliothecae suae solveret; quam Venetiis usque advehendam asportandamque curaverat. Quo ex aere alieno, tam justam ob causam facto, ut ipse in quadam sua ad Silvium Antonianum, tum Pontificis Clementis VII, cubiculi praefectum, epistola indicare videtur, vix umquam liberare se potuit. Ac primum mulierem, quam in matrimonio habebat, tamquam contra leges ductam, dimisit; idque maledici nulla alia ratione ab ipso factum divulgaverant, quam ut pingui aliquo sacerdotio sublevare eam, qua tum premebatur, inopiam posset. Tum advenienti hospitium & quotidianus cibus in aedibus Vaticanis est praebitus. Sed cum saepius, studia sua jacere, ingenium languere, eas artes, quibus sponte sua, & patris diligentia, operam omnem dedisset, nullius utilitati & commodo cedere quereretur; humaniores literas in gymnasio Romano publice docendi provinciam, Thomae Coraei morte, magistro destitutam ac vacuam, summa omnium voluntate studioque obtinuit, quae esset quasi theatrum illius ingenii, ac vocis eruditae ac Romanis auribus dignae. Sed tum licuit admirari, vel potius deplorare abjectam depressamque bonarum artium condi-

transport de sa bibliothèque, Alde *principum liberalitate adjutus fuit*, trouva des secours dans la muni-
ficence de quelques Mécènes, et qu'il ne fut nullement
obéré par la dépense qu'occasionna ce transport.
Ceci, au reste, est assez peu important en soi, ainsi
que la laideur de visage reprochée à Alde par le
même écrivain. Zeno s'emploie sérieusement à prouver
qu'Alde n'étoit point laid ; il auroit peut-être observé
avec plus de justesse qu'un écrivain qui va jusqu'à reprocher la laideur du visage, prouve évidemment sa-

---

tionem ; tum licuit, sed non sine fletu, aspicere humanarum
literarum precia, quae olim veteres ferebant in coelum, juventutis, quae tum erat, aestimatione sic concidisse. Etenim cum illi
olim eloquentiae adispiscendae gratia, maria transmitterent, lon-
gissimas peregrinationes susciperent, Graeciae Asiaeque civi-
tates obirent, ut exquisitos in eis dicendi magistros invenirent,
adirent, salutarent, atque eorum ex ore, tamquam ex fonte,
eloquentiae praecepta haurirent ; contra isti, quem sine itinerum
molestia, sine sumptu, sine labore, habere poterant, Graecae
Latinaeque eloquentiae doctorem eximium ac singularem, con-
tempserunt ; neque eidem, utriusque linguae copiam pollicenti,
aures admovere voluerunt. Nam, qua, hora, discipulorum
multitudini, eloquentiae praecepta tradenda erant, a corona de-
relictus, ante scholae ostium cum uno aut altero obambulabat.
Nulla Ciceronis operum pars est, quam ille commentariis vel
notis non illustrarit. Scripsit de quaesitis per Epistolam libros
tres, Orthographiam, notas ad Censorinum de die natali, multa-
que praeterea alia Etrusco sermone. Fuit pedibus praeter modum
enormibus, capite magno, facie oblonga, ore illepido & inve-
nusto, barba horrida, cujusmodi in statuis philosophorum
antiquis & imaginibus cernimus.

partialité, ou tout au moins son extrême inconséquence, et fait à juste titre soupçonner de fausseté ses autres allégations.

Zeno nie formellement qu'Alde ait répudié sa femme *tamquam contra leges ductam*, et qu'il l'ait pu faire dans l'espoir d'obtenir quelque bénéfice ecclésiastique. Rossi et Zeno manquent également de preuves pour ou contre ce fait; mais Zeno en le niant, observe avec raison qu'Alde n'auroit pas eu le prétexte de l'irrégularité pour faire annuler un mariage contracté du consentement du père de son épouse, en face de l'église, et sans aucun empêchement quelconque. Ce n'eût d'ailleurs pas été sous Sixte V qu'il eût été utile de recourir à un pareil expédient, pour arriver aux dignités et aux bénéfices ecclésiastiques.

Quant à ce que raconte le même Rossi, qu'Alde arrivé à Rome fut heureux d'y trouver un logement et la table dans le palais du Vatican; qu'enfin Thom. Correa ayant par sa mort laissé vacante la chaire d'humanités qu'il occupoit, Alde fut enfin pourvu d'un emploi : Alde, plus croyable en cela qu'un étranger, dit positivement qu'il étoit allé occuper la chaire délaissée par Muret : d'ailleurs Correa, portugais, non-seulement n'étoit pas mort en 1588, mais dès 1586 avoit quitté Rome pour passer à Bologne, où il professa, sans interruption jusqu'à sa mort, arrivée en 1595.

Alde, continue le même Rossi, voyoit ses leçons publiques si peu fréquentées, que souvent il passoit le temps des classes à se promener devant la porte de la salle, en attendant les auditeurs qui n'arrivoient pas. Une telle anecdote, qu'on a pris plaisir à répéter parce qu'elle est épigrammatique, a besoin pour être crue d'un témoignage un peu plus grave que celui d'un écrivain déjà reconnu inexact et inconsidéré dans d'autres assertions relatives à la même personne. Alde avoit professé avec succès à Venise, à Bologne et à Pise; il avoit été jugé digne de remplacer à Bologne le savant Sigonio; et à Rome il venoit occuper une chaire illustrée par Marc-Ant. Muret. Est-il à croire que dans une ville, alors le centre des arts et des connoissances en tout genre, les auditeurs auroient subitement déserté des leçons données par un professeur si avantageusement connu, et qui succédoit à un homme aussi justement célèbre ?

On sait que Castruccio Castracani, de simple particulier, réussit à se rendre souverain de Lucques. Son histoire avoit été écrite en latin par Nic. Tegrimi, et en italien par Nic. Machiavelli. Alde, peu satisfait de ces deux ouvrages, avoit depuis plusieurs années formé le dessein d'écrire sur le même sujet. Nous avons vu qu'en 1588 il avoit dans cette intention fait un voyage à Lucques, où il trouva dans les archives publiques et auprès de Bernardo Antelminelli, l'un des descendans de cette famille, d'amples documens dont l'exactitude ne pouvoit lui être suspecte. Muni de ces secours, il publia une histoire de cet homme extraordinaire que les uns ont appelé un grand prince, et les autres un perfide et cruel usurpateur. Elle parut à Rome chez Gio. Gigliotti, 1590, in-4°, sous ce titre : « Le

Azioni di Castruccio Castracane degli Antelminelli, signore di Lucca, con la genealogia della famiglia, estratta dalla nuova descrittione d'Italia, di Aldo Mannucci. » De Thou la cite avec grand éloge ; il fait remarquer qu'Alde reprend vivement Machiavelli d'avoir avancé que Castruccio fut trouvé exposé, et s'attache à prouver qu'il étoit de bonne famille, et que sa mère étoit une Antelminelli. Ce volume, déjà rare du temps de De Thou, l'est encore plus aujourd'hui. Je n'ai pas eu jusqu'à présent la satisfaction d'en rencontrer un exemplaire.

Après la mort de Sixte V, arrivée en 1590, Alde continua les fonctions de son emploi; mais son sort s'améliora peu après sous Clément VIII, qui lui confia la direction de l'imprimerie du Vatican, précédemment fondée par le ministère de Domen. Basa, bon imprimeur vénitien, auquel Alde fut donné pour collaborateur. Zeno observe que pendant toutes ces dernières années, les presses d'Alde à Venise ne restèrent pas oisives, et continuèrent à travailler sous la conduite de Nic. Manassi et autres habiles préposés; mais je crois fermement que cet établissement a dû devenir la propriété de Manassi, soit précisément en 1585, année dans laquelle Alde dit le dernier adieu à Venise, soit un peu après, ou même un peu avant cette époque. Le style des préfaces de Manassi, la manière dont lui écrivoient les savans qui étoient en rapport avec lui, prouvent, ce me semble, qu'il étoit propriétaire et non régisseur. Dans la préface de l'Agricoltura di C. Stefano, 1581, in-4°, H. Cato, le traducteur, s'exprime en ces termes : « Deliberai di farvi libero dono di questa traduttione, accioche con le vostre polite, & acennate stampe con le quali dilettate, & giovate continuamente al mondo; possiate infra l'altre impressioni di libri di molto maggior importanza, che ogni dì escono da quelle, fare uscire in luce anche queste.... e quando considero le qualità che concorrono nella persona vostra.... Oltre i nobili e gentili costumi.... voi trahete antica origine da parenti cosi nobili, e generosi della città di Scutari, Metropoli dell'Epiro.... » Ensuite il célèbre les hauts faits de divers Manassi, ancêtres de Nicolas.... et plus loin... « Con l'haver voi dedicato con spirito più mansueto.... a esercitare nobilmente la mercatura, & massime nella incetta delle stampe di libri.... andate non meno degnamente conservando gli antichi caratteri della vostra nobiltà. » Ce n'est pas ainsi qu'on parle au contre-maître d'un établissement; et je suis porté à croire que, même avant son départ de Venise, Alde n'étoit plus au moins le seul propriétaire de son imprimerie.

Un homme de lettres, qui a de grandes connoissances en histoire littéraire, me dit un jour qu'il regardoit Manassi comme le fils naturel d'Alde. J'ignore sur quoi il fondoit cette conjecture, si ce n'est peut-être sur ce qu'il trouvoit quelque rapport entre les deux noms *Manucci* et *Manassi*: mais comme ce dernier conduisoit déjà l'imprimerie en 1581, il est aisé de voir qu'il ne pouvoit être le fils d'Alde, alors âgé seulement de trente-trois ans, et être déjà lui-même en état de diriger une imprimerie, à moins d'être un de ces phénomènes littéraires dont les savans du temps auroient parlé avec les plus grands éloges. D'ailleurs la préface que je viens de citer fait une mention suffisante de l'origine de Manassi.

En 1592, Alde publia à Rome ses *Lettere volgari, presso il Santi e compagni*, in-4°, et les dédia à Lodovico Riccio, gentilhomme Milanois. Zeno dit de ces lettres qu'elles sont d'un style très-soigné, *scritte con molta pulitezza*, et qu'elles mériteroient d'être plus connues, comme modèle entre le style antique et le style moderne ; qu'elles sont remarquables par le choix et la propriété des expressions, et donnent l'idée la plus avantageuse de leur auteur, juste quand il parle des autres, et toujours très-modeste quand il est question de lui-même.

Scaliger juge Alde tout différemment, au moins à en croire ce qui se lit dans le Scaligerana, page 254. « Aldus filius, miserum ingenium, lentum : quae dedit valde sunt vulgaria.... patrem imitabatur. » Il rend néanmoins quelque justice à ses lettres latines. « Solas epistolas bonas habet : sed trivit Ciceronem diu. » On sait, au reste, avec quelle aigreur ce savant s'exprimoit sur le compte de la plupart des gens de mérite ses contemporains.

Dans les cinq dernières années qui s'écoulèrent jusqu'à sa mort, Alde ne publia aucune production nouvelle ; il ne s'occupa guère que de ses leçons publiques et des soins qu'exigeoit l'imprimerie du Vatican, dont il partageoit la direction avec Domenico Basa. Seulement en 1596, imprimant un discours d'Aurelio Lippo Brandolini, mort depuis un siècle, il mit en tête une dédicace adressée à Angelo Rocca, son ami, devenu prélat, et *sacrista pontificio*. Voici le titre de cette pièce : « Oratio de virtutibus D. N. Jesu Christi in ejus Passione ostensis, Romæ ad Alexandrum VI P. M. in Parasceve habita, &c. *Romae*, ex typographia Dominici Basae, 1596, in-4°. »

Enfin, pour terminer la liste de ses nombreux ouvrages, j'ai encore à en indiquer un qui ne parut qu'après sa mort, en 1601, *appresso Guglielmo Facciotto*. « Venticinque Discorsi politici sopra Livio della seconda guerra Cartaginese, in-8°. » Il se proposoit de donner une édition de Plaute, soigneusement revue, et avec des commentaires, ainsi qu'une très-exacte description de l'Italie, avec le plan figuré de chaque ville ; ouvrage qui, suivant son projet exécuté en entier, en eût été aussi une histoire générale et particulière. La vie de Castruccio Castracane qu'il avoit publiée depuis quelques années étoit un morceau détaché de cette histoire, dont il s'occupa en Toscane, et ensuite dans les derniers temps à Rome, mais dont cependant il n'est resté aucune autre portion.

Dans la dixième année de son séjour à Rome, le 28 octobre 1597, il mourut à l'âge de cinquante ans, huit mois et vingt-deux jours. En lui finit une famille, l'honneur des lettres et de la typographie, et dont la réputation ne peut périr tant qu'il existera un seul des nombreux et excellens volumes qu'elle a imprimés durant le long espace d'un siècle. Alde le jeune avoit eu plusieurs enfans, et notamment une fille, dont il fait mention dans une lettre à M. Senarega, du 31 mars 1590. « Già Paolina mia figliuola risuona il nome di V. S, e aspetta di godere la memoria, ch' ella scrive. » Mais tous moururent en bas âge, et il ne lui resta d'autre postérité que ses écrits.

Précédé par un père et un aïeul qui furent véritablement des hommes d'un mérite extraordinaire, il eut de son vivant une très-grande célébrité qu'il dut peut-être autant à celle dont ils avoient joui qu'à son mérite personnel. Sa jeunesse avoit été brillante, et le trop grand succès de quelques productions littéraires de ses premières années lui fit une réputation prématurée qui le détourna de prétendre à des succès d'un autre genre, dont son amour-propre eût peut-être été moins flatté, mais qui eussent été plus réels et plus durables. Il céda au plaisir de composer des livres, et négligea la profession qui avoit tant honoré son père et son aïeul. Aussi au lieu de tenir comme eux le premier rang parmi les imprimeurs, il ne fut qu'un homme de lettres éclipsé par tant d'autres, et plus savans et meilleurs écrivains. Il faut cependant convenir qu'Alde l'ancien et Paul Manuce furent beaucoup mieux que lui servis par les circonstances. Alde l'ancien étoit venu dans un temps où presque tous les bons ouvrages en littérature ancienne attendoient encore qu'une main habile et laborieuse vînt les sauver de la destruction. Avec un grand savoir et non moins de persévérance, il imprima beaucoup, et trouva tout le monde savant empressé à acquérir ses éditions. Paul Manuce n'avoit plus autant d'anciens écrits à publier; la littérature grecque étoit presque épuisée, mais le champ des révisions lui étoit ouvert, et cette foule d'éditions qu'il publia, *curis secundis et iteratis*, avec des améliorations si importantes dans les textes, ne reçut pas moins d'accueil que celles qu'avoit données son père, en surmontant des difficultés d'un tout autre genre. Alde le jeune vint après eux; il lui sembla plus à propos et plus utile peut-être d'écrire sur ces chefs-d'œuvre, si souvent réimprimés par ses pères, que d'en faire de nouvelles éditions, qui probablement n'étoient pas encore nécessaires pour approvisionner les lecteurs moins nombreux qu'aujourd'hui, parce qu'alors les lectures étoient plus difficiles, et exigeoient plus d'instruction préalable. Il paroît aussi qu'Alde eut véritablement moins de génie que de facilité à meubler sa tête et sa mémoire de connoissances acquises, ce qui explique les tours de force de sa première jeunesse. Il avoit les qualités qui constituent l'érudit, bien plus que celles d'un homme de goût; au moins dans ses travaux littéraires manqua-t-il souvent de ce jugement et de ce tact fin que possédoit si éminemment Paul Manuce. Les divers événemens de sa vie semblent aussi prouver qu'une certaine inconstance d'esprit l'empêcha de se trouver long-temps heureux et content dans le même endroit, et de se fixer long-temps aux mêmes travaux et au même genre de vie; aussi l'avons-nous vu imprimeur, secrétaire du sénat, professeur de belles-lettres, et successivement établi à

Venise, à Bologne, à Pise et à Rome, quoique cependant il soit mort dans un âge peu avancé.

Ses ouvrages sont pour la plupart ceux d'un savant et sur-tout d'un grammairien, connoissant bien et ce qu'il écrit, et la langue dans laquelle il écrit; mais quelle différence néanmoins de son style avec celui de Paul Manuce, non moins correct et toujours plus élégant !

Le sort de la savante et nombreuse bibliothèque qui lui avoit été laissée par ses pères, et qu'il avoit aussi augmentée lui-même, a beaucoup occupé les savans, et a donné lieu à divers récits plus ou moins contradictoires. Mais Tiraboschi, d'après Foscarini (Letterat. Veneziana), ôte toute incertitude à ce sujet. Zeno, dit-il, incline à croire qu'après la mort d'Alde sa bibliothèque fut dispersée, comme il en arrive de presque toutes les bibliothèques particulières. De bons mémoires manuscrits de Giov. Delfino, qui étoit alors à Rome, ambassadeur auprès de Clément VIII, mémoires communiqués à Foscarini, apprennent qu'Alde étant mort à l'improviste, *per troppa crapula*, par suite d'une vie peu réglée, et sans avoir aucunement mis ordre à ses affaires, ses effets furent saisis par l'autorité publique (*la Camera*) et par ses nombreux créanciers; et qu'enfin sa bibliothèque fut partagée entre ceux-ci et ses neveux, après avoir été préalablement visitée et dépouillée d'un certain nombre d'articles par ordre du pape, qui sans doute n'enleva pas les moins précieux. Les mêmes mémoires ajoutent que ce n'étoit pas à l'université de Pise qu'Alde avoit eu l'intention de léguer cette bibliothèque, mais à la république de Venise, ainsi que le prouvoit une de ses lettres.

On peut encore lire sur ce sujet la savante dissertation sur la Biblioth. de S. Marc, par M^r. J. Morelli de Venise.

ALDVS MANVTIVS PAVLLI F. ALDI N.

PRIVILÉGES

Accordés à Alde l'ancien par le Sénat de Venise et les Souverains Pontifes.

EXEMPLVM PRIVILEGII ALDO
RO. CONCESSI AD REIP.
LITERARIAE VTI-
LITATEM.[1]

LEONARDVS Lauredanus Dei gratia Dux Venetiarum, &c. Vniuersis et singulis, ad quos præsentes aduenerint· salutem, et dilectionis affectum. Cum diu in hac Vrbe nostra degerit Aldus Manutius Romanus uir singulari uirtute, et doctrina præditus· diuino'q; auxilio quam plurimos et græcos, et latinos libros summa cura, et diligentia castigatos imprimendos, publicandos'q; curauerit characteribus utriusq; linguæ sic ingeniose effictis, & colligatis· ut conscripti calamo esse uideantur· quæ res studiosorum omnium animos mirifice delectauit· Vt possit emendandis libris et latinis, et græcis uacare in dies melius· eos'q; ad communem literatorum omnium utilitatem accurate in suis ædibus impressos, publicare· suppliciter petijt ne alius quisq̃ in dominio nostro queat græcas literas facere contrafacere ue· aut græce imprimere· nec latinarum quidem literarũ characteres, quos uulgo cursiuos, et cancellarios dicunt· facere, contrafacere ue, aut imitari, curare ue faciendos· nec ipsis characteribus libros excudere, uel alibi impressos uenun dare· nec quæ ipse typis et antehac excudenda curauit uolumina,

---

[1] Ce privilége est copié du tome premier de l'Ovide de 1502.

et posthac curabit· possit alius quisq̃ impune excudere·
aut excusa formis in terris, et locis alienis in dominiũ
nostrum adferre uenalia hinc usq; ad annos decem sub
poena amittendi operis, et artificij· aut librorum, ac
ducentorum aureorum numum quoties quis contrafacere
ausus fuerit· Cuius poenæ pars tertia spectet ad Orpha-
notrophium pietatis huiusce urbis nostræ· alia· tertia ad
rectores, et magistratus nostros, ad quos delatum fuerit·
alia item tertia sit delatoris. Nos autem bene audita, optime'q; consyderata, et perpensa ipsius Aldi petitione· ac
intellecto et quantum profuerit· et prodesse possit studiosis
omnibus· et qui sunt· et qui post, alijs erunt in annis·
quantos'q; assidue passus labores fuerit iam multos annos
ijsdem utriusq; linguæ characteribus inueniendis, effin-
gendis'q; ut optimi scriptoris manum imitarentur· Cognito·
etiam quantum et quanta diligentia insudauerit imprimendis libris· ut q̃ emendatissimi exirent in manus ho-
minum· nec non quantum impenderit impendat'q; in
ipsa magna admodũ, et digna sua prouincia· ut possit,
quemadmodum coepit· perseuerare pereuntiq; reip· lite-
rariæ opem ferre in hac urbe nostra· in qua diuino
adiumento iam uel Neacademiam habet· quam petijt
gratiam autoritate senatus nostri Rogatorum liberaliter
ipsi Aldo concessimus· et præsentium tenore concedi-
mus. Quare uolumus et uobis, ac unicuiq; uestrum effi-
caciter imperamus· ut gratiam, et concessionem ipsam
nostram obseruetis, curetis'q; obseruandã inuiolabiliter
iuxta ipsam eiusdem Aldi petitionem· Quam omnibus
impositis conditionibus cum præfato Senatu admisimus.

Et si publicandam in Ciuitatibus, terris, et locis nostris
ipse Aldus, seu eius procuratores oportere censuerint· est
nostra intentio· ut eam in locis consuetis, atq; ubi oppor-

tunum fuerit sine ulla penitus contradictione publicandam curetis· quemadmodum in uestra obedientia maxime confidimus· et de Amicorū beneuolentia plene speramus. Datæ in nostro ducali palatio Die XIIII. Nouemb. indictione sexta. M. DII.

LAVS DEO.

ALEXANDER PAPA VI.[1]

Vniversis, & singulis præsentes literas inspecturis salutem, & apostolicam bēn. Quoniam dilectus filius Aldus Manutius Romanus ad communem doctorum utilitatem nouis excogitatis characterum formis, assiduam operam libris emendandis, imprimendis'q; impendit, magnos'q in ea re labores, sumptus'q; facit, ueretur'q; ne insurgente inuidia, æmulatione'q; excitata, aliqui sumpto de eius characteribus exemplo, ad eandem formam libros imprimant, de'q; alterius inuento nouum sibi lucrum quærant, Iccirco nobis fecit humiliter supplicari, ut eius indemnitati de opportuno remedio prouidere dignaremur. Nos, quoniam ea, quæ ad literatorum commoditatem spectant libenter annuimus, huiusmodi supplicationibus inclinati, ut ingenia ad plura, meliora'q; in dies inuenienda excitentur, libri'q; sublata omni æmulatione diligentius prodeant impressi, et emendati, confidentes de diligentia dicti Aldi, de cuius doctrina, et in libris emendandis studio fide dignorum testi-

---

[1] On trouve les trois priviléges suivans à la tête de *Perotti Cornucopiae*, 1513, in-folio, et ensuite dans plusieurs éditions subséquentes.

monio facti sumus certiores, omnibus, & singulis impressoribus, et artem ipsam in Italia exercentibus sub excommunicationis, illis autem, qui in Alma urbe nostra, et terris nobis mediate, uel immediate subiectis morantur, sub. eadē, & confiscationis librorum impressorum poenis, quas contrafacientes absq; alia declaratione eo ipso incurrere uolumus, districtius inhibemus, ne per spatium decem annorum à tempore cuiusvis libri, tam græci, quam latini ab eodē Aldo impressi illis ipsis, aut similibus characterum formis pro eorum uoluntate, aut ad instantiam quaruncunq; personarum cuiuscunq; dignitatis, status, gradus, ordinis, nobilitatis, præeminentiæ, uel conditionis fuerint, quouis quæsito colore imprimere, aut imprimi facere quouis modo præsumant. Volentes, ut omnes, & singuli librorum uenditores, penes quos dicti libri, & si extra Italiam impressi essent, inuenti forent, similes poenas incurrant. Mandantes nihilo minus dilectis filijs nunc, & pro tempore locorum ordinarijs per ipsam Italiam existentibus, quatenus per se, uel alium, seu alios faciant authoritate nostra, inhibitionē nostram huiusmodi inuiolabiliter obseruari, contradictores per censuras ecclesiasticas, & alia opportuna iuris remedia appellatione postposita compescendo, inuocato ad hoc, si opus fuerit, auxilio brachij secularis, non obstantibus constitutionibus, & ordinationibus apostolicis, cæteris'q; contrarijs quibuscunq;. Datum Romæ apud Sanctum Petrum sub annulo Piscatoris. XVII. Decembris. M. D. II. Pontificatus nostri anno Vndecimo.

DILECTO FILIO ALDO MANVTIO
CIVI ROMANO, VTRIVSQVE
LINGVÆ LIBRORVM
INSTAVRATORI.

IVLIVS PAPA II.

Dilecte Fili salutem, & apostolicam beñ. Cum tu, cuius personam multis uirtutum donis insigniuit altissimus, magna tui ingenij ui, uarijs'q; laboribus, & excellenti doctrina deo nostro authore, quamplurima græcorum, & latinorum authorum librorum uolumina summa cura, & diligentia castigata à paucis annis citra ad communem omnium literatorum utilitatem characteribus, quos uulgus cursiuos, seu cancellarios appellat, imprimi tam diligenter, ac pulchre curaueris, ut calamo conscripta uideantur, libros'q; alios, ut pote Platonis, Aristotelis, & aliorum philosophorum, authorum'q; maiorum, ut dilectus filius nobilis uir Albertus Pius de Sabaudia Carporum comes, carissimi in Christo filij nostri Maximiliani electi Imperatoris semper Augusti apud nos orator nobis exposuit, sis paratus eisdem characteribus excudere, & in lucem mittere, quæ res studiosorum animos non solum uehementer delectabit, sed etiam mirum in modum ad studia accendet, Proinde Albertus ipse, ut bonarum artium, ac literarum præcipuus est cultor, ita uirtutis tuæ laborum'q; tuorum rationem haberi desyderans, ut in dies de bono in melius proficere & emendandis græcis, ac latinis libris huiusmodi, quod (ut accepimus) diligentissime facis, commodius, alacrius'q; uacare possis, nobis attentius pro te supplicauit, ut indemnitati tuæ, ne alius tuos sibi uendicet labores, atq; uigilias, honorem'q; & præmia merito tibi debita ex uirtute tua percipiat, paterne consulere, ac laborum, meritorum'q; tuorum, & impensarum, quas propterea te subire oportet, aliquam rationem habere uellemus. Nos igitur præmissa paterno consyderantes affectu, ac singulos, qui ad bene agendum tendunt, uirtutum'q; sunt cultores, quátum cum deo possumus opportunis gratijs, & fauoribus prosequi cupientes, dicti'q; Alberti, ac tuis in hac parte supplicationibus annuentes, uniuersis, & singulis impressoribus & cæteris personis, ad quarum præsentes nostræ perueniunt, notitiam in toto Christianorum orbe constitutis sub excommunicationis, lata sententia, et in nostris, atq; Sanctæ Romanæ ecclesiæ ciuitatibus, atq; terris nobis, & eidem ecclesiæ mediate, uel immediate subiectis degentibus personis quingentorum ducatorum auri, & amissionis librorum, quos impresserint per contrafacientes incurrendis, & cameræ apostolicæ applicandis poenis inhibemus expresse, ne, quæ posthac quindecim annis durantibus à data præsentium inchoandis, & successiue finiendis & græce, & latine imprimenda duxeris librorum uolumina imprimere, ne'ue latinarum literarum characteres cursiuos, siue cancellarios ut præfertur facere, contrafacere, aut imitari, curare'ue per alios fieri, aut imprimi, ipsis ue characteribus libros excudere, uel impressos uenundáre possint, siue debeant, aut quouis modo præsumant. Decernentes ex nunc authoritate apostolica absq; alia declaratione contrafacientes, & non parentes omnes excommunicationis sententia antedicta eo ipso legatos esse, & à subditis nostris ultra illam pecuniariam, & amissionis librorum poenam, ab exactoribus, & commissarijs nostris integre, & irremissibiliter pro eadem camera exigendam fore, & quam sic exigi uolumus, & per præsentes mandamus. Verum, ut huiusmodi inhibitionis, atq; decreti nostri ignorantiam nemo prætendere possit, Vniuersis, & singulis nostris, et apostolicæ sedis legatis, nec non Patriarchis, Archiepiscopis, Episcopis, Abbatibus, & eorum Vicarijs, ac Gubernatoribus, Potestatibus, & cæteris officialibus nostris, qui præsentium nostrarum uigore fuerint requisiti, mandamus expresse, ut literas ipsas in locis ecclesiarum suarum, atq; diocesum consuetis publicari, atq; obseruari faciant, non obstantibus constitutionibus, et ordinationibus apostolicis, cæteris'q; controversijs quibuscunq;. Cæterum quia difficile admodum foret præsentes nostras literas ad singula loca deferri, uolumus, atq; decernimus, quod earundem literarum transumptis manu publici notarij subscriptis, & sigillo alicuius personæ in ecclesiastica dignitate constitutæ munitis, ea prorsus ubiq; adhibeatur fides, quæ præsentibus nostris adhiberetur, si forent exhibitæ, uel ostensæ. Datum Romæ apud Sanctū Petrum sub annulo Piscatoris Die. XXVII. Ianuarij. M. D. XIII. Pontificatus nostri anno decimo.

LEO PAPA X.

Vniversis, & singulis, ad quos hæ nostræ peruenerint, salutem, & apostolicam ben. Quoniam dilectus filius Aldus Manutius Pius Romanus, qui iam tot annos pro uirili de re literaria benemereri non cessat, in eoq; genere, ac præsertim tum exacte emendandis, tum omni cura, & studio imprimendis græcis, latinis'q; libris, atq; ijs quidem literis in Chalybē tam docte, eleganter'q; incisis, ut calamo scriptæ esse uideantur, magnos sumptus facit, magnos labores sustinet, ac propterea ueretur ne, sua hæc industria, & labor alijs, qui inde capere exemplum possent, lucrum magno suo cum damno pariat, Nobis humiliter supplicari fecit, ut ad eam rem pastoralem curā nostram adijcere dignaremur. Nos igitur, qui literarum, & omnium bonarum artium studiosos, quantum in nobis fuit, semper fouimus, & amplexi sumus huiusmodi supplicationibus inclinati, ut hominum ingenia ad honestiores, utiliores'q; rerum usus uel indagandos, uel inueniendos in dies magis excitentur, libri'q: utriusq; linguæ longe diligentius, emendatius'q; in studiosorum manus emittantur, atq; cum ipso Aldo, cuius doctrinam, & rectum ingenium, mirificam'q; diligentiam satis cognitam, & perspectam habemus, commode, benigne'q; agere cupientes, omnibus, & singulis, ad quorum notitiam præsentes nostræ peruenerint, sub excommunicationis latæ sententiæ, in nostris uero, &. S. R. E. ciuitatibus, terris, & locis degentibus, nobis'q; & dictæ ecclesiæ mediate, uel immediate subiectis præterea quingentorum ducatorum auri, & amissionis omnium librorum, quos impresserint, incurrendis, cameræ'q; nostræ apostolicæ applicandis pœnis expresse inhibemus, ne per spatium quindecim annorum à tempore cuiusuis libri tam græci quam latini, quem ipse Aldus & antehac curauit, & posthac curauerit imprimendum ijs characteribus, quos ipse inuenit, uel edidit primus, & quibus adhuc usus est, uel quos in posterum inuenerit, imprimere, uel imprimi facere, Ne'ue characteres eos, quos cursiuos, siue cancellarios appellant, imitari, & assimilatione adulterare, aut curare id per alios faciundum, libros'q; eiusmodi formis excudere, aut excusos uenundare ullo modo præsumant, Atq; eas ipsas pœnas incidere eos uolumus, penes quos id genus libri uenales reperirentur, Decernentes nihilo minus authoritate apostolica absq; alia declaratione omnes, quicunq; contra inhibitionem hanc nostram facere ausi fuerint, antedictæ excommunicationis sententiæ obnoxios illico fieri. A subditis uero nostris, &. S. R. E. ultra pœnam excommunicationis eiusmodi, ab eis incurrendam pecuniariam etiam, & amissionis omnium librorum, ut præfertur, à camera nostra apostolica irremissibiliter exigi debere, ita'q; per præsentes decernimus. Atq; ut huius inhibitionis, & Decreti nostri ignorantiam prætendere nemo possit, uniuersis, & singulis nostris, & apostolicæ sedis Legatis, Patriarchis, Archiepiscopis, Episcopis, Abbatibus, & locorum ordinarijs, eorum'q; locum tenentibus, & Vicarijs, Gubernatoribus, præterea prætoribus, & cæteris officialibus nostris, qui præsentium nostrarum uigore fuerint requisiti, mandamus expresse, ut literas ipsas in locis consuetis ecclesiarum, diocesum, & administrationum suarum publicari faciant, ipsi'q; Aldo pro consequendo effectu decreti, & inhibitionis huius nostræ, ubi, & quoties opus fuerit, omni fauore, & auxilio suffragentur, constitutionibus, & ordinationibus apostolicis, cæteris'q; in contrarium facientibus non obstantibus quibuscunq;. Cæterum quia difficile admodum foret præsentes nostras ad singula loca deferri, uolumus, atq; decernimus, ut his ipsis literis in plura exempla typis excusis, & sigillo alicuius legati nostri, seu personæ in dignitate ecclesiastica constitutæ munitis ea prorsus fides adhibeatur, quæ præsentibus nostris, si exhibitæ, uel ostensæ forent, adhiberetur. Tum si quis harum nostrarum publicationem quouis modo impedire, seu obstare ne publicentur, seu publicatas, & ubiuis locorum de more affixas, lacerare, delere'ue, aut amouere, amoueriue curare, id'q; scienter facere præsumpserit, eum uolumus, et declaramus supradictæ excomunicationis poenæ itidem subiacere. Volumus autem, et Aldum ipsum in domino hortamur, ut libros iusto pretio uēdat, aut uendi faciat, ne his concessionibus nostris ad aliam, quàm honestum est, partem utatur, quod tamen eum pro sua integritate, atq; in nos obseruantia curaturum planè confidimus. Datum Romæ apud Sanctum Petrum sub Annulo Piscatoris. Die xxviii. Nouembris. m. d. xiii. Pont. Nostri Anno Primo.

P. Bembvs.

PREMIER CATALOGUE

en une feuille in-folio, caractères romains,
à longues lignes.

《 LIBRI GRAECI IMPRESSI. [1]

Hæc sunt græcorum uoluminum nomina, quæ in Thermis Aldi Romani Venetiis impressa sunt ad húc usq; diem. s. primum octobris. M. IID. Nam cū quotidie aliquis peteret, qui nam græci libri formis excusi sint, ac quanti ueneant ad minimū, quod uel ipse scire cuperet, uel ad amicos id cupide efflagitátes mitteret, pertædebat toties idem scribere occupatissimum hominem.

《 In grammatica.

Erotemata Cōstantini Lascaris e regione cū interpretatione latina. 《 Item de literis, ac diphthōgis græcis. 《 Itē introductio quædam docens etiā sine magistro syllabas & dictiōes græcas posse legere, tā paruis q̄ maiusculis scriptas characteribus. 《 Item quo nam modo literæ & diphthōgi græcæ ad nos ueniant. 《 Item abbreuiationes

---

[1] J'ai dit plus haut que ce catalogue et les deux suivans de 1503 et 1513, étoient conservés dans un manuscrit grec, n° 3064, de la Bibliothèque nationale.

Pour les rendre d'un usage plus commode, j'indique à chaque article l'année et le format, ce qui ne se trouve point sur les originaux que je copie, à l'exception du dernier de 1563 qui indique les formats, et de celui de 1513 qui en indique seulement quelques-uns. Au dos de celui-ci sont écrits ces mots que je crois de la main de Fr. d'Asola : « Il primo Indice de la bona anima di M. Aldo. »

q̃ plurimæ, quibus frequentissime græci utūtur. (Item Pater noster. (Aue Maria. (Salue Regina. (Credo in unum deū patrem omnipotétem. (In prīcipio erat uerbum. (Itē aurea carmīa Pythagoræ. (Itē p̄cepta Phocylidæ utilissima, omnia cū expositione latina e regiōe ī uno uolumine. uéduntur marcellis quatuor. (1494-5, in-4°.)

Grammatica Vrbani utilissima ad declināda nomina, pronomīa, & uerba omnia tā lingua cōi, q̃ aliis quatuor. Attica. Ionica. Dorica. Aeolica. cū regulis optimis & necessariis ita, ut nihil ferè sit prætermissum, quod introducere posse ī græcam linguā uisum fuerit. Vbi etiam copiose tractatur de cæteris orationis p̄tibus. Venditur nō minoris marcellis quatuor. (1497, in-4°.)

Canonismata quæ thesaurus & cornucopiæ appellātur dictionum difficilium, & maxime uerborum quæ apud Homerum. ex commentariis Eustathii, & aliorum grammaticorum per ordinem literarū. (Aelii Dionysii de indeclinabilibus uerbis. (Declinationes uerborū sum & eo, utilissimæ. (De iis quæ sedere significant. (Quot sint quæ ire significant. (Ex scriptis Herodiani excerpta de magno verbo scitu dignissima, & rara inventu. (Ex scriptis eiusdē deductiones uerborum difficulter declinatorum. (Chœrobosci ad eos qui in omnibus uerbis regulas quærunt & similitudines. (Eiusdem in quibus ob malesonantiam attrahatur. n. litera. (De anomalis & īæqualibus uerbis secūdum ordinem alphabeti. (Herodiani de inclinatis, & encliticis. & coencliticis dictiunculis. (Ex scriptis Chœrobosci de iis quæ īclinantur, encliticísq;. (Sine auctore de iis quæ inclinātur. (Ex scriptis Ioānis grammatici de idiomatis. (Eustathii de idiomatis quæ apud Homeṛ. (Itē de idiomatis, ex iis quæ a Corintho decerpta. (De fœmininis noībus, quæ desinunt in o magnum. oia in uno uolumine. Vendŭtur minimo, nummo aureo & semis. (1496, in-folio.)

Grammatica doctissima & (pace aliorum dixerim) omnium utilissima Theodori Gazæ uiri ingenio & doctrina uel cum antiquissimis conferendi. (Eiusdem de mēsibus pulcherrimum opus. (Item quatuor libri Appollonii de cōstructioē. Omnia ī uno uolumine. Veneunt aureo nummo, nec minoris. (1495, in-folio.)

Dictionarium græcum copiosissimum secundum ordinem Alphabeti cum interpretatione latina. (Cyrilli opusculum de dictionibus, quæ uariato accentu mutant significatum secundum ordinem alphabeti cum interpretatione latina. (Ammonius de differentia dictionum per literarum ordinem. (Vetus īstructio & denominatiōes perfectorum (sic) militum. (Significata τȣ ῆ. (Significata τȣ ως. (Index oppido q̃ copiosus per literaɤ latinaɤ ordinē, quod est loco dictionarii latini copiosissimi cum ītterpretatione græca. Docet. n. latinas dictiōes ferè omneis græce dicere, & multas et multis modis. Omnes in uno uolumine. minimum pretiŭ est aureus nummus. (1497, in-folio.)

(In Poetica.

Theocriti eclogæ triginta. (Hesiodi theogonia. (Eiusdē scutum Herculis. (Eiusdē georgicorum libri duo. (Maximi Planudæ ex latino libro qui Cato dicitur Sniæ paræneticæ distichi. (Caput De inuidia. Theognidis Megarēsis siculi Sniæ elegiacæ. (Sniæ putiles monostichi p capita ex uariis poetis. Aurea Carmīa Pythagoræ. (Phocylidæ poema admonitoriŭ utilissimŭ. (Carmīa Sybillæ erythrææ de christo IESV. (Differētia uocŭ. Omnia in uno uolumine. Venduntur non minoris marcellis octo. (1495, in-folio.)

Aristophanis cum antiquis commentariis Comœdiæ novem. Plutus. Nebulæ. Ranæ. Equites. Acharnes. Vespæ. Aues. Pax. Cōtionatrices fœminæ. Minimum pretiū uenetiis, aurei nūmi duo & semis. (1498, in-folio.)

Musæi poetæ antiquissimi De Herone & Leandro amantibus cum īterpretatione latina. uenditur, marcello. (Sans date, in-4°.)

(In logica.

Logica Aristotelis. i. organū. hoc est Porphyrii introductio siue uniuersalia liber unus. (Prædicaméta Aristotelis. liber unus. (Perihermenias liber unus, siue sectiones sex. (Priora resolutoria libri duo. (Posteriora resolutoria libri duo. (Topica libri octo. (Elenchi libri duo. Oēs ī uno uolumine. uédūtur aureo & semis. (1495, in-folio.)

In philosophia. Primum uolumen.

Vita Aristotelis ͺp Laertiū & philoponū. & uita Theophrasti. (Aristotelis physicorū libri octo. (De cœlo libri quatuor. (De gñatiōe & corruptiōe libri duo. (Meteorologicorū libri quatuor. (De mūdo ad Alexādrū liber unus. & Philōis iudæi de mūdo liber unᵍ. (Theophrasti de igne liber unus. (De uétis liber unus. (De lapidibus liber unus. (De signis aquarū & uétorū īcerti auctoris. Oēs ī uno uolumine. uédūtur ad minimū nūmis aureis duobus. (1497, in-folio.)

(Secundum uolumen.

De historia aīalium libri octo. (De ͺptibus animaliū libri quatuor. (De gressu aīalium liber unus. (De aīa. libri tres. (De sensu liber unus. (De memoria liber unus. (De somno & uigilia liber unus. (De somniis liber unus. (De diuinatione per somnium, liber unus. (De motu aīalium liber unus. ⁋ De gñatione aīalium, libri qnq;. ⁋ De longitudine & breuitate uitæ liber unus. ⁋ De iuuētute & senectute, & respiratiōe, & uita & morte libri tres. ⁋ De spiritu liber unus. ⁋ De coloribus liber unus. ⁋ Physiognomicorum liber unus. ⁋ De mirabilibus audiōibus liber unus. ⁋ De Xenophanis Zenonis. & Gorgiæ opiōnibus, liber unus. ⁋ De īdiuisibilibus lineis, liber unus. ⁋ Theophrasti de piscibus liber unus. ⁋ De uertigine oculoɤ liber unus. ⁋ De laboribus, liber unus. ⁋ De odoribus, liber unus. ⁋ De sudoribus, liber unus. oēs in uno uolumine. minimum pretium Venetiis. nummi aurei duo & semis. (1497, in-folio.)

⁋ Tertium Volumen.

Theophrasti de historia plātaɤ, libri decē. ⁋ Eiusdē de causis plantaɤ libri sex. ⁋ Aristotelis problematum sectiōes duodequadraginta. ⁋ Alexandri aphrodisiēsis problematū libri duo. ⁋ Aristotelis mechanicoɤ liber unus. ⁋ Eiusdē metaphysicorū libri quatuordecim. ⁋ Theophrasti metaphysicoɤ liber unus. Oēs in uno uolumine. minimū pretium nummi aurei, tres. (1497, in-folio.)

⁋ Quartum Volumen.

Aristotelis magnoɤ moraliū ad Nicomachū patrē libri duo. ⁋ Ethicoɤ ad Eudemum discipulum libri octo. ⁋ Ethicoɤ ad Nicomachum filium libri decē. ⁋ Oeconomicoɤ libri duo. ⁋ Politicoɤ libri octo. oēs ī eodē uolumīe. mīmum p̄tiū nūmi aurei duo. (1498, in-folio.)

In sacra scriptura.

Psalterium græcum. uendiſ marcellis quatuor. (Sans date, in-4°.)

Officium in honorē Beatissimæ uirginis cum psalmis

penitentialibus è latino in græcum. uenditur Marcellis duobus.[1] (1497, in-8°.)

---

[1] Le *Marcello* étoit une monnoie vénitienne d'argent, ainsi nommée de Nic. Marcello, doge de Venise en 1473, et que l'on continua de frapper avec quelques changemens dans l'empreinte, et quelque augmentation dans sa valeur nominale, jusqu'à l'an 1570 environ. A la fin du quinzième siècle elle étoit du poids de 64 grains, et valoit 10 sous courans, ou la moitié d'une livre de Venise, ce qui équivaut pour la représentation effective de la matière d'argent, à 68 centimes de notre monnoie actuelle.

Quant au *Nummus aureus*, *Ducato*, qui, vers 1526, commença à être nommé *Zecchino*, il étoit en 1474 du poids de 69 grains $\frac{9}{11}$, et valoit douze Marcelli $\frac{2}{7}$ ou 6 livres 4 sols de Venise : l'or et l'argent étant alors dans la proportion d'environ onze $\frac{1}{7}$ à un, tandis qu'ils sont actuellement, pour la monnoie, dans celle de 15 et demie à 1.

Ainsi donc on voit que, pour le livre qu'Alde vendoit 3 Marcelli, il recevoit 192 grains d'argent monnoyé, ou l'équivalent de 2 francs 4 centimes de notre monnoie. L'Aristote complet, qui étoit du prix de 11 ducats ou de 136 Marcelli et $\frac{2}{7}$, se payoit en argent un prix égal à 92 francs 75 centimes, et en or un prix correspondant à 128 francs, différence occasionnée par les rapports alors moins éloignés entre la valeur relative de l'or et de l'argent.

Si dans ces évaluations je me suis trompé de quelques fractions, l'erreur n'est d'aucune importance, parce qu'il s'agit seulement de donner une idée la moins inexacte possible du prix qu'Alde vendoit chacune de ses éditions.

SECOND CATALOGUE

en une feuille in-folio de 4 pages, caractères romains.

ALDVS STVDIOSIS. S.

Librorvm & græcorum : & latinorum nomina, quotquot in hunc usq; diem excudendos curauimus, scire uos uoluimus. Vbi etiam quædam de libris singulis, tanq̃ eorum argumenta dicuntur : ut inde quid singulo quoq; libro tractatur : facile cognoscatis. Quod ideo factum est : quia cum undiq; ad nos scribatur : qui nam libri cura nostra excusi sint : sic satisfaciamus : cum aliter, propter summas occupationes nostras : non liceat.

LIBRI GRAECI.

Erotemata Constantini Lascaris tribus libris : &c. [1] Inest etiam perbreuis ad hebraicam linguam ĩtroductio. (Sans date, in-4°.)

Grammatica Vrbani utilissima, &c. (1497, in-4°.)

Canonismata : quæ thesaurus, & cornucopiæ appellantur dictionum difficilium, &c. (1496, in-folio.)

Grammatica doctissima : & (pace aliorum dixerim) omnium utilissima Theodori Gazæ, &c. (1495, in-folio.)

---

[1] C'est indubitablement l'édition sans date qui est annoncée ici, car s'il étoit question de la précédente de 1494-5, il ne seroit point fait mention de l'*Introductio ad Hebraicam linguam* qu'elle ne contient pas. Voyez au volume des Annales, pages 47, 86 et 95.

Dictionarium græcum, &c. (1497, in-folio.)

Theocriti eclogæ triginta. ⟨ Hesiodi theogonia. ⟨ Eiusdē scutum Herculis. ⟨ Eiusdem georgicorum libri duo, &c. (1495, in-folio.)

Aristophanis cū antiquis commentariis Comœdiæ nouē, &c. (1498, in-folio.)

Musæi poetæ antiquissimi De Herone : & Leandro amantibus opusculum cū interpretatione latina. (Sans date, in-4°.)

Logica Aristotelis, quod organū græce dicitur, &c. (1495, in-folio.)

Primum uolumen in philosophia, &c. (1497, in-fol.)

Secundum, &c. (1497, in-folio.)

Tertium, &c. (1497, in-folio.)

Quartum, &c. (1498, in-folio.)

Psalterium græcum. (Sans date, in-4°.)

Officium in honorem Beatissimæ uirginis cum psalmis penitentialibus e latino in græcum. (1497, in-8°.)

Epistolarum mille & septuaginta trium uolumen, &c. (1499, 2 vol. in-4°.

Gregorii Nazanzeni opusculum, ubi philosophatur, &c. (1504, in-4°.)

Nonni poetæ Panopolitani Paraphrasis totius historiæ Euangelicæ secundum Ioannem carmine heroico excellēti...... sunt autem carminum tria millia : & trecenta : ac quinq; & triginta. habent latinam interpretationem e regione [1], &c.

Dioscorides, &c. ⟨ Nicādri Colophonii poetæ theriaca

---

[1] Alde annonce ici, par anticipation, la version latine de Nonnus qu'il se proposoit de donner, et qui cependant n'a jamais paru. Le Greg. de Nazianze étoit peut-être encore sous presse lors de la publication de ce Catalogue, car sa date est de 1504.

cum commētariis. ⟨ Eiusdem Alexipharmaca cum cōmentariis. (1499, in-folio.)

Leontii Mechanici de Sphæræ Arati cōstructione. ⟨ Arati Solēsis phænomena cū commētariis Theonis. ⟨ Procli Diadochi sphæra : & græce : & latine. (1499, in-folio.)

Iulii pollucis uocabularium, &c. (1502, in-folio.)

Stephanus de urbibus opus perq̄ utile, &c. (1502, in-fol.)

Thucydides de bello inter Peloponnenses : & Atheniēses, libri octo, &c. (1502, in-folio.)

Herodoti libri nouem, quibus musarum ..... indita ab eo nomina, &c. (1502, in-folio.)

Luciani opuscula. 171...... ⟨ Icones quinque & sexaginta Philostrati..... ⟨ Eiusdem heroica..... ⟨ Icones iunioris Philostrati duodeuiginti. ⟨ Itē Enarrationes Callistrati in statuas q̄tuordecim. ⟨ Necnon Philostrati uitæ sophistarum. 58. &c. (1503, in-folio.)

Paralipomena Xenophontis. i. historia græcarum rerum, quas prætermisit Thucydides : libris septem. ⟨ Gemistonis, qui & Pletho dicitur : historiæ græcæ derelictæ a Xenophonte, duobus libris. ⟨ Herodianus, &c. (1503, in-folio.)

Philostrati de uita Apollonii Tyanei libri octo..... ⟨ Iidem libri latini..... ⟨ Eusebius contra Hieroclem..... ⟨ Idē latinus, &c. (1501, in-folio.)

Ammonius in prædicamēta Aristotelis. ⟨ Idem in librū περὶ ερμηνείας. i. de interpretatione. Margentinus in eundm. (1503, in-folio.)

Ioannes grammaticus in priora : & posteriora resolutoria Aristotelis. (1504, in-folio.)

Sophoclis tragœdiæ septem, &c. ĩ formā Enchiridii. (1502, in-8°.)

Euripidis tragœdiæ duodeuiginti in formam Enchiridii, &c. (1503, 2 vol. in-8°.)

Epigrammata græca in enchiridii formam a diuersis composita, &c. (1503, in-8°.)

❰ Libros græcos, qui secūtur : & si ab aliis impressi sunt : tamen, quia in bibliopolio nostro habentur uenales : adnotauimus. sunt uero hi.

Etymologicum magnum. (*Venetiis*, 1499, in-folio.)

Simplicius in p̄dicamenta Aristotelis. (*Ibid*, 1499, in-folio.)

Ammonius in prædicabilia Porphyrii. (*Ibid*, 1500, in-folio.)

Apollonius de Argonautis cum commentariis. (*Florentiae*, 1496, in-4°.)

Homeri libri. 48. & uita eius ex Plutarcho. Herodoto, & Dione. (*Ibid*, 1488, 2 vol. in-folio.)

Suidas uocabularium magnum. (*Mediolani*, 1499, in-folio.)

Libri latini.

Sedulii librī, &c..... Prudentii opera, &c. (1501-2, 2 vol. in-4°.)

Opera Politiani, &c. (1498, in-folio.)

Iulii firmici Astronomicoʀ̨ libri octo integri : & emendati. Allatū. n. fuit exemplar ex Scythia. ❰ Marci Manlii astronomicoʀ̨ libri qnq; heroico carmine. ❰ Arati phænomena, latine.... ❰ Eadem græca.... ❰ Theonis cōmentaria in Aratū, græce. Procli Sphæra græce. Eadem latina Thoma Linacro Britanno interprete. (1499, in-folio.)

Nicolai Perotti Cornucopiæ, &c. (1499, in-folio.)

Iamblichus.... Proclus.... Porphyrius, &c. (1497, in-folio.)

Lucretius emendatus. (1500, in-4°.)

Georgii Vallæ opus ingens de expetendis et fugiendis rebus. (1501, 2 vol. in-folio.)

Grámaticæ institutiones nostræ de grámatices & orationis partibus. De cóstructione : ubi in Patronymicis ostédimus necessariã esse literaɪ̨ græcarum cognitionem hominibus nostris. tum perbreuis introductio ad græcam & hebraicam linguam. (1501, in-4°.)

Origenes in Genesin. Exodum. Leuiticum. Numeros. Iesum Naue. in libros Iudicũ opus utilissimum, diuo Hieronymo interprete. (1503, in-folio.)

Bessarionis Cardinalis Niceni, libri quatuor in calumniatorem Platonis, &c. (1503, in-folio.)

Aristoteles de animalibus. ☾ Theophrastus de Plantis. ☾ Problemata Aristotelis & Alexandri aphrodisiei : Theodoro Gaza interprete, &c. (1504, in-folio.)

Laurentii Maioli Genuensis epiphyllides in dialecticis : ubi sunt capita. 18. &c. (1497, in-4°.)

Diuæ Catherinæ Senésis epistolæ. 559. &c. (1500, in-fól.)

Libelli portatiles in formam enchiridii.

Vergilius. (1501.) Horatius. (1501.) Ouidius tribus uoluminibus. (1502.) Statius. (1502.) Lucanus. (1502.) Martialis. (1501.) Valerius Maxim^9. (1502.) Dantes. (1502.) Petrarcha. (1501.) Epistolæ familiares. (1502.) M. T. Iuuenalis & Persi^9. (1501.) Catullus. Tibullus. Propertius. (1502.) (A la main est écrit) *Pontanus. Io. Aurelius. Op. Bêbi.* [1]

Hos ad hunc usq; diem excudendos libros curaui-

---

[1] *Opera Bembi :* Ce sont Gli Asolani di Pietro Bembo, 1505, petit in-4°.

mus. Mox uero daturi sumus Demosthenis orationes cum argumentis Libanii : & cōmentariis in 3 (*Orationibus*) Item Hermogenis Rhetorica cum commentariis. Commentarios etiam in opera Aristotelis. tum Platonis opera : Pausaniam Omnia Plutarchi : & cætera, quæ desyderantur : etiam in medicina, & mathematicis : quemadmodū a principio polliciti sumus : uiuam modo. & licet misera hæc tēpora aduersentur : tamen, quia non cedimus malis : sed imus contra audentiores : ferendo uincemus. Quádoq̄dem labor oīa uincit improbus. Quod si, qd'iādiu parturimus : aliquádo pariemus : maximis oēs beneficiis afficiemini : nec poenitebit hisce natos esse temporibus. Valete : meq; de hac re : ut puto facitis : Amate. Debetis enim, quoniā suppeditando uobis optimos quosq; libros : assidua, & īcredibili cura : ac summis laboribus : pro ministro sum uobis a manu. Equidem in hac re fungor uice cotis : acutum reddere quæ ferrum ualet exors ipsa secandi. Facile enim uos mea opera euadetis in summos uiros. ipse uero tantū suscipiam uos : ut indoctus pater exultans doctrina, & excellentia filiorum. Sit ita sane. Vnum pro cunctis dabitur caput. Veneliis. XXII. Iunii. M. DIII.

(A la main est écrit :)
Demosthenis orationes cū Cōmētarijs : (1504, in-fol.)
Homerus ī parua forma. (1504.)
Quintus. (Sans date, in-8°.)
Vita et fabellæ Æsopi cū interp̄tatione latina, &c.
    (1505, in-folio.)

Ces mots ajoutés sont, ainsi que ceux de l'autre page, certainement de la main d'Alde l'ancien. J'en ai acquis la preuve par la confrontation de cette écriture avec celle d'un exemplaire qui est en ma possession, de l'Anthologie grecque, édition de Florence, 1494, in-4°, entièrement annoté par Alde, qui même a copié de sa main les 45 dernières pages manquant à cet exemplaire. Ce volume, qui porte sur le premier feuillet le nom d'Alde, avec l'ancre figurée à la main, est évidemment celui qui a servi de copie aux ouvriers compositeurs pour l'édition Aldine de 1503; ce qu'on reconnoît aux corrections marginales, introduites dans le texte de 1503, aux petits *mandats* ou avis écrits par le maître aux ouvriers, sur les feuilles de copie, et enfin aux marques usitées par les compositeurs, pour indiquer sur leur copie la progression de leur travail, et la division des feuilles de leur nouvelle impression. On y trouve en outre d'autres corrections; les unes de la main d'Alde, les autres de celle de Fr. d'Asola, dont j'ai confronté l'écriture avec celle d'un Homère de 1488, rempli de notes manuscrites, existant à la Bibliothèque nationale[1]. Cet exemplaire de l'Anthologie aura été conservé avec soin, d'abord par Alde, et ensuite par ses successeurs; et on y aura déposé les corrections à mesure qu'il s'en présen-

---

[1] Cet exemplaire, conservé parmi les manuscrits de la Bibliothèque nationale, n° 2679, est chargé de Scholies marginales et interlinéaires, indiquées sur le Catalogue comme étant en grande partie de la main d'Arsenius, évêque de Monembase; l'écriture en est effectivement de trois mains. Celle du commencement est bonne, mais assez courue pour pouvoir être celle d'un homme-de-lettres, c'est celle d'Arsenius. Vers le milieu quelques notes moins nombreuses, d'une écriture plus lâchée et peu soignée, sont de la main de Fr. d'Asola; et celles de la fin, occupant à-peu-près le quart du volume, sont d'une écriture bien plus régulière, nullement semblable aux deux autres, et trop soignée pour ne pas être la mise au net de quelque copiste très-exercé.

toit de nouvelles, avec l'intention d'en faire usage dans la plus prochaine réimpression. C'est ce qui a été depuis effectué en 1521; l'édition de cette année ayant toutes celles des corrections portées sur cet exemplaire qui ne sont pas encore dans l'édition précédente.

Contre ces preuves, que je tire par induction, on pourroit observer que les notes de l'Anthologie peuvent être l'ouvrage de quelqu'éditeur, et l'écriture du Catalogue être de toute autre main que celle d'Alde. Mais si Alde avoit eu un éditeur pour l'Anthologie, il l'auroit nommé dans la préface. Si l'écriture du Catalogue n'est pas de lui, elle ne peut être que de quelqu'employé au commerce de sa maison; or l'identité de ces écritures fait voir qu'elles sont d'une main également occupée au commerce et à la révision des éditions, ce qui ne peut avoir été que le maître, qu'Alde lui-même.

Cet examen m'a fait connoître la véritable date de l'édition Aldine de *Quintus Calaber*, in-8° sans date, placée jusqu'alors sans aucun motif à l'année 1521, tandis qu'elle est indubitablement de 1504 ou 1505, peu après l'Homère de 1504, puisqu'Alde l'a indiquée, avec l'Homère et plusieurs autres de 1504 et 1505, sur cette liste de livres qui, ayant aussi les prix ajoutés en marge, est probablement un exemplaire qu'il envoyoit en 1505 à quelqu'un de ses correspondans, après avoir eu préalablement la précaution d'y noter à la main les éditions par lui publiées depuis l'impression du Catalogue.

Je n'ajoute pas ici les prix cotés à la main sur ce Catalogue, parce que très-peu sont écrits de manière à être bien compris; et que ceux qui sont imprimés dans le précédent suffisent pour faire connoître les prix des éditions Aldines.

TROISIÈME CATALOGUE

imprimé en petit italique, à 2 colonnes, en 5 pages in-folio.

C'est la copie du Catalogue précédent, jusques et non compris la note *Libros græcos qui secuntur: & si ab aliis impressi, &c.* en observant cependant,

1°. qu'on n'y trouve plus la Grammaire grecque de Bolzani (de 1497).

2°. Le Nonnus est annoncé en grec, mais il n'y est plus question de la version latine, qu'Alde avoit renoncé à publier.

3°. On n'y voit plus Leontius, Aratus, Proclus, c'est-à-dire le Recueil des anciens Astronomes, 1499, in-folio.

Le Catalogue continue ainsi :

Homeri libri. 48. et uita eius ex Plutarcho, Herodoto, et Dione, forma enchiridij. (1504, 2 vol.)

Quintus Calaber de derelictis ab Homero, quatuordecim libris forma enchiridij. (Sans date.)

Orationes Demosthenis, &c. (1504, in-folio.)

Vlpiani Commentaria, &c. (1503, in-folio.)

Moralia Plutarchi, &c. (1509, in-folio.)

Phornutus.... Aesopus.... Gabrias, &c. (1505, in-folio.)

Liber duodecim Rhetorum de arte rhetorica, &c. (1508, in-folio.)

In Aphthonij progymnasmata commentarij, &c. (1509, in-folio.)

Grammatica Chrysoloræ, cum libro quarto Theodori de constructione. cum sententijs monostichis per ordinem alphabeti ex uarijs poetis forma enchiridij. (1512, in-8°.)

Pindarus cū Callimacho. Diõysio de situ orbis. Lycophrōe. (1513, in-8°.)

Isocratis orationes, & Alcidamantis contra dicendi magistros. & Gorgiæ de laudibus Helenæ. & Aristidis de laudibus Athenarum, & de laudibus urbis Romæ. (1513, in-folio.)

Aeschinis orationes cum Lysiæ orationibus. Alcidamantis. Anthistenis. Demadis. Andocidis. Isæi. Dinarchi. Antiphontis. Lycurgi. Gorgiæ. Lesbonactis. Herodis. Aeschinis uita. Lysiæ uita. (1513, in-folio.)

Platonis opera, &c. (1513, in-folio.)

Suidas denuo impressus. (1514, in-folio.[1])

Alexander Aphrodisieus in topica Aristotelis. (1513, in-folio.)

Libros græcos, qui sequuntur, & si ab alijs impressi sunt, tamen, quia in bibliopolio nostro habentur uenales, adnotauimus. sunt uero hi.

Etymologicum magnum. (Venetiis, 1499, in-folio.)

Simplicius in prædicamenta Aristotelis. (Ibid, 1499, in-folio.)

Ammonius in prædicabilia Porphyrij. (Ibid, 1500, in-folio.)

Apollonius de Argonautis cum commentarijs. (Florentiae, 1496, in-4°.)

---

[1] Cette édition porte la date de 1514, Alde l'annonce d'avance parce que probablement l'impression en étoit alors fort avancée.

D'ALDE. 1513.

LIBRI LATINI.

Opera Politiani, &c. (1498, in-folio.)

Iulii firmici Astronomicorum, libri octo, &c. (1499, in-folio.)

Nicolai Perotti Sypōtini Cornucopiæ, &c. Varronis libri de lingua Latina, & Analogia. Sextus Pompeius Festus. Nonius Marcellus, in quo multa addita, non ante impressa. (1513, in-folio.)

Grammaticæ institutiones nostræ latinæ, nam græcas adhuc premimus [1], libris quatuor, &c. (1508, in-4°.)

Bessarionis Cardinalis Niceni, libri quatuor in calumniatorem Platonis, &c. (1503, in-folio.)

Aristoteles de animalibus. Theophrastus de Plātis. Problemata Aristotelis, et Alexandri aphrodisiei, Theodoro Gaza interprete, &c. (1513, in-folio.)

Prouerbia Erasmi. (1508, in-folio.)

Libelli forma enchiridij. (In-8°.)

Vergilius. (1505.)
Horatius. (1509.)
Catullus. Tibullus. Propertius. (1502.)
Ouidius tribus uoluminibus. (1502.)
Lucanus. (1502.)
Statius. (1502.)
Martialis. (1501.)
Pontani Vrania. (1513.)
Strozij poetæ ferrarienses, pater, & filius. (1513.)
Iuuenalis, & Persius. (1501.)
Hecuba Erasmi. (1507.)
M. Tullij Epistolæ familiares. (1512.)
Eiusdem Epistolæ ad Atticum. (1513.)

---

[1] On sait que sa Grammaire grecque ne parut qu'en 1515.

Sallustius. (1509.)

Commentaria Cæsaris. (1513.)

Valerius Maximus. (1502.)

Epistolæ Plinij. (1508.)

Dantes. (1502.)

Petrarcha. (1501.)

Horæ Beatæ Virginis per quam parua forma. (1505, in-32.)

VENETIIS. XXIIII. Nouembris. M. D. XIII.

J'ai donné la copie entière et littérale du Catalogue de 1498, précieux par son ancienneté, et le premier qu'aucun libraire ou imprimeur ait jamais publié; car la liste donnée par l'évêque d'Aleria n'est pas un catalogue de libraire. Le second, de 1503, et le troisième, de 1513, étoient trop longs pour être réimprimés en entier; d'ailleurs ils commencent tous deux par la répétition d'une partie de celui de 1498. J'ai aussi beaucoup abrégé les titres de la portion de ces Catalogues que je réimprime, parce que mon but n'étant que de constater précisément quels livres y ont été mentionnés, recopier des titres déjà donnés tout au long dans le volume des Annales et dans le Catal. de 1498, eût été une répétition superflue.

Quant au quatrième Catalogue (de 1563), consistant en une brochure in-4° de 12 feuillets, à longues lignes, en caractères ronds, je me bornerai à en donner le titre avec quelques observations que je crois indispensables. Quoique très-rare, il l'est moins que les trois premiers, dont il n'existe peut-être point d'autre exemplaire que ceux du manuscrit de la Bibliothèque nationale, dans lequel je les ai copiés; tandis que celui-ci est dans la Bibl. Casanate, dans la mienne, dans celle du Panthéon, et sans doute encore en Italie chez quelques curieux.

QUATRIÈME CATALOGUE.

INDEX LIBRORVM,

Qui in Aldina officina ab ipso primum Aldo
ab anno MCDXCII. ad annū MDXIV.

Deinde ab eius socero, Andrea Asulano,
ad annum M D XXVIII.

Tum ab Aldi, & simul Asulani filiis,
ad annum M D XXXVI.

Inde a Paulo, & fratribus, Aldi filiis,
ad annum M D LXIII.

VENETIIS IMPRESSI SVNT.

Ce Catalogue est sans dates comme les trois premiers, mais les formats y sont indiqués : in-folio, *forma folii* : in-quarto, *forma quadrati* ou *forma paullo enchiridii maiore* : in-octavo, *forma enchiridii*.

Les livres y sont de même en deux classes, d'abord les Grecs, ensuite les Latins, avec ces derniers sont mêlés les Italiens, dont les titres sont aussi en latin.

Le livret *Officium B. Virginis e latino in graecum, perquam parva forma*, y est d'abord dans la liste des livres grecs, et ensuite dans celle des livres latins, sans les mots *e latino in graecum*, ce qui appuie la conjecture d'une édition latine de ces petites Heures, dont personne cependant n'a pu jusqu'alors me dire avoir vu un exemplaire.

Je trouve dans ce Catalogue *Moschopuli Grammatica*

graeca, forma quadrati. Je ne connois point d'édition de cette Grammaire par les Alde qui n'ont imprimé de Moschopulus que deux opuscules dans le Dictionnaire grec de 1524, in-fol. et dans la Grammaire grecque de T. Gaza, 1525, in-8°.

Plotini opera omnia, cum commentariis Marsilii Ficini, et argumentis, forma folii.

Il n'existe de ce livre aucune édition Aldine; le texte grec n'a pas été imprimé avant 1580, Basle, in-folio, et les deux seules éditions antérieures, de la version latine de Ficin, sont de Florence, *per Ant. Mischominum*, 1492, in-folio, et Basle, 1562, in-folio.

Sex. Iulii Frontini de Coloniis libellus, forma enchiridii.

Je n'ai jamais pu découvrir de cet opuscule du second Frontin, aucune édition antérieure à celle de Paris, 1588, in-8°, reconnue jusqu'alors pour la première.

Le nom de Machiavelli est remplacé par une étoile, *Nicolai * Florentini opera, &c.*, et celui d'Erasme par les mots *Transalpinus homo, Transalpinus quidam.* Employé à Rome où il dirigeoit l'imprimerie papale, P. Manuce aura craint d'indisposer contre lui la Commission de l'Index expurgatoire, en nommant sur son catalogue des hommes qui avoient déplu par la liberté de leurs opinions, soit politiques, soit religieuses.

ÉDITIONS
D'ANDRÉ D'ASOLA.

André d'Asola ayant imprimé avec beaucoup d'intelligence une quantité de bonnes éditions qui le placeroient au rang des habiles imprimeurs, quand même il n'eût pas été le beau-père d'Alde, quand il n'eût point conduit son imprimerie pendant plus de dix ans avec lui, et ensuite pendant quatorze années après sa mort, j'ai cru convenable de donner la notice succincte de toutes les éditions qu'il publia depuis son Virgile de 1480, le premier livre qu'on connoisse avec son nom, jusqu'au dernier de 1506, époque à laquelle il paroît avoir cessé toute affaire séparée de celles de son gendre, avec lequel il contracta la société si connue par la multitude d'éditions portant *apud Aldum et Andream socerum, &c.*

Les éditions d'André d'Asola sont toutes soignées : de quelques-unes il a été tiré sur vélin des exemplaires dont l'exécution ne laisse rien à desirer, et qui feroient grand honneur à nos imprimeurs modernes les plus renommés.

M. CCCC. LXXX.

1. P. Virgilii Maronis Opera, cum commentariis Servii. — *Venetiis*, arte P. Piasii Cremonensis, Barthol. Blauii de Alexandria et Andreae Toresani de Asula die prima Augusti. M. CCCC. LXXX. In-fol.

2. Terentii Comoediae cum comm. Donati. — *Venetiis* per Andream de Asula & Bartholomaeum de Alexandria. M. CCCC. LXXX. In-folio.

3. Stephani Flisci de Soncino Synonyma seu variationes sententiarum. — *Venetiis*, arte et diligentia Petri Blasii Cremonensis, Bartholomaei Blauii, et Andreae Toresani de Asula. M. CCCC. LXXX. In-4°.

4. Bartoli de Saxoferrato Lectura super 1 Parte Infortiati. — diligentissime emendata et impressioni *Venetiis* data : Arte et sumptibus Andree de Torresanis : de Asula : Anno salutis millesimo quadringentesimo octuagesimo : pridie Idus februarii. In-fol. goth. à 2 col. avec signatures.

M. CCCC. LXXXI.

1. Dominici a Sancto Geminiano Lectura super Sexto Decretalium. — *Venetiis* per Andream Toresanum de Asula. M. CCCC. LXXXI. In-folio.

2. Nicolai de Ausmo Supplementum Pisanellae. — Impressum est opus hoc *Venetiis* cura et diligentia Bartholomei de Allexandria Andree de Asula et Maphei de salo sociorum. Anno salutis xstiane M. CCCC. LXXXI. die X. mensis Martii. — Consilia Alexandri de Nevo contra Iudaeos foenerantes. In-4° goth. avec signatures. 335 feuillets à 2 colonnes.

M. CCCC. LXXXII.

1. Nicolai Siculi Panormitani Lectura super I. et II. Parte Decretalium. — Exactum opus hoc inclytis instrumentis famosisque literarum characteribus optimi quondam in hac arte magistri Nicolai Ienson Gallici, quo nihil prestantius, nihil melius, nihilue dignius. Castigatum vero habes adeo ut nihil sit ex omni parte addendum. Curam vero ac diligentiam adhibuit optimus vir Andreas de Asula *Venetiis* Olympiadibus domini anno videlicet. M. CCCC. LXXXII. tertio nonas februarias. Laus deo. Suit

la marque de l'imprimeur. In-fol. goth. avec signatures. 213 feuillets à 2 colonnes.

M. CCCC. LXXXIII.

1. B. Thomae de Aquino Prima Pars secundae. — *Venetiis* impressa per Andream de Torresanis de Asula, Bartolomeum de blauiis de Alexandria & Mapheum de peterbonis de salodio sociis Anno - mccccLxxxiii. Iohanne Mocenigo inclyto Veneciarum Duce principante. In-fol. goth. avec signatures.

2. M. T. Ciceronis Epistolae ad familiares cum comment. Hubertini Clerici Crescinatis. — Accuratissime optimoque charactere impensis Andreae de Asula, Bartolomeique Alexandrini sociorum. mccccLxxxiii. Prid. Cal. Febr. Laus Deo. In-fol. goth. avec signatures.

3. Aristotelis Opera latine cum commentariis Averrois. — *Venetiis* Impensa atque diligentia Andree de Asula : anno dni mccccLxxxiii. 3 vol. in-fol. goth. avec signatures.

Ces trois volumes sont composés de neuf parties, dont on verra dans Panser, tome 3, page 191, le détail trop long pour être rapporté ici. Le Catalogue de Pinelli, n° 1226, en indique un exemplaire sur vélin qui, d'après la description qu'il en donne, paroît bien complet. Notre Bibliothèque nationale en a acquis depuis peu un exemplaire aussi sur vélin, de la beauté la plus parfaite, mais contenant seulement cinq de ces parties, reliées en cinq volumes. Les quatre qui manquent sont : De generatione et corruptione, &c. — Metheororum libri. — De sensu et sensato, &c. — Ethicorum, Politicorum et Oeconomicorum libri.

4. Nicolai de Tudeschis Abb. Panormit. Lecturæ super Decretales. — *Venetiis* per Andream de Asula mccccLxxxiii. Non. februar. In-fol. goth. avec sign.

5. Nicolai de Tudeschis Abb. Panormit. Lectura super Secunda Parte Secundi Decretalium. — Exactum hoc opus inclytis famosisque characteribus optimi quondam in hac arte magistri Nicolai Ienson Gallici, quo nihil prestantius, nihil melius. Curam vero ac diligentiam adhibuit optimus vir Andreas de Asula *Venetiis*. MCCCCLXXXIII. Tertio Idus Martii Laus Deo. La marque de l'imprimeur en rouge. In-fol. goth. à 2 colonnes, avec signatures.

6. Ejusdem Lectura super tertia parte secundi Decretalium. — IX Calendas Augusti. In-fol. goth. 128 feuillets.

7. ———— ———— super tertio libro Decretalium. — Tertio idus madii. In-fol. goth. 208 feuillets.

8. ———— ———— super IV & V Decretalium. — VI Calendas Iunii. In-fol. goth. 156 feuillets.

Ces trois volumes sont de la même année, 1483, et avec une souscription conçue à-peu-près dans les mêmes termes que celle du premier.

9. Liber sextus Decretalium cum glossis. — Sexti libri decretalium opus perutile enucleatius emendatum atque castigatum impensa industriaque singulari Bertholomei (sic) de alexandria Andreeque de Asula sociorum. — *Venetiis* impressum feliciter explicit: anno salutis dominice M. CCCC. LXXXIII. pridie calendas octobris. In-fol. goth. avec sign.

10. Constitvtiones Clementis Pape Quinti una cum apparatu domini Ioannis Andree. — Clementinarum opus perutile enucleatius castigatum elimatumque: Impensa atque diligentia singulari Bartholomei de Alexandria Andreeque de Asula sociorum *Venetiis* impressum feliciter explicit. Anno salutis christiane.

M. CCCC. LXXXIII. tercio calendas Nouembris. — Sur 8 feuillets séparés : Decretales extrauagantes. In-fol. goth. avec sign.

11. Pavli de Castro super vii Codicis. — *Venetiis* per Andream de Asula & Bartholom. de Alexandria m cccc lxxxiii. Pridie Non. Decembris. In-fol. goth.

13. P. Terentii Afri Commoediae cum commentario Donati. — *Venetiis* impressa impendio diligentiaque Andree de Asula : Bartholomeique de Alexandria sociorum Anno salutis dominicae. m. cccc. lxxxiii. pridie nonas decembris. In-fol. goth. avec sign.

M. CCCC. LXXXIV.

1. M. T. Ciceronis Epistolae ad familiares cum commentario Hubertini Clerici Crescinatis. — *Venetiis* per Andream de Asula et Bartholomaeum Alexandrinum m cccc lxxxiiii. In-folio.

M. CCCC. LXXXV.

1. Bartholi de Saxoferrato Lectura in ii. Infortiati. — Per Andream de Azula *Venetiis* impressa, &c. Anno salutis christiane m cccc lxxxv. Septimo Calendas februarias. In-fol. goth.

2. M. Tvllii Ciceronis libri Oratorii cum commentario Omniboni Leoniceni, &c. Aeschinis et Demosthenis Orat. quaedam, latine, interpr. Leon. Aretino. — per Bartholomeum Alexandrinum & Andream Asulam impressi *Venetiis* Anno natiuitatis dominicae m. cccc. lxxxv. iii. Nonas Martias. In-fol. Lettres rondes.

On a quelquefois annoncé séparément les Oraisons de Démosthène et Æschine qui ne sont qu'une petite partie de ce volume.

3. Constitvtiones Clementis v. Pape una cum apparatu domini Ioannis Andree. — Impensa atque industria Bartholomei de alexandria : Andreeque de Asula. *Venetiis* impressum, &c. m. cccc. lxxxv. xx. calendas apriles. In-fol. goth.

4. Sextvs Decretalium cum adparatu Iohannis Andreae, &c. — *Venetiis* impressus opera atque impensa Bartholomei de Alexandria Andreeque de Asula sociorum. m.cccc.lxxxv. decimo calendas apriles. In-fol. goth.

5. Historia Romana de Tito-Liuio. — In *Venetia* per Bartholomeo de Alexandria & Andrea de Asula compagni. nel m. cccc. lxxxv. a di xiii de Augusto. In-fol. Lettres rondes. — Le vol. finit par l'ouvrage de Leon. Bruno Aretino, Libro della guerra punica.

M. CCCC. LXXXVI.

1. B. Thomae de Aquino Continuum in quatuor Euangelistas. — *Venetiis* impensa ingenioque Andree de Asula et Thome de Alexandria sociorum Anno dnici natalis m. cccc. lxxxvi. xv. kls. Maii. In-fol. goth.

2. Breviarivm Romanum. — *Venetiis* per Andream thoresanis de Asula. Anno domini m. cccc. lxxxvi. die vero xix. Augusti. In-8°. goth. 399 feuillets.

3. Baldi de Perusio opus de Statutis. — *Venetiis* per Andream de thoresanis de Asula. Anno dni. m. cccc. lxxxvi. die vero quinta Septembris. In-fol. goth. 105 feuillets.

4. Bartholi de Saxoferrato Lectura super i. & ii. parte ff noui. — *Venetiis* impresse per Andream de thoresanis de Asula. Anno m. ccclxxxvi. die vero xxii. nouembri. In-fol. goth.

M. CCCC. LXXXVII.

1. DIALOGO di Messer Sancto Gregorio. — Impresso in *Venetia* per Andrea di Torresani de Asola : nel. 1487 adi 20. de febraro. In-4°. goth.

2. M. ANTONII Coccii Sabellici Rerum Venetarum Decades III. — *Venetiis* arte et industria optimi viri Andreae de Toresanis de Asula Anno M. CCCCLXXXVII. Die XXI. Madii. In-fol. Lettres rondes.

Première édition. Dans le Catal. Pinelli, n° 5444, un exemplaire sur vélin.

3. BARTHOLI de Saxoferrato Lectura super I. & II. Parte Infortiati. — A la fin de la première partie.... Impressioni data fuit per Magistrum Andream de Toresanis de Asula *Venetiis* anno Domini 1487. pridie idus Februarii. —A la fin de la deuxième.... per Andream de Toresanis de Asula *Venetiis* impressa feliciter explicit : Anno salutis xpiane M. CCCC. LXXXVII. die vero. V. decembris. 2 vol in-folio.

4. FRA Domenico Caualca Pungi lingua. — *Venetia* per Andrea Torresani. M. CCCC. LXXXVII. In-4°.

M. CCCC. LXXXVIII.

1. S. HIERONYMI Epistolae aliaque opera minora in tres partes disposita a Theodoro Lelio Auditore apostolico. — In urbe *Venetiarum* diligenter emendatum et impressum est per Andream de Toresanis de Asula Anno natalis dnici M. CCCC. LXXXVIII. Idibus Madiis. 2 vol. in-fol. Lettres rondes.

2. AVERROES in Meteora Aristotelis. — *Venetiis* per Andream de thoresanis de Asula Anno domini 1488. die vero 12 Kal. Septembris. In-fol. goth.

3. QVADRAGESIMALE de peccatis secundum fratrem Robertum Caracholum de Licio.—*Venetiis* per Andream de toresanis de Asula : anno dni 1488. die 5. Kal. octobris. In-fol. goth.

4. LECTVRA domini Bartoli de Saxoferrato super prima parte ff noui optime emendata. — *Venetiis* impressa per Andream de Toresanis de Asula anno domini MCCCCLXXXVIII. die XVI. Kal. Octobris. In-fol.

5. LECTVRA domini Bartoli de Saxoferrato super prima parte Codicis. — *Venetiis* impendio Andree de Toresanis de Asula impressa anno salutis christiane MCCCCLXXXVIII. die vero VII. Kal. nouembris. In-fol.

6. SECVNDA pars domini Bartoli de Saxoferrato super ff veteri. — *Venetiis* impressa per Magistrum Andream de Toresanis de Asula anno domini MCCCCLXXXVIII. pridie Calendas Decembris. In-fol.

7. CONSILIA & questiones Frederici de Senis.—Impressioni dedite *Venetiis* per Andream de Toresanis de Asula Anno salutis MCCCCLXXXVIII. Die XXIX. Decembris. In-fol. goth.

8. BARTOLI de Saxoferrato Lectura super prima et secunda parte ff veteris. — Anno a dnica incarnatione Millesimo quadringentesimo octuagesimo octauo. *Venetiis* impressa arte et impensis Andree de Torresanis de Asula. In-fol. goth.

9. ⎯⎯ ⎯⎯ super secunda parte Codicis.—*Venetiis* per Andream de Thoresanis de Asula d. XV Febr. M. CCCC. LXXXVIII. In-fol. goth.

M. CCCC. LXXXIX.

1. Bartoli de Saxoferrato Lectura super secunda parte Infortiati. — Per Andream de Torresanis de Asula *Venetiis* impressa Anno dni. M. CCCC. LXXXIX. tertio non. maii. In-fol. goth.

2. —— —— super secunda parte ff noui. — *Venetiis* impressa per Andream de toresanis de asula. Anno dni. M. CCCC. LXXXIX. tertio non. ap. In-fol. goth. à 2 col.

3. Ivstiniani Codex cum apparatu. — *Venetiis* impressa per Andream de Thoresanis de Asula Anno salutis Millesimo quadringentesimo octuagesimo nono, tertio die Octobris. In-fol. goth.

M. CCCC. XC.

1. Bartoli de Saxoferrato Lectura super prima parte ff noui. — *Venetiis* impressa per Andream de thoresanis de Asula. Anno domini. M. CCCC. LXXXX. die 23 septembris. In-fol. goth. à 2 col.

2. Breviarivm Romanum. de camera. — Impressum *Venetiis* per Andream de toresanis de Asula : Anno salutifere incarnationis domini Millesimo quadringentesimo nonagesimo : quinto idus octobris. In-folio. Lettres rondes.

3. Breviarivm Carmelitarum. — Quod impensa sua et arte Andreas de Toresanis de Asula : in florentissima *Venetorum* ciuitate ad finem usque perduxit atque diligentissime elaborauit Anno domini Millesimo quadringentesimo nonagesimo octauo idus decembris. In-4°.

M. CCCC. XCI.

1. Novella Ioannis Andreae super sexto Decreta-

lium. — Impressum *Venetiis* arte et industria Andree thoresani de Asula Anno domini m cccc lxxxxi. septimo idus Martii. In-fol. goth.

2. Digestvm vetus opus totius iuris ciuilis utilissimum. — Andreas Thoresanus suis arte et impensis feliciter expleuit. Anno salutis Millesimo quadringentesimo nonagesimo primo. Septimo Kalendas Aprilis. In-fol. goth.

3. Dominici de S. Geminiano Prima lectura super sexto Decretalium. — Impressa *Venetiis* per Andream Toresanum de Asula Anno domini m cccc lxxxxi. xii. Kalendas Octobris, à la fin de la première partie; et à la seconde, iiii. idus Nouembris. In-fol. goth.

4. Thomae de Aquino Secundus liber secundae Partis Summae. — *Venetiis* per Andream Toresanum de Asula mccccxci. In-fol.

5. Nicolai Siculi Abb. Panormitani super iv. v. & vi Decretalium. — *Venetiis* arte Andreae Toresani de Asula. mccccxci. In-fol.

6. Breviarivm Carthusiense. — *Venetiis* per Andream Torresanum de Asula mccccxci. In-8°.

M. CCCC. XCII.

1. Angeli de Aretio Lectura super prima parte institutionum. — *Venetiis* arte et industria Andree Thoresani de Asula mccccxcii. iii Cal. Martii. In-fol. goth.

2. Ioannes de Imola in Clementinas. — Correctum per Franciscum Breuium venetum. *Venetiis* impressum arte et industria Andree thoresani de Asula. mcccclxxxxii. iii. Cal. Marcii. In-fol. goth. feuillets chiffrés.

3. Angelvs Perusinus super prima ff veteris. —

Venetiis arte et industria Andree toresani de Asula. MCCCCLXXXXII. idibus Iunii. In-fol. goth.

4. BARTOLI de Saxoferrato super prima ff. veter. cum additionibus. — *Venetiis* arte et impensis Andree toresani de Asula. M. CCCC. LXXXXII. octauo idus Iunii. In-fol. goth. Les feuillets chiffrés.

5. — Lectura super autenticis.—*Ibid.* die XXIIII. Iulii. In-fol. goth.

6. — — super prima codicis cum additionibus Alexandri de Imola et aliorum. — *Ibid.* VIII. calen. Septembris. In-fol. tome premier.

Le second volume porte la même date, mais avec le nom de Bern. Stagn. De Tridino.

7. — — super tribus libris Codicis. — *Ibid.* die primo septembris. In-fol. goth.

8. — — super secunda parte infortiati Volum. sec. — *Ibid.* die XX. Nouembris. In-fol. goth.

M. CCCC. XCIII.

1. BREVIARIVM secundum ritum Monachorum Ord. Montisoliuetani. — *Venetiis* per Andream Torresanum de Asula primo Iunii. 1493. In-8° goth.

2. CINVS (de Pistorio) super codice cum additionibus. — *Ibid.* In-fol. goth.

3. BARTHOLI de Saxoferrato Lectura super prima parte digesti noui cum postillis Alexandri de Imola et aliorum. — *Ibid.* die XXIIII Iulii. In-fol. goth.

4. BALDVS super primo digesti veteris libro. — *Ibid.* die XVI mensis Octobris. In-fol. goth.

M. CCCC. XCIV.

1. Breviarivm de Camera secundum usum predicatorum. — *Ibid.* M. CCCC. XCIIII. die prima Martii. In-fol. goth.

2. Pavlvs de Castro super prima et secunda digesti noui. — *Ibid.* XIII Martii. In-fol. goth.

3. Breviarivm secundum usum Romanum. — *Ibid.* XX Iunii. In-fol. goth.

4. Breviarivm Cisterciensis ordinis. — *Ibid.* In-8°.

5. Pavlvs de Castro super prima et secunda inforciati. — *Ibid.* 22 augusti. In-fol. goth.

M. CCCC. XCV.

1. Pavlvs de Castro super prima et secunda digesti veteris. — *Ibid.* 1495 die vero 19 mensis Ianuarii. In-fol. goth.

2. — super primo secundo et tertio Codicis. Idem in Libros Codicis 4. 6. & 7. — *Ibid.* die XXI. mensis Ianuarii. In-fol. goth.

3. Breviarivm de Camera secundum usum Carmelitarum. — *Ibid.* die primo februarii. In-fol. goth.

4. Gvidonis de Bayso Rosarium Decretorum. — *Ibid.* XIV. mensis Aprilis. In-fol. goth.

5. Breviarivm Benedictinum. — *Ibid.* die 5 Iunii. In-4°.

6. Baldvs de Perusio super secunda parte ff veteris. — *Ibid.* die 29 Iulii. In-fol. goth.

7. Omnia Campani opera. — Impressum *Venetiis* per

Bernardinum Vercellensem iussu domini Andreae Torresani de Assula. In-fol.

Il n'y a point de date à la fin, mais le privilége est du 26 mars 1495.

M. CCCC. XCVI.

1. MORALIA S. Gregorii Pape super Iob. — *Venetiis impressa per Andream de torresanis de Asula. Anno domini 1496. XI. mensis aprilis. In-fol. goth.*

2. BREVIARIVM Ecclesiae Aquilejensis. — *Ibid.* 1496. In-8°.

3. MISSALE secundum consuetudinem Fratrum Praedicatorum. — *Ibid.* 1496. In-fol.

Dans le Catal. Pinelli, n° 861, un exemplaire sur vélin.

4. BREVIARIVM Romanum. — *Ibid.* 1496. In-8°.

M. CCCC. XCVII.

1. IOANNIS de Imola super prima parte infortiati. — *Ibid.* M. CCCC. XCVII. Die vero X februarii. In-fol. goth.

2. MISSALE Romanum, cum multis missis & benedictionibus noviter additis, & in suis locis positis quas cetera missalia non habent. — *Ibid.* M. CCCC. XCVII. die XV. May. In-fol. goth.

3. IOANNIS de Imola super prima parte digesti noui. — *Ibid.* 1497. die ultimo May. In-fol. goth.

4. ANGELI (de Gambelionibus) De Aretio Lectura super institutis. — *Ibid.* M. CCCC. XCVII. die XXVII. Iulii. In-fol. goth.

5. FELINI Sandei super Prooemio Decretalium, Titulo de Constitutionibus, de Rescriptis et nonnullis aliis. —

Ibid. m. cccc. xcvii. die xix Septembris, à la fin de Lect. super tit. de Constit. et à la fin du volume, die xxiiii. Nouembris. In-fol. goth.

6. Jason de Mayno super prima parte digesti veteris. — *Ibid.* m. cccc. xcvii. die xxi. Octobris. In-fol. goth.

M. CCCC. XCVIII.

1. Felini Sandei Ferrariensis Aurea commentaria in tit. de probationibus. de Testibus. de testibus cogen. et de praesum. probationibus. — *Ibid.* mccccxcviii. die iii Ianuarii. In-fol. gothique.

2. — — — in titulo de fide instrumentorum. — *Ibid.* m cccc xcviii die vii Martii. In-fol. goth.

3. — — famosissimi tabula super titulo de exceptionibus, de praescriptionibus, de re iudicata, de appellationibus cum titulo de conatu. — *Ibid.* m. cccc. xcviii. die xvii. Martii. In-fol. goth.

4. — — aurea commentaria in titulo de officio et potestate iudicis delegati. — *Ibid.* m. cccc. xcviii. die ii. Aprilis. In-fol. goth.

5. — — Tabula super titulo de accusationibus et aliis. — *Ibid.* m. cccc. xvciii. die ii. Aprilis. In-fol. goth.

6. Consilia de Praelatione inter Monachos et Clericos. — *Ibid.* m. cccc. xcviii. die xix Ianuarii. In-fol. goth.

7. Decretales Gregorii ix. cum notis amplissimis. — *Ibid.* m. cccc. xcviii. die iiii. Marcii. In-4° goth.

8. Ioannis de Imola super secunda parte digesti noui. — *Ibid.* m. cccc. xcviii. xviii. Marcii. In-fol. goth.

9. ALEXANDRI de Imola super secunda parte Infortiati. — *Ibid.* die xv. Setembris (sic). In-fol. goth.

10. SVMMA Hostiensis. — *Ibid.* 1498. die 12 Decembris. In-fol. goth.

11. FRIDERICI Petruccii De Senis Consilia et Questiones. — *Ibid.* MCCCCLXXXXVIII. die XXIX Decembris. In-fol. goth.

12. CORPVS Iuris Canonici cum glossa. — *Ibid.* MCCCCLXXXXVIII. 2 vol. in-8°. magno.

13. PRIMA pars Summe Alberti Magni De quatuor Coaeuis una cum secunda eius que est De homine.— *Venetiis* impressum per Simonem de Luere Impensis domini Andree Torresani de Asula. 2 parties, la première datée 19° Mensis Decembris 1498°, la deuxième XVI° februarii 1498. In-fol. goth.

M. CCCC. XCIX.

1. FELINI Sandei Commentaria in titulos de iudiciis et iure iurando. — *Venetiis* impressa per Andream de torresanis de Asula. 1499. die 22 Ianuarii, à la fin de la première partie; et à la fin de la seconde, die XIIII Martii. In-fol. goth.

2. REPERTORIVM domini Nicolai de Milis. — *Ibid.* 1499. die. 17. Aug. In-fol. goth.

3. SEXTVS Decretalium cum certis additionibus Ioannis Andree. — *Ibid.* MCCCCXCIX. die III septembris. In-4° goth.

4. QVESTIONES subtilissime Scoti in metaphisicam Aristotelis. Eiusdem de primo rerum principio tractatus. Atque Theoremata. — Expensis Andree de Asula per

magistrum Ioannem Hertzog de Landauu Alemann. 1499. Tertio decimo Kalendas Septembris. In-4° goth.

5. Expositio Dni Aegidii Romani super Libros Priorum Analeticorum Aristotelis cum textu eiusdem. — Impensis dni Andree Torresani de Asula per Simonem de Luere XXIX Septembris. M. CCCC. XCIX. In-fol. goth.

6. Expositio Dini Florentini super tertia et quarta et parte quintae Fen quarti canonis Auicenne cum textu. Gentilis de Fulgineo super tractatu de Lepra. Gentilis de Florentia super tractatibus de dissociationibus et fracturis. Tractatus Dini de ponderibus et mensuris. Eiusdem de emplastris et unguentis. — Commissione et expensis prouidi viri domini Andree de Torresano de Asula : per M. Iohannem Hertzog Alemanum de Landauu. Anno salutis domini 1499. die vero decembris 4. In-fol. goth.

7. Cyrurgia Guidonis de Cauliaco De balneis porrectanis Cyrurgia Bruni Theodorici Rolandi Rogerii Lanfranci Bertapalie Iesuhali de oculis. Canamusali de Baldac de oculis. — impensis dni Andree Torresani de Asula per Simonem de Luere 23. mensis Decembris. 1499. In-fol. goth.

8. Iasonis de Maino mediolanensis commentaria in secundam partem digesti veteris — (per Andream de Thorresanis de Asula.) M. CCCC. LXXXXIX. In-folio, gothique.

9. Sextvs Decretalium cum apparatu Iohannis Andreae. — Industria Andreae Thoresani de Asula. 1499. In-fol.

M. D.

1. MAVRITII de portu Hibernie ex Ordine Minorum Theologie consulti in questiones dialecticas diui Iohannis Scoti expositio accuratissima. — *Venetiis* impressa mandato domini Andree Toresani de Asula per Symonem de Luere. xx Martii. MD. In-fol. goth.

2. QVESTIONES Scoti super uniuersalia Porphirii nec non Aristotelis predicamenta Peryarmenias. — (*Ibid*, ab eodem Luere) die xx Marcii. MCCCCC. In-4° goth.

3. EXPOSITIO domini Aegidii Romani super libros de anima cum textu de materia coeli contra Auerroim. De intellectu possibili. De gradibus formarum. — (*Ibid*, ab eodem) 18 Aprilis. 1500. In-fol. goth.

4. GERARDI de Odonis, Galli, Ord. Min. Comment. siue Expositio in x libros Ethicorum Aristotelis cum eorum textu. — (*Ibid*, ab eodem) xiiii. mensis Iulii. M. D. In-fol. goth.

5. GVALTERI Burley. Expositio super decem libros ethicorum Aristotelis. — (*Ibid*, ab eodem.) M. D. die quarto Septembris. In-fol. goth.

Selon quelques-uns, die xii septembris. N'ayant point vu ce volume, je ne puis décider laquelle des deux dates est la véritable.

6. EXPOSITIO Aegidii Romani super libros elenchorum Aristotelis. — (*Ibid*, ab eodem.) xxiiii. Septembris. M. D. In-fol. goth.

7. DIVVS Thomas in octo politicorum Aristotelis libros cum textu eiusdem. Interprete Leonardo Aretino. — (*Ibid*, ab eodem) M. D. ultimo mensis Octobris. In-fol. goth.

8. Aristoteles de Elocutione siue Libri Perihermenias, a Laurentio Laurentiano latine versi, et Commentario illustrati. — (*Ibid*, ab eodem.) Anno natiuitatis. M D. Die vero 8 Ianuarii. In-fol. goth. avec chiffres.

9. Constitvtiones Clementinarum. — *Ibid*. M D. die XII Ianuarii. In-4°.

10. Decretalivm Sextus cum certis additionibus Iohannis Andree. — Per Andream de Torresanis de Asula. 1500. In-8°.

M. D. I.

1. Francisci Petrarchae Opera. — Per Simonem de Luere, impensa Andreae Torresani de Asula. M. D. I. pars prima die XXVII Martii, pars secunda XVII Iunii. 2 parties in-fol. goth.

2. Aegidii Romani Quaestiones super libros Metaphysicae Aristotelis. — (*Ibid*, ab eodem.) M. D. I. In-fol.

3. Felini Sandei super Decretal. P. I. — (*Ibid*, ab eodem.) M D I. In-fol.

M. D. II.

1. Omnia Campani Opera. — Per Bernardinum Vercellensem iussu domini Andreae Torresani de Assula. M. CCCCC. II. Die primo Iulii. In-fol.

2. Francisci Philelphi Satyrarum Hecatostichon Decades decem. — (*Ibid*, ab eodem) M. D. II. die XXVI. Iulii. In-4°.

3. Flavii Iosephi opera, latine. — (*Ibid*, ab eodem.) M. D. II. In-fol.

M. D. III.

1. Thomae de Aqvino Scriptum secundum super secundam sententiarum. — per Simonem de Luere pro Domino Andrea Torresano de Asula. MDIII. die XXIII. Novembr. In-fol.

2. Canonica Michaelis Sauonarolae. De febribus. De egestionibus. De pulsibus. De urinis. De omnibus Italiae balneis. Eiusdem Tractatus sublimis de vermibus nusquam antehac impressis. — Impressum *Venetiis* Mandato dni Andree de Torresanis de Asula per Bernardinum Vercellensem 28 septembris. 1503. In-fol.

3. Practica Ioannis Arculani. — *Ibid*, ab eodem. Vltimo Kal. Ianuarii. 1503. In-fol.

M. D. IV.

1. Consilia criminalia Bartholomei Cepolle Veronensis. — In aedibus Andreae de Torresanis de Asula. M. DIIII. Mense Ianuario. In-fol.

M. D. VI.

1. Iohannes Duns Scotus super Sententias, cura Mauritii de Portu Minoritani. — per Simonem de Luere pro Andrea de Torresanis de Asula. M. D VI. 2 vol. in-fol.

ÉDITIONS SANS DATE D'ANNÉE.

1. Mare magnum, id est, indulgentie, priuilegia. gratie. et indulta cum multis aliis bullis dispositis per fratrem Ioannemmariam de polucijs de nouolaria cum tabula per alphabetum ordinata: fideliter et iuste in unum

redactis : almi ordinis fratrum et sororum gloriosissime virginis Marie de Monte Carmelo. In-fol. goth.

Imprimé avec le petit caractère gothique du *Breviarium Carmelitarum*, 1495, in-fol.

La dernière bulle est du x kal. sept. 1477.

2. DECRETVM Gratiani. — *Venetiis* per Andr. Torresanis de Asula. In-4°.

Avec le caractère de *Decretales Greg.* IX. 1498. In-4°.

EDITIONS
PUBLIÉES A PARIS
PAR BERNARD TURRISAN.

La réputation éclatante et méritée que la famille des Alde s'étoit acquise par ses savantes et nombreuses éditions, n'avoit pas été concentrée en Italie, et par-tout on s'empressoit à leur rendre justice : aussi Bernard Turrisan, petit-fils d'André, venant à Paris y exercer la librairie, eut grand soin de décorer toutes ses éditions du signe de cette imprimerie célèbre. Son enseigne françoise étoit : *A la Boutique d'Alde;* et ses livres, avec l'ancre Aldine sur le titre et à la fin, portent *Sub officina Aldi*, ou *in Aldina bibliotheca*. Il ne paroît pas qu'il ait jamais eu d'imprimerie; il vendoit sur-tout des livres italiens que lui procuroient ses relations avec son pays natal; et on lit dans l'Apologie pour Hérodote, par Henry Estienne, une plaisanterie qui feroit croire que Bernard avoit son magasin assorti d'une manière peu édifiante, et vendoit sur-tout des livres graveleux. On n'en trouvera aucun dans la liste peu nombreuse qui va suivre, et l'on sent aisément que les libraires qui se permettent de spéculer sur de pareils livres ont au moins un reste de pudeur qui les empêche ordinairement d'y mettre leur nom.

Afin de réunir dans cet ouvrage tout ce qui peut avoir rapport à l'imprimerie Aldine, j'ai cru ne pouvoir me dispenser d'indiquer, à la suite des livres de B. Turrisan, quelques éditions de Colombel qui, plusieurs années après, prit aussi l'ancre pour sa marque, avec les mots : *In Aldina Bibliotheca.*

---

1. IOANNIS Baptistæ Egnatii, de exemplis illustrium virorum Venetæ ciuitatis, atque aliarum Gentium. — *Parisiis*, apud Bernardum Turrisanum, in Aldina bibliotheca. 1554. In-12, avec l'ancre Aldine.

Copie de l'édition in-4° faite dans la même année, à Venise, *apud Nicolaum Tridentinum.*

2. ORIBASII Sardiani collectorum Medicinalium, libri XVII, Qvi ex magno septvaginta librorum volumine ad nostram ætatem soli peruenerunt Ioanne Baptista Rasario, medico, Nouariensi, interprete. — *Parisiis*, Apud Bernardinum Turrisanum, sub Officina Aldina. 1555. In-8°. 532 feuillets, avec l'ancre sur le titre.

Ce volume, copié sur l'édition in-8°, sans date, annoncée à la page 445 de l'autre volume, fait suite aux neuf livres *ad Eustathium filium*, imprimés par Paul Manuce en 1554.

3. PALLADII Divi Evagrii discipvli Lavsiaca quæ dicitur historia, et Theodoreti episcopi Cyri ΘΕΟΦΙΛΗ'Σ, id est religiosa historia. Quorum uterque continet instituta, res gestas, & miracula piorum virorum sui temporis. Gentiano Herueto Aurelio interprete. — *Parisiis*, Apud Bernardum Turrisanum, in Aldina bibliotheca. 1555. In-4°.

477 pages, avec 10 feuillets au commencement, et l'ancre sur le titre.

Le privilége, dont l'extrait est imprimé au verso du titre, est accordé à Martin le jeune, libraire et imprimeur.

4. ARCHANGELI Piccolhomini Ferrariensis, in librum Galeni de humoribus, comémtarij. (sic) Ad Michaelem Turrianum Comitem, ac Cenetensem Episcopum. —

Parisiis, Apud Bernardum Turrisianum (sic), in Aldina Bibliotheca. 1556. In-8°.

170 feuillets, et à la fin 2 grandes pages petit in-folio repliées, contenant 4 tableaux imprimés.

5. ACTVARII Ioannis filij Zachariæ opera. De actionibvs et spiritus animalis affectib9, eiusq; nutritione Lib. II. De vrinis Lib. VII. Methodi medendi Lib. VI. Rervm ac verborũ memorabilium Index. — *Parisiis*, M. D. LVI. Apud Bernardum Turrisanum, in Aldina bibliotheca. In-8°.

2 parties en un volume ; la première de 408 pages, précédées de 10 feuillets, dont un blanc ; la seconde de 653 pages, et un feuillet blanc, portant « Parisiis M. D. LVI Excudebat Gvil. Morelivs in Graecis Typographus Regius. »

L'auteur est un médecin grec du douzième ou du treizième siècle. Le premier ouvrage est traduit par Jules Alexandrin, celui qui traite des urines, par Ambrosio Leone, de Nole, revu par J. Goupyl, et enfin le dernier par Henry Mathisius, de Bruges.

6. EPISTOLAE clarorvm virorum selectae de qvamplvrimis optimæ. Ad indicandam nostrorum temporum eloquentiam. — *Parisiis*, apud Bernardum Turrisanum, in Aldina bibliotheca. 1556. Petit in-12.

123 feuillets, 2 de table et 3 blancs, dont un porte l'ancre Aldine.

Jolie petite édition, ainsi que la suivante ; l'une et l'autre sont copiées sur celles de Paul Manuce.

7. BARTHOLOMÆI Riccii de Imitatione libri tres, ad Alfonsum Atestium Principem, suum in literis alumnum, Herculis II. Ferrariensium Principis filium. — *Parisiis*, apud Bernardum Turrisanum, in Aldina bibliotheca. 1557. Petit in-12, 103 feuillets et un blanc.

8. Francisci Vergaræ de græcæ lingvæ grammatica, lib. v. Adiecta sunt per auctorem tribus libris medijs Scholia non pœnitenda. Item admonitio de operis ordine, simulque de eius perdiscendi modo, & de Græcanici studij ratione. Opus nunc primum ad Complutensem editionem excusum ac restitutum. — *Parisiis* M. D. LVII. Apud Guil. Morelium in Græcis typographum Regium, & Bernardum Turrisanum, in Aldina Bibliotheca. In-8°.

438 pages, 4 feuillets au commencement, et un à la fin, où sont ces mots : « Parisiis, M. D. LVII. Excvdebat Gvil. Morellivs, in græcis typographvs regivs. »

9. Histoire des gverres et choses advenves en la Chrestienté, soubs Charles VIII. Roy de France : & principalement de celles des Françoys en Italie. Prise et tirée des grandes Histoires de Messire Françoys Guichardin. — *Paris*, Bernard Turrisan. 1568. In-8°.

229 feuillets, 6 au commencement, dont le dernier blanc. L'ancre est sur le titre, mais non pas à la fin.

Je ne vois plus d'éditions faites à Paris au nom de Bernard Turrisan, qui ne tarda pas à retourner à Venise, où il imprima avec ses frères, ainsi qu'on peut le voir à l'année 1571, n° 2.

Les éditions suivantes sont de Colombel qui fut libraire, et non imprimeur, et qui, plusieurs années après le départ de Bern. Turrisan, imagina de faire revivre à Paris cette enseigne si accréditée dans le monde savant, et mit sur ses livres l'ancre Aldine, avec la formule *In Aldina Bibliotheca*.

1. Histoire de toutes les Religions du monde, par le P. Paul Morise. — *Paris*, Rob. Colombel. 1578. In-8°.

Ce Morise, en italien Morigia, étoit général des Jésuates, ordre supprimé depuis, en 1668, par Clément IX.

2. Alexandri ab Alexandro, Ivrisperiti Neapoli-

tani, Genialivm dierum libri sex, varia ac recondita eruditione referti, &c. — *Parisiis*, Apud Robertum Coulombel, in Aldina bibliotheca. 1579. In-8°.

384 feuillets de texte, précédés de 131 de préliminaires, y compris un Index très-ample; et à la fin un feuillet blanc.

3. HISTOIRE abrégée des Roys de France, d'Angleterre et d'Ecosse, par David Chambre. — *Paris*, Rob. Colombel, de l'Impr. d'Estienne Prevosteau, 1579. In-8°.

4. M. ANTONII Mvreti. I. C. ac Ciuis Romani Epistolae. — *Parisiis*, Apud Robertum Coulombel, in Aldina Bibliotheca. 1580. In-8°.

99 feuillets, et les deux premiers non chiffrés, avec l'ancre sur le titre.

5. C. CORNELII Taciti Eqvitis Romani ab excessv Divi Avgvsti Annalivm libri qvatvor priores, et in hos observationes Caroli Paschalii Cvneatis, &c. — *Parisiis*, Apud Robertum Colombellum in Aldina Bibliotheca. M. D. LXXXI. In-fol.

248 pages, 3 feuillets au commencement, et à la fin 10 de table; sur le dernier on lit : « Lvtetiæ Parisiorvm, Excvdebat Petrvs Chevilotivs. Anno M. D. LXXXI. Prid. Cal. Ivnii. » Avec l'ancre sur le titre.

6. VIDI Fabricii Pibrachii Vita Scriptore Carolo Paschalio. Ad Clarissimum & Ornatissimum virum Petrvm Forgetvm. — *Parisiis*, Apud Robertum Columbellum, in Aldina bibliotheca. M. D. LXXXIIII. In-12.

46 feuillets chiffrés et un d'errata.

7. DE regio Persarvm principatv Libri tres. Ex aduersariis V. C. B. B. S. P. P. — E Typographia Steph. Pre-

vosteau. Væneunt Exempla apud Robertum Colŭbellum, in Aldina Bibliotheca. M. D. LXXXXI. In-8°.

488 pages, avec la date de 1590 à la fin.

8. CENSVRA animi ingrati Lucubratio Caroli Paschalii Regij in sacro Consistorio Consiliarij. ad Amplissimum virum Iacobvm Avgvstvm Thvanvm, &c. Eivsdem de optimo genere elocvtionis scriptio antehac edita, nunc emendatior. — *Parisiis*, Apud Robertvm Colvmbellvm, in Aldina bibliotheca. M. D. CI. In-8°.

360 pages; au commencement 6 feuillets, et un à la fin portant l'extrait du privilége, avec l'ancre Aldine qui est aussi sur le titre.

Il est probable que, pendant cet espace de vingt-quatre années, Colombel aura publié beaucoup plus que ces huit éditions, les seules que j'aie pu découvrir. Au reste, le seul point qui soit ici de quelque intérêt, est de savoir que pendant un tel temps il a employé l'ancre Aldine; et la nomenclature rigoureusement exacte de toutes ses éditions n'est pas indispensablement nécessaire.

ÉDITIONS
FAITES EN IMITATION
DE CELLES D'ALDE.

Les petites éditions in-8° imaginées par Alde, étoient une innovation trop heureuse pour ne pas être promptement remarquée par les Lyonnois qui, de tout temps habiles spéculateurs, considérèrent cette nouvelle sorte d'éditions comme une branche de fabrication très-lucrative qu'il étoit à propos de naturaliser dans leur ville. Aussi Alde eut à peine publié ses premiers in-8° à Venise, qu'ils furent réimprimés à Lyon dans le même format, avec un italique assez bon pour ces temps-là, et sur un papier passable. Jusques-là il n'y avoit ni contrefaction, ni le moindre manque de délicatesse; car, malgré les priviléges du souverain pontife et du sénat de Venise, il n'étoit ni de droit public ni de droit divin qu'Alde approvisionnât exclusivement l'Europe entière de ses impressions. Mais ce qui fut réellement condamnable, et en quoi ces Lyonnois méritent le nom de contrefacteurs, c'est qu'au lieu de chercher loyalement à faire de bonnes éditions qui pussent rivaliser, surpasser même celles d'Alde, ou tout au moins les remplacer pour les lecteurs peu difficiles, ils ne firent autre chose que le copier servilement; et, ne mettant ni date ni nom de lieu et d'imprimeurs à leurs livres, dont le premier feuillet porte la préface d'Alde avec son nom, ils disposèrent tout pour faire passer ces éditions lyonnoises comme étant d'Alde et imprimées à Venise. La fabrication de ces livres étant une spéculation purement mercantile, elle se fit sans doute avec autant de parcimonie que de précipitation, car tous ces premiers volumes sont remplis des fautes les plus grossières, ce qu'Alde ne manqua pas de faire remarquer. Désolé de se voir si promptement contrefait au mépris des priviléges et des anathêmes du souverain pontife, et malgré les difficultés qu'il croyoit exister dans la gravure et la fonte d'aussi petits caractères, il publia cet avis dont j'ai déjà parlé, et dans lequel, après avoir exposé ses griefs et ses chagrins, il signale quelques-unes des énormes bévues de ses contrefacteurs. Mais s'il se plaint avec raison de la fraude des Lyonnois, s'il est fondé à faire connoître l'inexactitude de leurs réimpressions, il devient injuste, lorsque pour dire du mal des caractères qu'il trouve, comme de raison, fort inférieurs aux siens, il leur reproche comme un défaut capital d'avoir l'air françois, *Gallicitatem quandam sapiunt*. Il est difficile de comprendre en quoi des caractères d'imprimerie peuvent avoir ou ne pas avoir l'air françois, et en quoi ils pourroient être pour cette raison ou meilleurs ou plus inférieurs; toujours est-il vrai qu'Alde s'est permis une injure gratuite et sur-tout fort mal amenée. Un fait assez singulier, c'est que deux cent quatre-vingt-dix ans après cet avis, un autre imprimeur, italien comme Alde, et, comme lui, l'un des plus habiles, le plus habile peut-être de tous les imprimeurs existans, a aussi cru pouvoir, encore à l'occasion de caractères d'imprimerie, faire à la nation françoise un compliment du même genre. Dans la préface du beau Callimaque de Bodoni, 1793, in-folio, on lit ce qui suit: «Come non poteva io, senza un qualche razionale commovimento di sdegno, leggere nel Demostene teslè impresso sulle sponde della Senna le sperticate iperboliche frasi colle quali si tolgono a cielo i due caratteri greci di cui si valse lo stampatore per tale edizione ? Questi dalla gallica levità furono in tal guisa lemniscati e contorti, che per nulla ritengono la modesta indole grecanica, e l'oscurano e la macchiano anzi che darle alcun atticismo.... » Il est vrai que cette phrase ainsi conçue n'existe que dans un petit nombre d'exemplaires, et que l'imprimeur, sentant l'inconvenance des expressions, remplaça sa discourtoise page par une autre, dans laquelle au lieu des mots *dalla gallica levità* il parle seulement du graveur des caractères par lui critiqués : ... *dal soverchio raffinamento dell' incisore*....

Alde ajoute ensuite dans son avis que les lettres capitales des Lyonnois sont très-mauvaises: *Grandiusculæ item sunt perquam deformes*. Il a raison, mais les siennes sont-elles beaucoup plus belles ? Un autre reproche, dont on appercevra aisément le peu de justesse, est celui de n'avoir point de lettres liées deux à deux, ou trois à trois : « Adde quod vocalibus consonantes non connectuntur, sed separatæ sunt. In nostris plerasque omnes invicem connexas, manumque mentientes, operæ pretium est videre. » On a abandonné avec raison cette bizarre méthode de lier ensemble plusieurs lettres; idée qui avoit pu venir à un imprimeur dont le but étoit de donner un caractère imitant les manuscrits, mais qui dans la pratique ne peut avoir d'autre effet que de rendre les fontes infiniment plus dispendieuses pour les imprimeurs, et la composition bien plus embarrassante, quoique cette complication de lettres ait pour but de la rendre plus expéditive. De nos jours, à diverses époques, on a encore tenté de réchauffer cette vieille invention.

Ce n'étoit pas assez de lettres doubles, on vouloit réunir des syllabes entières, et plusieurs écrits ont été publiés, dans lesquels on développoit admirablement bien la théorie de cette excellente manière de composer: la seule difficulté fut dans la pratique; et la composition en lettres groupées a enfin été, de l'avis de tous les bons imprimeurs, reléguée au rang des rêves inexécutables.

Pour en revenir à nos Lyonnois, il paroît qu'ils mirent à profit les reproches de l'habile homme dont ils avoient si négligemment copié les excellentes éditions, et qu'ils donnèrent plus de soins à la correction des impressions ultérieures. Leur activité n'en fut nullement rallentie, et, ce qui ne se réalise que trop souvent, ils réussirent à débiter deux et trois éditions de la plupart des ouvrages par eux copiés, avant qu'Alde en eût écoulé ses éditions premières; de sorte que la peine fut pour l'imprimeur homme-de-lettres, et le profit pour les imprimeurs-négocians. Après la contrefaction que vers 1503 les Lyonnois avoient faite du *Valere Maxime*, ils le réimprimèrent encore en 1508 et en 1512, tandis qu'Alde ne réimprima qu'en 1514 son édition de 1502. Il en fut de même de Pétrarque, de Catulle, de Lucain, d'Ovide, dont ils firent presque coup sur coup deux éditions sans date, qui se distinguent en ce que les secondes ont seules les feuillets chiffrés. De toutes leurs autres éditions de ce genre, ils firent sans doute aussi plus d'une réimpression sans date, ce que le temps seul pourra me mettre à même de vérifier.

Le but de ces contrefacteurs a été complétement rempli; ils vouloient que leurs volumes sans date fussent confondus avec les éditions Aldines, et c'est ce qui, pendant trois siècles, est presque toujours arrivé. Ce n'est que depuis la découverte de l'Avis imprimé par Alde en

1503 qu'enfin on a cherché à distinguer ces éditions lyonnoises que jusqu'alors, même les bibliographes les plus instruits, avoient presque toujours annoncées comme imprimées par les Alde ou par les Giunti. Feu l'abbé de Saint-Léger m'ayant rendu le service de me faire connoître cette pièce vraiment précieuse pour l'histoire littéraire des Alde, je m'appliquai dès-lors à rassembler les éditions lyonnoises, afin de découvrir à quels imprimeurs il falloit les attribuer. Je vis bien pour 1519 sur un César, pour 1521 sur un Lucain et un Virgile, le nom de Guil. Huyon *Calchographus;* ce qui constituoit Guil. Huyon imprimeur en ces années, mais sans rien éclaircir pour les éditions les plus importantes, celles qui n'ont point de date, et appartiennent aux premières années du seizième siècle. J'ai depuis découvert un Balthasar, ayant imprimé Suétone en 1508, et en la même année Barthelemy Troth, dont on trouve encore un Juvénal en 1525; mais ce B. Troth, libraire, qui a publié beaucoup de livres en tout genre, n'a rien imprimé; et toutes ses éditions sont marquées *impensis B. Troth,* quelquefois avec le nom de l'imprimeur. En 1510, je trouve J. Myt qui paroît avoir remplacé l'imprimeur Balthasar dont il n'est plus question; mais de ce J. Myt je n'ai vu de petites éditions imitant les Aldines que le seul Martial de 1518 : s'il en a imprimé d'autres, on n'y voit plus son nom. Il imprimoit encore plusieurs années après, et cependant son italique est bien le même qu'employa G. Huyon *Calchographus* en 1519 et 1521. Probablement pour ces petits volumes qui, avec un in-4° sans date, sont tout ce qu'on connoît des impressions de Huyon, celui-ci aura acquis une fonte de cet italique ou chez Myt, ou chez le fondeur auprès duquel Myt s'approvisionnoit.

Il résulte de tout cela, que jusqu'en 1508 l'imprimeur de ces éditions in-8°, tantôt contrefactions, tantôt simples imitations des Aldines, demeure encore inconnu ; qu'en 1508 elles étoient faites par un nommé Balthasar; en 1510, et jusqu'en 1518, par Jean Myt ; et enfin, à dater de 1519, par Guill. Huyon; et que de 1508 à 1525 Bart. Troth a fait faire à ses dépens chez ces différens imprimeurs la plupart des éditions de ce genre.

Je donne la liste de ces diverses éditions qui peuvent former en quelque façon une collection séparée, à la suite des éditions Aldines imprimées *enchiridii forma*. Sans doute elles sont bien moins estimables ; mais extrêmement rares elles méritent, sous plus d'un rapport, de piquer la curiosité des amateurs. De quelques-unes d'elles, il a été aussi tiré des exemplaires sur vélin, je les note dans le cours de la liste.

Peut-être se découvrira-t-il quelques-uns de ces in-8° datés de 1502 à 1506, et portant un nom d'imprimeur, ce qui achèvera d'éclaircir l'histoire de ces éditions.

On ne trouvera pas la nomenclature des autres livres imprimés en assez grand nombre par J. Myt, ou *impensis B. Troth*, parce qu'une telle énumération seroit tout-à-fait hors de mon sujet.

Seb. Gryphe qui vint s'établir à Lyon vers 1528, éclipsa bientôt ces diverses imprimeries; et par ses caractères beaucoup meilleurs il fit oublier ceux de Troth et Huyon, dont il paroît que dès-lors on abandonna l'usage. Son volume d'essai est un in-16 ou petit in-12, intitulé *Preces ex Bibliis desumptae*, 1528, imprimé à deux colonnes, et présentant en regard quatre caractères différens et nouvellement gravés, hébreu, grec, romain et italique. Ce petit volume, devenu très-rare, est précieux et par sa belle exécution et comme la première production d'une imprimerie qui, sans mériter le premier rang, doit être aussi comptée parmi celles qui se sont distinguées dans le cours du seizième siècle par des impressions nombreuses et soignées.

Parmi les éditions lyonnoises dont la liste suit, on en trouvera deux faites probablement à Venise, *Petrarca*, *Pontani carmina*, et une de Basle, *Strozzii poetae*, dont il eût été bien inutile de faire un article à part, ou une classe séparée.

---

1. VIRGILIVS. — In-8° sans date. Feuillets non chiffrés.

Copié sur l'Aldine de 1501, et probablement le premier ouvrage imprimé avec cet italique. On en connoît quelques exemplaires sur vélin.

2. IVVENALIS. Persivs. — In-8° sans date, non chiffré.

Il y a deux éditions toutes pareilles et non chiffrées, l'une très-incorrecte, dont Alde signala les fautes nombreuses dans son Avis contre les contrefacteurs, l'autre réimprimée peu après avec la correction des fautes qui déshonoroient l'édition précédente.

Il y en a des exemplaires sur vélin.

3. HORATIVS. — In-8° sans date.

Copie de l'Aldine de 1501, et l'une de celles dont se plaint Alde.

Ce volume, ainsi que Virgile, Juvénal et Perse, Lucain, Martial, Catulle Tibulle et Properce, Térence, mentionnés dans l'Avis d'Alde, sont évidemment imprimés dans le courant des années 1501 et 1502, puisque cet Avis est daté du 16 mars 1503, c'est-à-dire du premier mois de cette année.

4. LVCANVS. — In-8° non chiffré.

Copie de l'édition Aldine de 1502, avec la même préface à Mauroceno.

Chez M. Cracherode, dont la Bibl. est maintenant réunie à

celle du British Museum, j'ai vu un Lucain de même impression, aussi sans date, mais ayant sur le titre une fleur de lis rouge qui n'est pas sur le mien, ce qui me fait présumer que les Lyonnois en ont fait successivement deux éditions sans date; et celle qui porte la fleur de lis est la seconde, parce que cette marque ne fut adoptée par ces imprimeurs que quelques années après 1500.

5. PRVDENTIVS. Prosper. Ioannes Damascenus. Cosmus Hierosolymitanus Marcus Episcopus Taluontis. Theophanes. — In-8° non chiffré.

Simple copie d'une partie du Recueil des *Poetae Christiani*, donné par Alde en 1501-2. 2 vol. in-4°.

6. LE terze Rime di Dante. — In-8° sans date, et non chiffré.

Édition de 1502 ou 1503 au plus tard.

7. TERENTIVS. — In-8° sans date.

Les Lyonnois n'ont pu mettre à contribution Alde qui n'avoit pas encore imprimé Térence : ils auront sans doute copié quelque édition italienne du quinzième siècle.

8. MARTIALIS. — In-8° sans date, et non chiffré.

Édition dénoncée par Alde, avec les fautes qu'il signale, et avec bien d'autres encore.

9. CATVLLVS. Tibvllvs. Propetivs. — In-8° sans date, et non chiffré.

Si servilement copiée sur l'Aldine de 1502, que, par ignorance, ou peut-être même par malice, on a fait sur le titre la même faute *Propetivs*, qui se voit sur la plupart des exemplaires de l'édition qui a servi de copie.

10. CATVLLVS. Tibvllvs. Propertivs. — In-8° sans date, et non chiffré.

Répétition de la précédente édition, mais avec quelques changemens, et évidemment postérieure de plusieurs années.

11. Ivstinvs. — In-8° sans date.

Catal. Pinelli, n° 2796. C'est sans doute la copie de quelque édition donnée antérieurement en Italie.

12. M. T. C. Epistolae familiares. — In-8° sans date.

De cette édition, qui certainement est Lyonnoise, je n'ai jusqu'alors vu d'autre exemplaire qu'un sur vélin, dont le frontispice étoit d'impression récente. Elle est copiée sur l'Aldine de 1502.

13. Ovidii Opera. — 3 vol. in-8° sans date, non chiffrés.

14. Ovidii Opera. — 3 vol. in-8° sans date, feuillets chiffrés.

Copiées l'une et l'autre sur l'Aldine de 1502, avec la Vie d'Ovide par Alde, et le même ordre dans la distribution des pièces et l'arrangement des volumes.

15. Valerii Maximi dictorvm et factorvm memorabilivm libri novem. — In-8° sans date, et non chiffré.

Copie de l'Aldine de 1502.

16. Phylostratvs de vita Apollonii Tyanei scriptor lvcvlentvs a Philippo Beroaldo castigatvs. — In-8° sans date, et non chiffré.

Alde ayant imprimé le Philostrate en grec et en latin, les Lyonnois qui manquoient encore de caractères grecs ne purent s'emparer que du latin; c'est ce qu'ils firent avec empressement, car cette édition est certainement de 1504 ou 1505 au plus tard. Elle est exécutée avec la mauvaise économie qui dirige presque toujours les contrefacteurs; aussi, pour avoir quelques pages de moins, on a supprimé les sommaires des chapitres, et imprimé le tout sans alinéa, ce qui rend l'usage de ce livre difficile et désagréable.

17. Le Cose vvlgari di Messer Francesco Petrarcha. — In-8° sans date, et non chiffré.

18. Le Cose volgari di Messer Francesco Petrarcha. — In-8°. sans date, mais chiffré.

De ces deux éditions faites sur l'Aldine de 1501, celle dont les feuillets ne sont point chiffrés est évidemment la première.

19. Il Petrarcha. — In-8° sans date, feuillets chiffrés.

Cette édition, que je crois de Venise, est faite avec les mêmes caractères que le *Pontanus* qui est plus bas, sous le n° 44.

En tête est une préface *A gli Lettori*, commençant ainsi : *Tralle molte humane passioni, alle quai siamo soggetti*, etc. copiée sans doute de quelqu'autre édition, mais qui n'est ni l'une des quatre Aldines, ni l'une des quatre données par les Giunti.

Dans le Catalogue de Hohendorf est indiqué un exemplaire sur vélin, de l'une de ces trois éditions sans date. Il doit se trouver maintenant dans la bibliothèque de l'Empereur.

20. Habentvr hoc volvmine haec Theodoro Gaza interprete. Aristotelis de natura animalium Lib. ix. Eiusdem de partibus animalium Lib. iiii. Eiusde; de generatione animalium Lib. v. Theophrasti de historia plantarum Lib. ix. Et decimi principium duntaxat. Eiusdem de causis plantarum Lib. vi. Problemata Aristotelis in duas de quadraginta sectiones, &c. Problemata Alexandri Aphrodisiensis, &c. — In-8° sans date.

J'ai de cette édition deux volumes dont le premier de 328 feuillets chiffrés, et le second de 284, outre des tables assez amples, ne contiennent point *Aristotelis et Alexandri Problemata*, indiqués sur le titre du premier des deux, ce qui suppose l'existence d'un troisième volume que je n'ai pas encore vu.

21. Xenophon. In hoc volvmine continentvr infrascripta opera Xenophontis. Pædia Cyri Persarum regis. De Venatione. De republica & de legibus Lacedæmoniorum. De regis Agesilai Lacedæmoniorum laudibus.

Apologia pro Socrate. Opusculum de Tyrannide.(*Latine.*) — In-8° sans date et non chiffré.

22. Salvstivs. — Opus Crispi Salustij feliciter finit Impressum Anno incarnatiõis domini millesimo quingentesimo quarto. Die uero quinta Nouembris. In-8° non chiffré.

Ce volume, qui est d'une incorrection vraiment scandaleuse, a plusieurs fois été pris pour une édition Aldine, et annoncé comme tel.

23. Hecvba, & Iphigenia in Aulide Euripidis tragœdiæ in latinum tralatæ Erasmo Roterodamo interprete. Eivsdem Ode de laudibus Britanniæ, Regisq; Henrici septimi, ac regiorum liberorum eius. Eivsdem Ode de Senectutis incommodis. — In-8° sans date, et non chiffré. Copie de l'édition Aldine de 1507.

24. Valerii Maximi dictorvm et factorvm memorabilivm. Libri novem. — Impressi Lugduni Anno domini. M. DVIII. die uero ultima Iulij. In-8° avec chiffres.

Seconde copie de l'édition Aldine de 1502.

La préface à Cuspiniano, datée de 1503 dans l'édition Aldine, porte ici la fausse date de *Venetiis* 1508.

25. Caii Svetonii Tranquilli de vita. XII. Caesarvm. — Lugduni : anno domini. M. ccccviij. Die uero. iij Octobris. In-8° avec chiffres.

Dans la préface de Gaspar Argilensis, de Bologne, à Grolier, on lit ces mots : « Balthasari calcographo Lugduneñ. elegãtissimo : typis excusorijs ad Enchyridii formã p mille exẽplaria describẽdas. Et sub noie tuo publicãdas dedimus. »

26. C. Ivlivs Caesar, a Phil. Beroaldo. 1508. In-8°.

Catal. Pinelli, n° 2658. Sans doute de même impression que le Suétone de cette même année.

27. Qvintilianvs. — Impressum fuit hoc opus Anno domini m. ccccc x. Septimo Kalen. Iulij. In-8° non chiffré.

Le grec resté en blanc dans les éditions des années précédentes se trouve imprimé dans celle-ci, mais d'un caractère singulier et peu agréable, tenant le milieu entre le grec capital et le grec penché.

L'éditeur est Godefroy Torin (*Torinus*), de Bourges, qui y a mis une courte préface, datée du collége du Plessis, à Paris, Tertio Calendas Martias. Trompé par cette date, Panser a annoncé le livre comme imprimé à Paris.

28. Ivstini Historia ex Trogo Pompeio quatuor & triginta epithomatis collecta. Lucij Flori Epithomata quatuor q; cultissima in decem Titi Liuii decadas. Sexti Ruffi Consularis uiri ad Valentinianū Augustum de Historia Romana opus dignissimum. Nerva cocceius ex dione Græco per Georgium Merulam Alexandrinum. Traianus Nerua ex dione per eundem Merulam. Adrianus ex dione græco. Conflagratio Vesæui montis ex dione per supradictum Merulam. P. Victoris de regionibus urbis Romæ libellus unicus. — Impressum fuit hoc opus Anno dni. m. ccccc. decimo. Nono Kalen. Augusti. In-8° non chiffré.

Avec une préface d'Aug. Becharius Mortariensis Sacerdos à Scaramutio Trivultio, évêque de Come. Je ne la trouve point dans la nombreuse suite des préfaces réimprimées en tête de l'édition de 1760, donnée par Gronovius, qui n'aura point connu celle-ci.

29. C. Plinii secvndi Veronensis Historiae natvralis. Libri. ab Alexandro Benedicto Ve. physico emendatiores redditi. 2 forts vol. in-8° chiffrés.

Vers la fin du second volume, avant la table, on lit : « Hoc opvs Caii Plinii Secvndi natvralis Historiae finitvm fvit die vltimo mensis Avgvsti. M. CCCCC. X. Lavs Deo. ».

Cette édition, copiée sur une autre de Venise, 1507, in-folio, dont cet Alex. Bened. fut l'éditeur, est extrêmement rare, et inconnue à Maittaire et même à Panser. Le grec y est en caractères semblables à ceux qui sont employés dans le Quintilien.

30. VALERII Maximi dictorvm et factorvm memorabilivm. Libri novem. — Impressi Lugduni Anno domini M. D. XII. In-8° avec chiffres.

Troisième copie de l'Aldine de 1502.

31. AVLI Gellii Noctes Atticae : cura Ioannis Connelli Carnotensis. — Impr. rursum ad exéplar Beroaldinæ recognitionis impésis Bartholomei Trot. Anno salutis nostræ M. D. XII. In-8°, les feuillets cotés en chiffres romains.

Le mot *rursum* me fait présumer que dans la même suite d'in-8° il aura été précédemment imprimé un Aulu-Gelle, de même qu'il y a eu jusqu'à trois Valère-Maxime.

32. SILII Italici Opvs de secvndo bello pvnico. — Impressum Lugduni expensis Bartholomei Troth. M. D. XIII. anno salutis : mense Ianuario. In-8° non chiffré.

Édition donnée avec assez d'intelligence par Damiano Benessa, négociant de Raguse, qui a mis en tête une préface à J. B. Soderini. Il la termine ainsi : « Hunc pugilarem facere quo ferri commodius possit : curauimus typis nuper inuentis : ne desit quicq; unde studiosi proficiant.... Emendauimus nos codicem : sed quod emendatus sit, nō audeo dicere : nihil enim tale præstari potest ab homine in emundo uendūdoque occupato.... »

33. OPERA Ioannis Ioviani Pontani. De Fortitudine : Libri duo. De Principe : Liber unus. Dialogus qui Charon inscribitur. Dialogus qui Antonius inscribitur. De Liberalitate. Liber unus. De Beneficentia : Liber unus. De Magnificentia : Liber unus. De Splendore :

Liber unus. De Conuiuentia : Liber unus. De Obedientia : Libri quinq;. De Prudentia : Libri quinq; — Impressum Lugduni expensis Bartholomei Troth. M. D. XIIII. anno salutis : mense Februario. In-8° non chiffré.

34. CATVLLVS. Tibvllvs. Propertivs. Cn. Cornelii galli poetæ memoratissimi, aut ut quidam uolūt Maximiani quæ recolligi potuere fragmenta. — Impressum Lugduni sumptu honesti Bibliopolæ Bartholomei Trot Anno domini Millesimo quingentesimo. XVIII. die. XXIJ. Mensis Septembris. In-8° non chiffré.

Réimpression des éditions sans date, qui elles-mêmes étoient copiées sur l'Aldine de 1502. Celle-ci contient de plus les fragmens attribués à C. Gallus.

35. MARTIALIS. — Lugduni excusi in ædibus Iacobi Myt sumptu honesti bibliopolæ Bartholomei Trot anno a Virginis partu millesimo Quingentesimo duodevigesimo XXVI die mensis Octobris. In-8°.

36. COMMENTARIA Caesaris nuperrime impressa : ab omnibus erratis accurate castigata : et in congruam formam redacta : quibus singula decenter adduntur cum figuris Galliæ ac Pontis & aliorum locorum : præter hæc etiā addita est Hispaniæ descriptio.

In his autem Cōmentariis cōtinentur.
De Bello Gallico.   Libri VIII. &c.
Nomina locorum, &c.
Pictura totius Galliæ, &c.
Quorum figuræ subsequuntur cum machinarum declaratione. Lugduni ex officina Guilhelmi Huyon Anno. M. D. XIX. die autē. XX Decēbris. In-8° avec chiffres, et des figures en bois, copiées de l'Aldine.

Imprimé avec un caractère dont la netteté indique qu'il est nouvellement fondu : c'est probablement le premier volume publié par Guill. Huyon, qui a mis un grand cadre ou cartouche en bois sur le titre de la plupart de ses éditions in-8°.

37. Annei Lvcani Poema nvperrime impressvm atqve ad amvssim castigatvm. 1521. — Finem sortitus est Lucanus iste Lugduń. in officina Guillelmi Huyon calchographi Anno domini M. dxxi die vero decimo Iulij. In-8°. Feuillets chiffrés.

C'est à la découverte de ce rare volume que je dois les premières notions sur cette singulière collection d'éditions contrefaites. Le titre est en rouge, dans un cadre noir, gravé en bois, ainsi qu'aux quatre éditions suivantes, et au César, n° 36.

38. Virgilivs. — 1521. In-8°. Feuillets chiffrés.

39. M. Vitrvvii de Architectura libri decem, summa diligentia recogniti, atq; recusi. Cum nonnullis figuris sub hoc signo ✶ positis. numq̃ antea impressis. Additis Iulii frontini de aqueductibus libris, ppter materiæ affinitatem. 1523. — In-8°, feuillets chiffrés.

La date est à la suite de l'intitulé, sans aucune indication à la fin.

Dans le Catalogue de La Vallière, cette édition a été confondue avec celle des Giunti de 1522, sur laquelle elle est effectivement copiée.

40. Flavivs Vegetivs vir illvstris de re militari. Sextus Iulius Frontinus vir consularis de re militari. Aelianus de instruendis aciebus. Modesti Libellus de vocabulis rei militaris. 1523. — In-8° chiffré.

Avec un titre rouge, et figuré comme celui du Vitruve qui précède.

L'éditeur est *Guido Bresleus*, parisien, dont on lit une préface à Louis de Bourbon, évêque de Loudun.

41. Terentivs noviter impressvs. 1523. — In-8° sans cadre en bois sur le titre.

Copie de l'Aldine de 1521, avec la préface de Fr. d'Asola à Grolier.

42. Juvenalis. Persius. — Excusum impensis Bartholomei Trot anno a Virginis partu. m. ccccc. xxv. die xix. mēsis Maii. In-12 coté en chiffres romains.

Copie de l'Aldine, avec une vie de Juvénal et des argumens d'Ant. Mancinelli.

43. Gaurici Pomponii Elegiæ, Eclogæ, Silvæ, et Epigrammata. — 1526. In-8°.

Je n'ai point vu ce livre, que je trouve indiqué dans le Catal. Pinelli, n° 5326; mais je le note ici, parce qu'il pourroit bien être de l'imprimerie des contrefacteurs lyonnois. Ce doit être une copie de l'édition de P. Junta, 1504. In-8°.

44. Pontani Opera. — 2 vol. in-8° sans date, avec chiffres.

Copie servile des éditions Aldines de 1513 et 1518, dont on reproduit jusqu'aux fautes typographiques. Ces deux volumes ne sont point imprimés à Lyon; je les crois plutôt de Venise, sans avoir pu cependant jusqu'alors reconnoître de quelle imprimerie ils sont sortis.

45. Strozzii Poetae Pater et filivs. — In-8° sans date, mais avec l'ancre.

Cette édition est imprimée avec des caractères et sur un papier tout-à-fait semblables à ceux qu'Oporin employoit à Bâle vers 1545, et je suis persuadé qu'elle est sortie de ses presses vers cette époque.

AVIS D'ALDE
SUR SES CONTREFACTEURS.

Aldus Manutius Ro. Lectori. S. [1]

Cum primum cœpi suppeditare studiosis bonos libros: id solum negocii fore mihi existimabã : ut optimi quiq; libri & Latini ; & Græci exirent ex Neacademia nostra quã emendatissimi : omnes'q; ad bonas literas : bonas'q; artes : cura : & ope nostra excitarentur : Verum longe aliter euenit. Tantæ molis erat Romanam condere linguam. Nam præter bella : quæ nescio quo infortunio eodem tempore cœperunt : quo ego hanc duram accepi prouinciam : atq; in hunc usq; diem perseuerant : ita ut literæ iam septénium cum armis quodammodo strenue pugnare uideant : quater iam in ædibus nostris ab operis ; & stipendiariis in me conspiratum est : duce malorum omnium matre Auaritia : quos Deo adiuuante sic fregi : ut ualde omnes pœniteat suæ perfidiæ. Restabat : ut in Vrbe Lugduno libros nostros & mendose excuderent : & sub meo nomine publicarent : in quibus nec artificis nomen : nec locum, ubinam impressi fuerint, esse uoluerunt : quo incautos emptores fallerent : ut & characterum similitudine : & enchiridii forma decepti : nostra cura Venetiis excusos putarent. Quamobrem ne ea res studiosis damno : mihi uero & damno : & dedecori foret :

---

[1] J'ai rendu compte, page 17 de ce volume, du motif pour lequel Alde publia cette pièce, et de l'adresse avec laquelle les libraires, contre lesquels elle étoit dirigée, avoient cherché à en détruire l'effet.

uolui hac mea epistola oēs : ne decipiantur, admonere :
infrascriptis uidelicet signis. Sunt iam impressi Lugduni
(quod scierim) characteribus simillimis nostris : Vergilius. Horatius. Iuuenalis cum Persio. Martialis. Lucanus.
Catullus cum Tibullo : & Propertio. Terētius. in quibus
oībus nec est impressoris nomen : nec locus : in quo
impressi : nec tēpus, quo absoluti fuerint. In nostris uero
omnibus sic est : Venetiis in ædibus Aldi Ro. illo : uel illo
tēpore. Item nulla in illis uisuntur insignia. In nostris est
Delphinus anchoræ inuolutus : ut infra licet uidere. Præterea deterior in illis charta : & nescio quid graue olens.
characteres uero diligentius intuenti sapiūt : (ut sic dixerim) gallicitatem quandam. Grandiusculæ item sunt
perq̄uadeformes. Adde q̄ uocalibus cōsonātes non coñec-
tuntur : sed separatæ sunt. In nostris plerasq; omnes
inuicē connexas : manum'que mentientes : operæ pretium
est uidere. Ad hæc hisce : quæ inibi uisuntur : incorrec-
tionibus : non esse meos, facile est cognoscere : nam in
Vergilio Lugduni impresso in fine Epistolii nostri ante
Bucolicoȓ Tityrum, perperam impressum est : optimos
quousq; autores : pro optimos quosq; Et in fine librorum
Aeneidos : in prima Epistolæ nostræ semipagina ad Studiosos extremo uersu male impressum est : maria omnie
cirtm : pro maria omnia circum. ubi etiam nulli accentus
obseruantur : cum ego eam epistolam propterea compo-
suerim : ut ostenderem : quo nam modo apud nostros
utendum sit accentiunculis. In Horatio : in mea Epistola : secundo uersu sic est excusum. Imprissis uergilia-
nis operibus : pro impressis. Et tertio sic : Flaccum ag-
grssi : pro aggressi. Grandiusculæ præterea literæ ante
primam Oden primo : & secundo uersu sunt impressorio
atramento supra : & infra : quasi linea conclusæ ͵ptur-

piter. In Iuuenale in mea Epistola : tertio uersu est pubil-
camus : pro publicamus. Et decimo uersu : Vngues quæ
suos : pro ungues'q; suos. Item in prima semipagina :
Semper & assiduo ruptæ rectore : pro lectore. In eadem.
Si uacat : & placidi rationem admittitis : eadem : pro
edam. Et paulo post. Cum tenet uxorem : pro tener. Item
inibi : Eigat aprum : pro figat. In Martiale statim in principio primæ semipaginæ est impressum literis grandius-
culis sic AMPHITEATRVM : pro AMPHITHEATRVM. Et in
eadem. Quæ tam se posita : pro seposita. Item in Libro
secundo ad Seuerum deest græcum ἑκατοκωλικόν. Et in
Candidum : ubiq; deest græcum : idest κοινὰ φίλων πάντα.
Et in fine κοινὰ φίλων. In Lucano nulla est epistola in
principio : at in meo maxime. In fine Catulli eam : quæ
in meo est : epistolam prætermiserunt. Quæ etiam possunt
esse signa Lugduni'ne : an Venetiis mea cura impressi
fuerint. Terentium etsi ego nondum curaui imprimendum : tamen Lugduni unà cum cæteris sine cuiusquam
nomine impressus est : Quod ideo factum est : ut emptores
meum esse : & libri paruitate : & characterum similitudine : existimantes : deciperentur. Sciunt enim quem nos
in pristinam correctionē : seruatis etiam metris : restituē-
dum curamus : in summa esse expectatione : & propterea
suum edere accelerarunt : sperātes ante eum uenūda-
tumiri : q̄ emittatur meus. Sed q̄ ille emēdatus exierit : uel
hinc cognosci pōt : q statim in principio sic est impressum : EPITAPHIVM TEREMTII : pro Terentii. Item Bellica
prædia fui : pro præda. Et : Hæc quunq; leget : pro quicunq;. Præterea in principio secundæ chartæ. Acta ludis
Megalensibus. M. Fuluio ædilibus. &. M. Glabrione.
Q. Minutio Valerio curulibus : pro M. Glabrione. Qu.
Minutio Valerio ædilibus curulibus. Quod etiam putātes

esse argumentū : impresserūt. ARGVMENTVM ANDRIAE.
Ante etiam Sororem falsò est. TERENTII ARGVMENTVM.
cū argumenta omnia Comoediarū Terētii : non Terētius :
sed Sulpitius Apollinaris cōposuerit. Sic enim in uetus-
tissimis habetur codicibus. C. Sulpitii Apollinaris perio-
cha. Metra etiam confusa sunt omnia. Versus enim
primæ scenæ : quæ tota trimetris constat : sic tanq̃ chaos
in elementa : separati ab inuicem in suum locum sunt
restituendi.

Si. Vos istæc intro auferte. abite. Sosia
 Ades dum ; paucis te uolo. So. Dictum puta.
 Nempe : ut curentur recte hæc. Si. Immo aliud. So.
  quid est :
 Quod tibi mea ars efficere hoc possit amplius ? &c.

Item secunda scena : cuius tres primi uersus sunt trime-
tri. Quartus tetrameter. Quintus dimeter : et cæteri omnes
quadrati : sic esse debet.

Si. Non dubium est : quin uxorem nolit filius.
 Ita Dauum modo timere sensi : ubi nuptias
 Futuras esse audiuit. sed ipse exit foras.
Da. Mirabar hoc si sic abiret : et heri semper lenitas
 Verebar quorsum euaderet.
 Qui postquam audiuit non datum iri filio uxorem suo.
 Nunquam cuiquam nostrum uerbum fecit : neq; id
  ægre tulit.
Si. At nunc faciet : neq; (ut opinor) sine tuo magno malo.
Da. Id uoluit : nos sic opinantes duci falso gaudio :
 Sperantes iam amoto metu : interea oscitantes ob-
  primi :
 Ne esset spatium cogitandi ad disturbandas nuptias.
 Astute. Si. Carnifex quæ loquit̄ ? Da. Herus est : neq;
  p uideram &c.

Qua in re quantus sit mihi labor : cogitent : qui intellegūt. Certe plurimum die : noctu'q; elaboramus.

Hæc publicāda iussimus : ut q libellos enchiridii forma excusos empturus est : ne decipiatur : facile. n. cognoscet : Venetiis'ne in ædibus nostris impressi fuerint ; an Lugduni. Vale. Venetiis. xvi Martii. M. D. III.

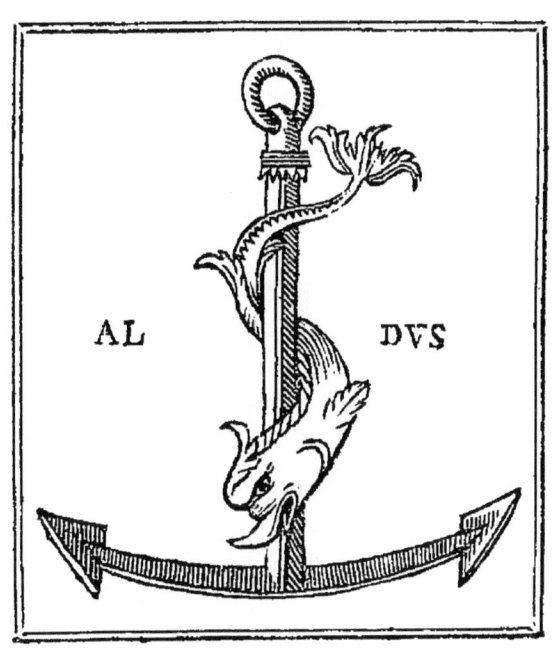

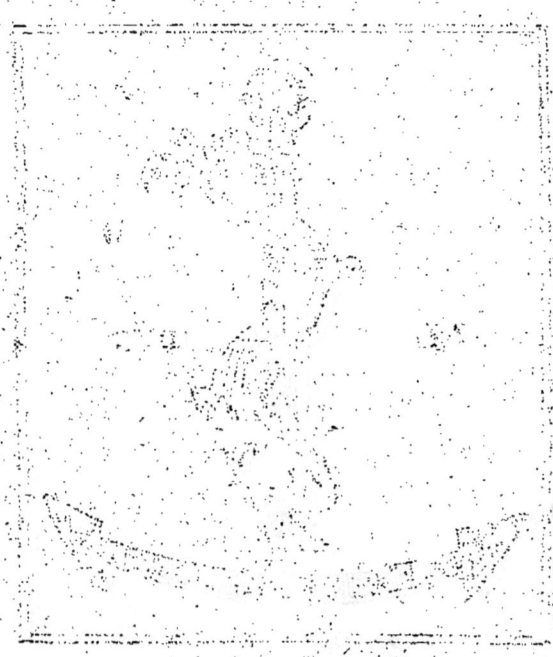

CATALOGUE

DES ÉDITIONS ALDINES,

RANGÉ PAR ORDRE DE MATIÈRES.[1]

THÉOLOGIE.

V. *Sans date.* ALDI Specimen Biblior. editionis, hebr. gr. et lat. Feuille in-folio.

V. 1518. Sacrae Scripturae veteris, novaeque omnia: *graece.* In-fol.

V. *Sans date.* Psalterium graecum. In-4°.

R. 1590. Biblia sacra latina. In-fol.

R. 1592. Eadem. In-fol.

V. 1529. Recognitio Veteris Testamenti, per Aug. Eugubinum (Steuchum.) 1529. In-4°.

R. 1564. Eucherii Comment. in Genesim et libros Regum. In-fol.

---

[1] La lettre V désigne les éditions de Venise, la lettre R, celles de Rome, et la lettre B, le petit nombre de celles qui furent publiées à Bologne en 1556 et 1557 par Antoine Manuce, et trente ans après par Alde Manuce son neveu. Les articles marqués d'une * sont ceux qui, venus trop tard à ma connoissance, n'ont pu être placés dans les notices de l'autre volume.

On ne trouvera dans cette liste aucune des éditions reconnues comme apocryphes, et n'ayant existé que dans des catalogues ou notices fautives; mais j'y ai admis celles dont la non-existence ne m'est pas parfaitement prouvée.

V. 1545. Ant. Flaminii in Psalmos Enarratio. In-8°.
V. 1564. Eadem; editio auctior. In-8°.
R. 1565. Angelomi Annotat. in libros Regum. In-fol.
R. 1562. Theodoreti in Danielem Comment. In-fol.
R. 1563. Ejusdem in Canticum canticorum Explanatio. In-fol.
V. 1571. P. de Palacio Enarrationes in Evang. sec. Matthaeum. Ex Bibl. Aldina. 2 vol. in-8°.
V. 1542. (Grimani) Comment. in Epist. Pauli ad Romanos, et ad Galatas. In-4°.
V. 1546. Folengi Comment. in Joannis Epist. In-8°.
V. 1571. P. Canisii Authoritates sacrae scripturae, &c. Ex Bibl. Aldina. 4 vol. in-4°.
R. 1562. Reginaldi Poli de Concilio liber. In-4°.
R. 1562. Ejusdem Reformatio Angliae. In-4°.
R. 1564. Canones et Decreta Concilii Tridentini. In-fol.
R. 1564. Eadem. In-4°.
R. 1564. Eadem. In-8°.
V. 1564. Eadem. In-4°.
V. 1564. Eadem. In-8°.
R. 1564. Eadem, editio secunda. In-fol.
R. 1564. Eadem. In-4°.
V. 1564. Eadem. In-8°.
R. 1564. Eadem, editio tertia. In-fol.
R. 1564. Eadem. In-8°.
V. 1565. Eadem. In-8°.
V. 1566. Eadem. In-8°.
V. 1568. Eadem. In-8°.
V. 1569. Eadem. In-8°.
V. 1574. Eadem. In-8°. } Éditions douteuses.
V. 1575. Eadem. In-8°.
V. 1589. Eadem, cum Indice libr. prohibitorum. In-8°.

V. 1569. Orationes, Responsa, Literae ac Mandata ex actis Concilii Tridentini collecta. In-8°.
V. 1566. Constitutiones et Decreta Synodi Mediolanensis. In-8°.
V. 1587. Constitutiones et Privilegia Patriarchatus et Cleri Venetiarum. In-4°.
V. 1571. V. Quintianus Patina de SS. Missae Sacramento. Ex Bibl. Aldina. In-4°.
R. 1564. Breviarium romanum. In-fol.
R. 1568. Idem. In-fol.
V. 1574. Missale romanum. Ex Bibliotheca Aldina. In-4°.
V. 1497. Horae Beatae M. Virginis : *graece*. In-8°.
V. *Sans date*. Eaedem. In-32.
V. 1505. Eaedem : *graece*. In-32.
V. 1521. Eaedem : *gr*. In-32.
V. *Sans date*. Eaedem : *gr. lat.* In-8° ou in-32.
V. 1572. Officium Beatae M. Virginis. In-24.
V. 1587. Idem. In-12. 45 figures.
V. 1556. Athenagora della Risurrettione de' morti, tr. da G. Faleti. In-4°.
V. 1503. Origenis Homiliae. In-fol.
V. 1515. Lactantius. In-8°.
V. 1535. Idem. In-8°.
R. 1563. Caecilii Cypriani Opera. In-fol.
V. 1553. Gregorii Nazanzeni Comment. in Hexaemeron : *latine*. In-8°.
V. 1516. Ejusdem Orationes XVI : *graece*. In-8°.
V. 1536. Ejusdem Orat. IX. — Greg. Nysseni lib. de Homine : *graece*. In-8°.
V. 1569. Due Orationi di Gregorio Nazanz. trad. da Annib. Caro. In-4°.

V. 1550. Gregorii Nysseni Orationes II de pauperibus amandis. In-8°.

R. 1563. Greg. Nysseni Conciones a P. Galesinio lat. versae. In-4°.

R. 1562. Greg. Nysseni de Virginitate liber, lat. versus. In-4°.

R. 1562. Ambrosii, Hieronymi & Augustini de Virginitate opuscula. In-4°.

R. 1562. S. Joannis Chrysostomi de Virginitate liber, lat. versus. In-4°.

V. 1554. Giov. Crisostomo della Providenza di Dio. In-8°.

R. 1565. Hieronymi Epistolae. 3 vol. in-fol.

R. 1566. Eaedem. 3 vol. in-8°.

R. 1564. Salvianus de Dei Judicio et Providentia. In-fol.

V. 1554. Joannis Damasceni adv. imaginum Oppugnatores Orationes : *latine*. In-8°.

V. 1559. M. Ant. Natta, de Deo. In-fol.
Il y a des exemplaires datés de 1560.

V. 1570. Ejusdem libri editio altera. In-fol.

V. 1558. M. Ant. Nattae de Dei Locutione Oratio. In-4°.

R. 1596. Oratio de Virtutibus D. N. Jesu Christi. In-4°.

V. 1563. Isotae Nogarolae Dialogus utrum Adam vel Eva magis peccaverit. In-4°.

V. 1553. Il sacro Regno del gran Patritio, &c. In-8°.

V. 1551. Il Genesi, l'Humanità di Christo, i Salmi. Opere di P. Aretino. In-4°.

V. 1552. P. Aretino. Vite di Maria Vergine, di S. Caterina, di S. Tommaso d'Acquino. In-4°.

R. 1562. Marianus Victorius de Sacramento confessionis. In-8°.

R. 1566. Ejusdem libri editio altera. In-8°.

V. 1589. Nic. Vito di Gozze Discorsi della penitenza. In-8°.

V. 1562. L'Arte del predicare, di Fra Luca Baglione. In-8°.

R. 1566. Catechismus, ex decreto Concilii Tridentini. In-fol.

R. 1566. Idem. In-8°.

R. 1566. Idem. In-4°.

R. 1567. Idem. In-8°.

R. 1569. Idem. In-8°.

V. 1575. Idem. In-8°.

V. 1582. Idem. In-8°. fig. en bois.

R. 1567. Catechismo, secondo il Concilio di Trento. In-8°.

V. 1567. Il detto. In-4°.

V. 1568. Il detto. In-8°.

V. 1569. Il detto. In-8°.

V. 1571. Il detto. In-8°.

V. 1573. Il detto. In-8°.

V. 1575. Il detto. In-8°.

V. 1582. Il detto. In-8°. fig. en bois.

V. 1579. Lorenzo Giustiniano, del Dispregio del Mondo. In-4°.

V. 1597. Il detto. In-4°.

V. 1581. Phil. Mocenici Institutiones ad hominum perfectionem. In-fol.

V. 1556. Pianto della Marchesa di Pescara sopra la passione di Christo. In-8°.

B. 1557. Il detto. In-8°.

V. 1578. F. Cornel. Bellanda Viaggio spirituale. In-4°.

V. 1591. Il detto. In-8°.

V. 1578. Gabr. Flammae Oratio de optimi pastoris munere. In-4°.
R. 1565. Stanislai Hosii Confessio catholicae fidei. In-fol.
V. 1543. Magistri Petri Aurelii Sannuti Lutheranorum Oppugnatio. In-4°.

JURISPRUDENCE.

V. 1555. Th. Campegius de Auctoritate et Potestate Romani Pontificis. In-4°.
V. 1558. Leonis Bapt. Alberti de Legato Pontificio. In-4°.
R. 1563. Fr. Vargas de Episcoporum Jurisdictione, et Pontif. Max. Auctoritate. In-4°.
V. 1554. B. Fumi aurea Armilla inquisitoris. In-8°.
R. 1567. Lucas Paetus de judiciaria Forma. In-8°.
V. 1554. Tractatus de Nullitatibus processuum a Seb. Vantio. In-8°.
V. 1553. Matth. Gribaldi Mophae Interpretationes Juris. In-8°.
V. 1560. Octav. Ferrarii de Disciplina Encyclio liber. In-4°.
V. 1560. Pacis Scala de Consilio sapientis adhibendo in causis forensibus. In-4°.

SCIENCES ET ARTS.

V. 1584. D. Arm. Bellovisii Declaratio difficilium terminorum Theologiae, Philosophiae atque Logicae. In-8°. (Édition douteuse.)
V. 1586. Eadem. In-8°.
V. 1513. Platonis Opera : *graece*. In-fol.
V. 1503. Bessario in Platonis libros. In-fol.
V. 1516. Idem. In-fol.

V. 1497. Jamblichus de Mysteriis ; Proclus in Plat. Psellus, &c. *lat.* In-fol.
V. 1516. Iidem. *lat.* In-fol.
V. 1495-7-8. Aristotelis Opera : *graece.* 5 vol. in-fol.
V. 1551-52-53. Eadem : *gr.* 6 vol. in-8°.
V. 1504. Aristotelis Hist. Animalium. Theophrasti Hist. plantarum, &c. *lat.* In-fol.
V. 1513. Eaedem : *lat.* In-fol.
V. 1503. Ammonius Hermeus, Magentinus in Aristotelis libr. peri-hermenias : *gr.* In-fol.
V. 1504. J. Grammaticus (Philoponus) in posteriora Resolutoria Aristotelis : *gr.* In-fol.
V. 1534. J. Grammaticus in posteriora Resolutoria. Eustratius in eadem : *gr.* In-fol.
V. 1513. Alex. Aphrodisiei in Topica Aristotelis Commentarii : *gr.* In-fol.
V. 1520. — in priora Analytica Aristotelis Comment. *gr.* In-fol.
V. 1520. — in sophisticos Aristotelis Elenchos Comment. *gr.* In-fol.
V. 1526. Simplicius in libros de Coelo : *graece.* In-fol.
V. 1526. — in libros physicae Auscultationis : *graece.* In-fol.
V. 1527. — in libros de Anima. Alex. Aphrod. in libr. de Sensu, &c. *graece.* In-fol.
V. 1527. J. Grammaticus in libros de Generatione et Interitu. Alex. Aphrod. in Meteorologica : *graece.* In-fol.
V. 1534. Themistius. Alex. Aphrodisiensis de Anima : *graece.* In-fol.
V. 1536. Eustratii et aliorum Comment. in libros decem de Moribus : *gr.* In-fol.

V. 1546. Ammonii Hermiae in Voces Porphyrii Comment. *graece*. In-8°.

V. 1546. — In Praedicamenta Aristot. *graece*. In-8°.

V. 1546. — In librum Arist. de Interpretatione : *gr*. In-8°.

V. 1550-51. J. B. Camotii Comment. in primum Theophrasti Metaphysices : *gr*. In-fol.

V. 1551. Olympiodori in Meteora Aristotelis Comment. J. Grammatici Scholia in eadem : *gr. lat.* 2 vol. In-fol.

V. 1554. Pselli in Physicen Arist. Commentarii : *latine*. In-fol.

V. 1558. Syriani in Aristotelis Metaphys. Comment. *latine*. In-4°.

V. 1542. Danielis Barbari in Porphyrium Commentationes. In-4°.

V. 1497. Laurentii Majoli Epifilides. In-4°.

V. 1509. Plutarchi Opuscula LXXXXII : *graece*. In-folio moyen.

V. 1522. L. A. Senecae naturalium Quaest. libri VII. In-4°.

V. 1533. L'Anthropologia di Galeazzo Capella. In-8°.

V. 1545. Isabella Sforza, della vera Tranquillità dell' animo. In-4°.

V. 1546. Le Occorrenze humane, per Nic. Liburnio. In-8°.

V. *Sans date*. Bernardini Georgii Epistola de Vita solitaria et tranquilla. In-4°.

V. 1585. La Vicissitudine delle Cose, di Luigi Regio, trad. da H. Cato. In-4°.

V. 1592. La detta. In-4°.

V. 1558. P. Haedi de Miseria humana libri v. In-4°.

V. 1559. Flavii Alexii Vgonii, de Italiae et Graeciae Calamitatibus. In-4°.
V. 1557. Rinaldo Odoni dell'Anima. In-4°.
V. 1576. Ant. Persio, dell'Ingegno dell'huomo. In-8°.
V. 1582. G. Huarte Essame degl'Ingegni. In-8°.
V. 1586. Il detto. In-8°.
V. 1589. Il detto. In-8°. (Édition douteuse.)
V. 1590. Il detto. In-8°.
V. 1501. J. Fr. Pici liber de Imaginatione. In-4°.
V. 1572. Aldo Giovane, Discorso intorno all' Eccellenza delle Repubbliche. In-4°.
V. 1591. Nic. Vito di Gozzi, dello Stato delle Repubbliche. In-4°.
V. 1589. — Governo della famiglia. In-8°.
V. 1558. Discorso intorno alle cose della Guerra, con una Oratione della Pace. In-4°.
V. 1558. I dieci Circoli dell'Imperio. In-4°.
V. 1558. La Bolla d'oro. In-4°.
V. 1545. Discorsi di Franc. Patritij. In-8°.
V. 1584. Il perfetto Gentil'huomo, descritto da Aldo Mannucci. In-4°.
V. 1528. Il Cortegiano di Bald. Castiglione. In-fol.
V. 1533. Il medesimo. In-8°.
V. 1541. Il medesimo. In-8°.
V. 1545. Il medesimo. In-fol.
V. 1547. Il medesimo, coll'aggiunta d'una tavola. In-8°.
V. 1590. Oracoli politici, con i Fiori degli apoftegmi di Plutarco. In-8°.
V. 1581. J. Laur. Ananias de Natura Daemonum. In-8°.
V. 1589. Idem liber. In-8°.
V. 1587. G. Bodino Demonomania, trad. da H. Cato. In-4°.

V. 1589. G. Bodino Demonomania. In-4°.

V. 1592. La detta. In-4°.

V. 1589. L. Vairi de Fascino libri tres. In-8°.

V. 1535-6-8. Plinii Naturalis Hist. 4 vol. in-8°.

V. 1540-36-38. Eadem : même édition, avec les deux premiers titres réimprimés.

V. 1559. Eadem. In-fol.

V. 1557. P. Manutio degli Elementi, e de' loro effetti. In-4°.

V. 1514. Authores Rei rusticae, Cato, Varro, Columella, &c. In-4°.

V. 1533. Iidem. In-4°.

V. 1581. L'Agricoltura di C. Stefano, trad. da Herc. Cato. In-4°.

V. 1591. La medesima. In-4°.

V. 1499. Dioscorides — Nicandri Theriaca et Alexipharmaca : *graece*. In-fol.

V. 1518. Dioscorides : *gr*. In-4°.

V. 1522-23. Nicandri Theriaca et Alexipharmaca : *gr*. In-4°.

V. 1576. Andrea Bacci, del Tevere libri tre. In-4°.

V. 1495. P. Bembi Aetna. In-4°.

V. 1526. Hippocratis Opera : *graece*. In-fol.

V. 1550. Methodus in Aphorismos Hippocratis. In-4°.

V. 1525. Galeni Opera : *graece*. 5 vol. in-fol.

V. 1528. Pauli Aeginetae Opera : *gr*. In-fol.

V. 1553. Eadem. In-8°.

V. 1558. Eadem. In-8°.

L'une des deux éditions est au moins douteuse.

V. 1534. Aetii Amideni Libri medicinales : *gr*. In-fol.

V. 1547. Medici antiqui omnes, latini. In-fol.

V. 1528. Celsus, et Serenus Sammonicus. In-4°.

V. 1497. Averroes in librum Priorum. — Majolus de Gradibus medicinarum. In-fol.

V. *Sans date.* Oribasii Sardiani Collectorum medicinalium libri xvii : *latine.* In-8°.

V. 1554. Ejusdem Synopseos ad Eustathium lib. ix : *lat.* In-8°.

V. 1549. Cam. Thomaii Methodus ad curandos morbos internarum partium. In-8°.

V. 1589. G. Mesve libri de'i Semplici purgativi. In-8°.

V. 1558. J. Pacinus de humoris Incrassatione. In-8°.

V. 1497. Nic. Leonicenus de Morbo gallico. In-4°.

V. 1561. Hieron. Gabucinius de Morbo comitiali. In-4°.

V. 1546. Pretiosa Margarita novella de philos. lapide. In-8°.

V. 1558. Archimedis Opera nonnulla a Fed. Commandino lat. facta. In-fol.

V. 1499. J. Firmicus et alii veteres Astronomi : *gr. lat.* In-fol.

V. 1558. Ptolemaei Planisphaerium : *latine.* Jordani Planisphaerium; Federici Commandini Comment. In-4°.

R. 1562. Cl. Ptolemaeus de Analemmate : *latine.* In-4°.

V. 1581. Censorinus de Die natali. In-8°.

V. 1518. Artemidorus de Somniis : *graece.* In-8°.

V. 1554. I quattro primi libri di Architettura di P. Cataneo. In-fol. fig. en bois.

V. 1567. Dell' Architettura di P. Cataneo, libri otto. In-fol. fig. en bois.

V. 1585. Brancatio nuova Disciplina, & vera Arte militare. In-fol.

BELLES-LETTRES.

V. 1561. J. Camillus de Ordine ac Methodo in scientia servandis. In-4°.
V. 1495. Theodori Gazae Grammat. graeca. In-fol.
V. 1525. Eadem. In-8°.
V. 1496. Thesaurus Cornucopiae & Horti Adonidis : *gr.* In-fol.
V. 1512. Chrysolorae Erotemata, &c. *graece.* In-8°.
V. 1517. Eadem. In-8°.
V. 1549. Eadem. In-8°.
V. 1494-5. Lascaris Grammatica graeca. In-4°.
V. *Sans date.* Eadem. In-4°.
V. 1512. Eadem. In-4°.
V. 1540. Eadem. In-8°.
V. 1557. Eadem. In-8°.
V. 1497. Urbani Grammatica graeca. In-4°.
V. 1557. Eadem. In-8°.
V. 1560. Eadem. In-8°.
V. 1566. Eadem. In-8°.
V. 1515. Aldi Manutii Grammaticae Institutiones graccae. In-4°.
V. 1570. Nic. Clenardi Institut. linguae graecae. In-8°.
V. 1502. Julii Pollucis Vocabularium : *gr.* In-fol.
V. 1514. Hesychii Dictionarium : *graece.* In-fol.
V. 1514. Suidas : *graece.* In-fol.
V. 1497. Aldi Manutii Dictionarium graecum. In-fol.
V. 1524. Idem, auctum. In-fol.
V. 1549. Magnum Etymologicum graecae linguae : *gr.* In-fol.
V. 1527. Priscianus grammaticus, &c. In-4°.

PAR ORDRE DE MATIÈRES.   225

V. 1501. Aldi Manutii Grammatica latina. In-4°.
V. 1508. Eadem. In-4°.
V. 1514. Eadem. In-4°.
V. 1523. Eadem. In-4°.
V. 1558. Eadem. In-4°.
V. 1561. Eadem. In-8°.
V. 1564. Eadem. In-8°.
V. 1568. Eadem. In-8°. (Édition douteuse.)
V. 1575. Eadem. In-8°.
V. 1576. Eadem. In-8°.
V. 1561. Aldi Manutii P. F. Orthographiae Ratio. In-8°.
V. 1566. Eadem, editio auctior. In-8°.
V. 1591. Eadem. In-8°.
V. 1575. Epitome Orthographiae Aldi Manutii P. F. In-8°.
V. 1590. Idem. In-8°.
V. 1557. Th. Linacri de Structura latini sermonis libri sex. In-8°.
V. 1536. Laurentii Vallae Elegantiarum libri. In-4°.
V. 1558. Aldo Manutio, Eleganze della lingua latina e toscana. In-8°.
V. 1558. Autre édition, sous la même date.
V. 1559. Le dette. In-8°.
V. 1561. Le dette. In-8°.
V. 1563. Le dette. In-8°.
V. 1565. Le dette. In-8°.
V. 1570. Le dette. In-8°.
V. 1575. Le dette. In-8°.
V. 1580. Le dette. In-8°.
V. 1586. Le dette. In-8°.
V. 1594. Le dette. In-8°.
V. 1584. N. Frischlini Quaestiones Grammaticae. In-8°.

V. 1584. Nic. Frischlini Strigilis Grammatica In-8°.
V. 1576. F. Ang. Rocca Osservazioni sulle bellezze della lingua latina. In-8°.
V. 1590. Le dette. In-8°.
V. 1499. Nic. Perotti Cornucopiae latinae. In-fol.
V. 1513. Eaedem. In-fol.
V. 1517. Eaedem. In-fol.
V. 1527. Eaedem. In-fol.
V. 1542. Ambr. Calepini Dictionarium. In-fol.
V. 1548. Idem. In-fol.
V. 1558. Idem. In-fol.
V. 1564. Idem. In-fol.
V. 1573. Idem. In-fol.

 Les éditions de 1550-52-59-63-75-76-77-92, citées dans la *Serie*, sont probablement toutes apocryphes.

V. 1541. Regole Grammaticali della volgar lingua, da Fr. Fortunio. In-8°.
V. 1545. Le dette. In-8°.
V. 1552. Le dette. In-8°.
V. 1521. Le Vulgari Elegantie di Nic. Liburnio. In-8°.
V. 1543. Fr. Alunno Richezze della lingua volgare. In-fol.
V. 1551. Le dette, dall' Autore molto ampliate. In-fol.
V. 1589. Orthographia Manutiana in tavole.
V. 1508-9. Rhetores graeci. 2 vol. in-fol. moyen.
V. 1523. Rhetores graeci, lat. versi. In-fol.
V. 1555. D. Longinus de Sublimitate : *graece*. In-4°.
V. 1541. Bart. Riccius de Imitatione. In-8°.
V. 1545. Idem. In-8°.
R. 1562. Ant. Bernardi Institutio in Logicam. In-4°.
V. 1554. Jovitae Rapicii de Numero oratorio libri v, et Carmina. In-fol.

- V. 1575. Octavianus Ferrarius de Sermonibus exotericis. In-4°.
- V. 1513. Rhetorum graecorum Orationes : *graece*. 3 parties in-fol.
- V. 1504. Demosthenis Orationes : *gr*. In-fol.
- V. 1504. Eaedem : *gr*. In-fol. editio altera.
- V. 1554. Eaedem : *graece*. 3 vol. in-8°.
- V. 1549. Demosthenis Orationes contra Philippum, a P. Manutio latinitate donatae. In-4°.
- V. 1551. Eaedem. In-4°.
- V. 1555. Oratione di Demosthene contra la legge di Lettine. In-8°.
- V. 1554. Due Orationi di Eschine e di Demosthene. In-8°.
- V. 1557. Cinque Orationi di Demosthene, et una di Eschine. In-8°.
- V. 1503. Ulpiani Enarrationes in Demosthenem : *gr*. In-fol.
- V. 1527. Eaedem : *gr*. In-fol.
- V. 1534. Isocrates, Alcidamas, Gorgias, Aristides, Harpocration : *gr*. In-fol.
- V. 1549. Platonis, Thucydidis et Demosthenis Orationes funebres : *graece*. In-8°.
- V. *Sans date*. Dionis Chrysostomi Orationes LXXX : *graece*. In-8°.
- V. 1582-83. Cicero, cum Mannucciorum Commentariis. 10 vol. in-fol.
- V. 1514. Ciceronis Libri Oratorii. In-4°.
- V. 1521. Iidem. In-4°.
- V. 1533. Iidem. In-4°.
- V. 1546. Iidem. In-8°.
- V. 1550. Iidem. 2 vol. in-8°.

V. 1554. Cic. Libri Oratorii. 2 vol. in-8°.
V. 1559. Iidem. 2 vol. in-8°.
V. 1564. Iidem. 2 vol. in-8°.
V. 1569. Iidem. 2 vol. in-8°.
V. 1569. Iidem. ex Bibl. Aldina. 2 vol. in-8°.
V. 1583. Iidem, cum Comm. Aldi Manuccii. P. F. 2 vol. in-fol.
V. 1519. Ciceronis Orationes. 3 vol. in-8°.
V. 1540-41. Eaedem. 3 vol. in-8°.
V. 1546. Eaedem. 3 vol. in-8°.
V. 1550. Eaedem. 3 vol. in-8°.
V. 1554. Eaedem. 3 vol. in-8°.
V. 1559. Eaedem. 3 vol. in-8°.
V. 1562. Eaedem. 3 vol. in-8°.
V. 1565. Eaedem. 3 vol. in-8°. (Édition très-douteuse.)
V. 1569. Eaedem. 3 vol. in-8°.
V. 1570. Eaedem. Ex Bibl. Aldina. 3 vol. in-8°.
V. 1578-79. Eaedem, cum Com. P. Manutii. 3 vol. in-fol.
V. 1572. Ciceronis Orationes in Antonium, cum Com. P. Manutii. In-8°.
V. 1502. Ciceronis Epistolae ad familiares. In-8°.
V. 1512. Eaedem. In-8°.
V. 1522. Eaedem. In-8°.
V. 1533. Eaedem. In-8°.
V. 1540. Eaedem, cum Scholiis P. Manutii. In-8°.
V. 1543. Eaedem. In-8°.
V. 1546. Eaedem. In-8°.
V. 1548. Eaedem. In-8°.
V. 1552. Eaedem. In-8°.
V. 1554. Eaedem. In-8°.
V. 1556. Eaedem. In-8°. (Édition douteuse.)
V. 1560. Eaedem. In-8°.

PAR ORDRE DE MATIÈRES.

V. 1562. Cic. Epistolae ad familiares. In-8°.
V. 1566-67. Eaedem. In-8°.
V. 1571. Eaedem, cum Comment. P. Manutii. In-8°.
V. 1572. Eaedem. In-8°. (Édition douteuse.)
V. 1575. Eaedem. In-8°.
V. 1579. Eaedem. In-fol.
V. 1582. Eaedem. In-fol.
 C'est l'édition de 1579 avec un nouveau titre.
V. 1513. Ciceronis Epistolae ad Atticum. In-8°.
V. 1521. Eaedem. In-8°.
V. 1540. Eaedem, cum Scholiis P. Manutii. In-8°.
V. 1542. Eaedem. (Édition douteuse.)
V. 1544. Eaedem. In-8°.
V. 1548. Eaedem. In-8°.
V. 1551. Eaedem. In-8°.
V. 1554-55. Eaedem. In-8°.
V. 1558-59. Eaedem. In-8°.
V. 1561. Eaedem. In-8°.
V. 1563. Eaedem. In-8°.
V. 1564. Eaedem. In-8°.
V. 1567. Eaedem. In-8°.
V. 1570. Eaedem. In-8°.
V. 1570. Eaedem. ex Bibl. Aldina. In-8°.
V. 1582. Eaedem, c. Comm. P. Manutii. In-fol.
V. 1523. Ciceronis Opera philosophica. 2 vol. in-8°.
V. 1541. Eadem. 2 vol. in-8°.
V. 1546. Eadem. 2 vol. in-8°.
V. 1552. Eadem. 2 vol. in-8°.
V. 1555-56. Eadem. 2 vol. in-8°.
V. 1560. Eadem. 2 vol. in-8°.
V. 1562. Eadem. 2 vol. in-8°.
V. 1565. Eadem. 2 vol. in-8°.

V. 1583. Cicer. Opera philosophica, cum Comm. Aldi Manutii Junioris. 2 vol. in-fol.
V. 1517. Ciceronis Officiorum lib. III. Cato Major, Laelius, &c. In-8°.
V. 1519. Iidem. In-8°.
V. 1541. Iidem. In-8°.
V. 1545. Iidem. In-8°.
V. 1548. Iidem. In-8°.
V. 1552. Iidem. In-8°.
V. 1555. Iidem. In-8°.
V. 1559. Iidem. In-8°.
V. 1561. Iidem. In-8°.
V. 1564. Iidem. In-8°.
V. 1567. Iidem. In-8°.
V. 1570. Iidem. Ex Bibl. Aldina. In-8°.
V. 1581. Iidem, cum Comm. Aldi Manuccii. P. F. in-fol.
V. 1554. Oratione di Cicerone, in difesa di Milone; trad. da G. Bonfadio. In-8°.
V. 1556. Le Filippiche di Cicerone, trad. da G. Ragazzoni. In-4°.
V. 1545. Epistole famigliari, (trad. da Guido Lolgio.) In-8°.
V. 1545. Le dette, con molto studio rivedute e corrette. In-8°.
V. 1548. Le dette. In-8°.
V. 1549. Le dette. In-8°.
V. 1551. Le dette. In-8°.
V. 1552. Le dette. In-8°.
V. 1554-55. Le dette. In-8°.
V. 1559. Le dette. In-8°.
V. 1560. Le dette. In-8°. } Éditions douteuses.
V. 1563. Le dette. In-8°.

V. 1566. Epistole famigliari. In-8°.
V. 1573. Le dette. In-8°.
V. 1556. Le Pistole di Cicerone a Bruto, trad. da Ant. Maggi. In-8°.
V. 1555. Le Pistole di Cicerone ad Attico, trad. da M. Senarega. In-8°.
V. *Sans date.* Le dette. In-8°.
V. 1557. Le dette. In-8°.
V. 1569. Le dette. In-8°.
* R. 1588. Instruttione di Cicerone a Quinto il fratello, trad. da Aldo Man. In-12.
V. 1546. In libros Cicer. de arte Rhetorica Commentarii. In-fol.
V. 1551. Iidem. In-fol.
V. 1561. Iidem. In-fol.
V. 1522. Asconius Pedianus in Cicer. Orationes. In-8°.
V. 1547. Idem. In-8°.
V. 1553. Idem. In-8°.
V. 1563. Idem. In-8°.
V. 1547. In Ciceronis Orationes Doct. viror. Lucubrationes. In-fol.
V. 1552. Eaedem. In-fol.
V. 1558. Bern. Lauredani in Orat. de Lege agraria Comment. In-4°.
V. 1542. Hieron. Ferrarii Emendationes in Cicer. Philippicas. In-8°.
V. 1556. P. Manutii in Orat. pro Sextio Comment. In-8°.
V. 1559. Idem. In-8°.
* R. 1572. Ejusdem in Orat. pro Archia poeta Comment. In-4°.
V. 1549. Fr. Priscianensis Observ. in Cicer. Epistolas. In-8°.

V. 1555. Hier. Ragazzonii Comment. in Cic. Epist. ad familiares. In-8°.

V. 1547. P. Manutii Comment. in Epist. ad Atticum. In-8°.

V. 1553. Idem. In-8°.

V. 1557. Idem. In-8°.

V. 1561. Idem. In-8°.

V. 1568. Idem. In-8°.

V. 1572. Idem. In-8°.

V. 1557. P. Manutii in Epist. ad Brutum Comment. In-8°.

V. 1562. Idem. In-8°.

V. 1570. Nizolii Thesaurus Ciceronianus. In-fol.

V. 1576. Idem. In-fol.

V. 1591. Idem. In-fol.

V. 1570. Ciceronis Epitheta a P. J. Nunnesio collecta. In-8°.

V. 1575. Locutioni dell'Epistole di Cicerone. In-8°.

V. 1582. Le dette. In-8°.

V. 1587. Le dette. In-8°.

V. 1594. Le dette. In-8°.

V. 1546. Ciceronis Defensiones contra Calcagninum, per Jac. Grifolum. In-8°.

V. 1514. Quintilianus. (Institut. Orat.) In-4°.

V. 1521. Idem. In-4°.

V. 1498. J. Reuchlin ad Alex. VI Oratio. In-8°.

V. 1501. Bern. Justiniani ad Lud. XI Oratio. In-4°.

V. 1501. Hieronymi Donati ad Christianissimum Regem Oratio. In-8°.

V. 1502. J. B. Egnatii Oratio in laudem B. Prunuli. In-8°.

V. 1504. Scip. Carteromachi Oratio. In-8°.

V. *Sans date.* Christ. Longolii Defensiones duae. In-8°.
V. 1545. Bernardini Parthenii pro lingua latina Oratio. In-4°.
V. 1546. Ferdin. Abduensis Oratio et Epigrammata. In-8°.
V. 1548. P. Paschalii in Maulii Parricidas Actio. In-8°.
V. 1551. Vict. Fausti Orationes quinque. In-4°.
V. 1552. Adeodati Senensis Theol. Oratio habita in Concilio Trid. In-4°.
V. 1554. Bern. Lauredani Oratio in funere Ant. Trivisani. In-4°.
V. 1552. Lud. Pariseti ad Regienses Orationes tres. In-8°.
V. 1559. Eaedem. In-8°.
   C'est l'édition de 1552, avec un nouveau titre.
V. 1557. Jac. Grifoli Orationes. In-4°.
V. 1555. Ant. Mureti Orationes tres. In-4°.
V. 1575. Mureti Orationes et Carmina. In-8°.
V. 1576. Eadem. In-8°.
   La même édition, avec une autre date.
V. 1555. C. Sigonii pro Eloquentia Orationes IIII. In-4°.
V. 1560. Sigonii Orationes septem. In-4°.
B. 1556. Mich. Th. Taxaquetii Orationes duae. In-4°.
V. 1558. Hier. Faleti Orationes III. In-fol.
V. 1559. Orationes in funere clarorum virorum. In-4°.
V. 1561. J. Sadoleti et B. Campegii Orationes duae. In-4°.
V. 1561. J. B. Pignae in funere Francisci II Oratio. In-4°.
V. 1564. Val. Palermi Orationes duae, et pastorale Carmen. In-4°.
V. 1572. Raph. Cyllenii Angelii Orationes. In-8°.

B. 1585. Aldi Manutii P. F. Oratio ad Sixtum v. In-fol.
>C'est mal-à-propos que dans l'autre volume j'ai placé cette pièce à l'année 1583.

* *Pisae.* 1587. Aldi Man. P. F. Oratio de Fr. Medices Laudibus. In-4°.

V. 1536. Aristotelis Poetica : *gr. lat.* In-8°.

V. 1503. Florilegium Epigrammatum : *graece.* In-8°.

V. 1521. Idem. *gr.* In-8°.

V. 1550-51. Idem. *gr.* In-8°.

V. 1504. Homerus. *gr.* 2 vol. in-8°.

V. *Sans date.* La même édition, dont les exemplaires sur vélin n'ont point de date.

V. 1517. Idem. 2 vol. in-8°.

V. 1524. Idem. 2 vol. in-8°.

V. 1521. Didymus et Porphyrius in Homerum : *graece.* In-8°.

V. 1528. Didymus in Odysseam : *graece.* In-8°.

V. *Sans date.* Quintus Calaber, Tryphiodorus, Coluthus : *graece.* In-8°.

V. 1495. Theocritus, Hesiodus, &c. *gr.* In-fol.

V. 1555. Moschi, Bionis, Theocriti Idyllia aliquot, ab Henr. Stephano. lat. facta. In-4°.

V. 1513. Pindarus, Callimachus, Dionysius, Lycophron : *graece.* In-8°.

V. 1521. Apollonius Rhodius : *graece.* In-8°.

V. 1517. Oppianus : *gr. lat.* In-8°.

V. *Sans date.* Musaeus de Herone et Leandro : *gr. lat.* In-4°.

V. 1517. Musaeus : *gr. lat.* Orpheus : *graece.* In-8°.

V. 1504. Greg. Nazanzeni Carmina : *gr. lat.* In-4°.

V. *Sans date.* Nonni Paraph. in Evang. sec. Joannem. *graece.* In-4°.

- V. 1518. Aeschylus : *gr.* In-8°.
- V. 1502. Sophocles : *gr.* In-8°.
- V. 1503. Euripides : *gr.* 2 vol. in-8°.
- V. 1507. Eurip. Hecuba et Iphigenia in Aulide, ab Erasmo lat. versae. In-8°.
- V. 1498. Aristophanis Comoediae, cum Scholiis : *gr.* In-fol.
- V. 1534. Poetae tres egregij, Gratius, Nemesianus, Calphurnius, &c. In-8°.
- V. 1501-2. Poetae christiani Veteres, Prudentius, Sedulius, Juvencus, &c. 2 vol. in-4°.
- V. 1517. Veterum Poetarum in Priapum Lusus, &c. In-8°.
- V. 1534. Iidem. In-8°.
- V. 1500. Lucretius. In-4°.
- V. 1515. Idem. In-8°.
- V. 1550. Idem. In-8°. (Édition très-douteuse.)
- V. 1502. Catullus, Tibullus, Propertius. In-8°.
- V. 1515. Iidem. In-8°.
- V. 1558. Iidem, cum notis Mureti. In-8°.
- V. 1562. Iidem. In-8°.
- V. 1554. Catullus, cum Comment. Mureti. In-8°.
- V. 1564. Catullus. In-8°. (Édition très-douteuse.)
- V. 1566. Catullus, cum Comment. Achillis Statii. In-8°.
- V. 1567. Tibullus, cum Comment. Achillis Statii. In-8°.
- V. 1501. Virgilius. In-8°.
- V. 1505. Idem. In-8°.
- V. 1514. Idem, edente Naugerio. In-8°.
- V. 1527. Idem. In-8°.
- V. 1541. Idem. In-8°.
- V. 1545. Idem. In-8°.
- V. 1555. Idem. In-8°.

V. 1558. Virgilius, cum notis P. Manutii. In-8°.
V. 1560. Idem. In-8°.
V. 1563. Idem. In-8°.
V. 1576. Idem, cum notis J. A. Meyen. In-8°.
V. 1580. Idem. In-8°.
V. 1585. Idem. In-8°. fig.
V. 1542. Il Libro ottavo de la Eneide, trad. da Giov. Giustiniano. In-8°.
V. 1501. Horatius. In-8°.
V. 1509. Idem. In-8°.
V. 1519. Idem. In-8°.
V. 1527. Idem. In-8°.
V. 1555. Idem, cum notis Aldi et Mureti. In-8°.
V. 1559. Idem. In-8°.
V. 1561. Idem. In-8°.
V. 1564. Idem, cum notis Aldi, Mureti, et Mich. Bruti. In-8°.
V. 1566. Idem. In-8°.
V. 1566. Idem, cum notis D. Lambini. In-4°.
V. 1570. Idem, cum notis Mureti et Bruti. Ex Bibl. Aldina. In-8°.
B. 1586. De Laudibus Vitae rusticae Ode Horatii ab Aldo Manuccio explicata. In-4°.
V. 1546. Fr. Pedimontii in Horat. Art. poetic. Ecphrasis. In-4°.
V. 1553. Jas. de Nores in Horatii Art. poet. Interpretatio. In-8°.
V. 1554. Fr. Luisini in Horatii Artem poet. Comment. In-4°.
V. 1576. In Horatii libr. de Arte poetica Aldi Man. P. F. Comm. In-4°.
V. 1502-3. Ovidii Opera. 3 vol. in-8°.

PAR ORDRE DE MATIÈRES.

V. 1515-16. Ovidii Opera. 3 vol. in-8°.
V. 1533-34. Eadem. 3 vol. in-8°.
V. 1515. Ovidii Libri Amatorii. In-8°. (Édit. des Junte.)
V. 1585. Ovidii Heroidum Epistolae, cum Scholiis. In-8°.
V. 1588. Eaedem. In-8°.
V. 1575. Herc. Ciofani in Ovidii Metamorph. Observationes. In-8°.
V. 1580. Ejusd. Scholia in Ovidii Halieuticon. In-8°.
V. 1502. Lucanus. In-8°.
V. 1515. Idem. In-8°.
V. 1523. Valerius Flaccus; Orphei Argon. *latine*. In-8°.
V. 1523. Silius Italicus. In-8°.
V. 1502. Statius. In-8°.
V. 1519. Idem. In-8°.
V. 1501. Juvenalis et Persius. In-8°.
V. 1501. Iidem : réimpression postérieure de plusieurs années. In-8°.
V. 1535. Iidem. In-8°.
V. 1501. Martialis. In-8°.
V. 1517. Idem. In-8°.
V. 1517. Ausonius. In-8°.
V. 1523. Claudianus. In-8°.
V. 1522. Plautus. In-4°.
V. 1517. Terentius. In-8°.
V. 1521. Idem. In-8°.
V. 1541. Idem. In-8°.
V. 1545. Idem. In-8°.
V. 1553. Idem. In-8°.
V. 1555. Idem, cum notis Ant. Mureti. In-8°.
V. 1558-59. Idem, cum ejusdem notis. In-8°.
V. 1560. Idem. In-8°.

V. 1563. Terentius. In-8°.
V. 1565. Idem. In-8°. (Édition douteuse.)
V. 1566. Idem. In-8°.
V. 1570. Idem. In-8°.
V. 1570. Idem cum Comment. V. Cordati. Ex Bibl. Aldina. In-8°.
V. 1575. Idem cum Scholiis Mureti. In-8°.
V. 1545. L'Andria, et l'Eunucho di Terentio, trad. da Giustiniano. In-8°.
V. 1546. Le Comedie di Terentio volgari. In-8°.
V. 1585. Aldo Mannucci, Locutioni di Terentio. In-8°.
V. 1517. Senecae Tragoediae. In-8°.
V. 1505. Pontani Carminum tomus primus. In-8°.
V. 1513. Idem. In-8°.
V. 1533. Idem. In-8°.
V. 1518. Ejusdem Carm. tomus alter. In-8°.
V. 1504. Cimbriaci poetae Encomiastica ad Federicum, &c. In-8°.
V. 1505. Adriani Cardinalis Venatio. In-8°.
V. 1505. J. Aurelius Augurellus. In-8°.
V. 1513. Strozzii poetae Pater et Filius. In-8°.
V. 1527. Sannazarii Carmina. In-8°.
V. 1528. Eadem. In-8°.
V. 1533. Eadem. In-8°.
V. 1535. J. Sannazarii Opera omnia (poetica) latine scripta. In-8°.
V. 1570. Eadem. Ex Bibl. Aldina. In-8°.
V. 1529. J. Cottae Carmina; Sannazarii Odae, Elegia, &c. In-8°.

 Je crois cette édition imprimée *Apud Sabienses fratres*.

V. 1546. Scip. Capicii Carmina. In-8°.
V. 1550. Domitii Marini Carmina. In-8°.

V. 1550-51. Lud. Pariseti Theopeiae libri sex. In-8°.
V. 1551. Natalis Comitum de Venatione libri IIII. In-8°.
V. 1554. Nic. Liburnii Epithalamium. In-4°.
V. 1556. Bern. Tomitani Clonicus. In-8°.
V. 1556. Ejusdem Corydon. In-8°.
V. 1557. Hier. Faletus de Bello Sicambrico, &c. In-4°.
V. 1558. Bern. Georgii Epitaphia et Epigrammata. In-4°.
V. *Sans date.* Même édition que la précédente.
V. 1558. Gregorii Corrari Progne, tragoedia. In-4°.
V. 1583. Germani Audeberti Venetiae. In-4°.
V. 1585. Scipii Gentilis Solymeidos libri duo priores. In-4°.
Lucae. 1588. Lepidi Philodoxios : Fabula ab Aldo Manuccio edita. In-8°.
V. 1502. Il Dante. In-8°.
V. 1515. Il Dante. In-8°.
V. 1501. Il Petrarca. In-8°.
V. 1514. Il medesimo. In-8°.
V. 1521. Il medesimo. In-8°.
V. 1533. Il medesimo. In-8°.
V. 1546. Il medesimo. In-8°.
V. 1541. Stanze di Ang. Politiano. In-8°.
V. 1514. Arcadia del Sannazaro. In-8°.
V. 1534. La medesima. In-8°.
V. 1534. Sonetti e Canzoni del Sannazaro. In-8°.
V. 1545. Orlando furioso di L. Ariosto. In-4°.
V. 1553. Stanze pastorali di Bald. Castiglione, e le Rime di G. Corso. In-8°.
V. 1554. Poesie volgari di Lorenzo de' Medici. In-8°.
B. 1557. Ant. Castellani Stanze in lode delle Donne di Faenza. In-4°.

V. 1557. Sonetti morali di P. Massolo. In-8°.
V. 1569. Rime di Annibal Caro. In-4°.
V. 1572. Le dette. In-4°.
V. 1581. Rime e Prose di T. Tasso. In-8°.
V. 1582. Le dette; parte prima e seconda. In-12.
V. 1583. Le dette. In-12, fig. en bois.
V. 1585. Aggiunta alle Rime e Prose di T. Tasso. In-12.
V. 1589. Rime di Savino Bobali. In-4°.
V. 1543. Orbecche, tragedia di G. Batt. Giraldi Cinthio. In-8°.
V. 1547. Didone, tragedia di Lod. Dolce. In-8°.
V. 1549. Giocasta, tragedia di Lod. Dolce. In-8°.
V. 1549. Fabritia, comedia di Lod. Dolce. In-8°.
V. 1550. Comedia del Sagrificio degli Intronati. In-8°.
V. 1570. Nic. Guidani, Eustachia, comedia. In-8°.
V. 1582. Gli Straccioni, comedia di Ann. Caro. In-12.
V. 1589. Gli detti. In-12.
V. 1581. Aminta, di T. Tasso. In-8°.
V. 1583. Il detto. In-12, fig. en bois.
V. 1589. Il detto. In-12, fig. en bois.
V. 1590. Il detto. In-4°. fig. en bois.
V. 1597. Dom. Slaturichia, Elettra, Aminta, Piramo e Thisbe, &c. in lingua Schiava. In-4°. fig.
V. 1585. Calestri, tragedia di Carlo Turco Asolano. In-8°.
V. 1585. Agnelle, comedia del medesimo. In-8°.
V. 1505. Aesopi et Gabriae Fabellae, *gr. lat.* &c. In-fol.
V. 1521. Apuleius. In-8°.
V. 1522. Il Decamerone di Boccaccio. In-4°.
V. 1499. Polyphili Hypnerotomachia. In-fol. fig.
V. 1545. Eadem, sub hoc titulo : La Hypnerotomachia di Poliphilo. In-fol. fig.

PAR ORDRE DE MATIÈRES.

V. 1558-60. Gli egregi fatti del re Meliadus. In-8°.
V. 1559. La Seconda parte delle Prodezze del re Meliadus. In-8°.
V. 1514. Athenaeus : *graece*. In-fol.
V. 1515. Aulus Gellius. In-8°.
V. 1528. Macrobius, Censorinus. In-8°.
V. 1516. Lud. Coelii Rhodigini Lectiones antiquae. In-fol.
V. 1557. Car. Sigonii Emendationum libri duo. In-4°.
V. 1590. Jac. Pontani Progymnasmata. In-8°.
V. 1515. Erasmi Moria, id est, Stultitia. In-8°.
V. 1508. Erasmi Adagia. In-fol.
V. 1520. Eadem. In-fol.
V. 1577. Apophthegmatum libri IIX, a P. Manutio expurgata. In-12.
V. 1546. Andr. Alciati Emblemata. In-8°. fig.
V. 1556. Gav. Sambigucii in Hermathenam Bocchianam Interpretatio. In-4°.
V. 1503. Lucianus, Philostrati Icones, &c. *gr*. In-fol.
V. 1522. Eadem : *gr*. In-fol.
V. 1516. Luciani Opuscula : *latine*, Erasmo interprete. In-8°.
V. 1498. Ang. Politiani Opera. In-fol.
V. 1501. Georgius Valla de expetendis et fugiendis rebus. 2 vol. in-fol.
V. 1518-19. J. Jov. Pontani Opera soluta orat. composita. 3 vol. in-4°.
V. 1518. Erasmi Opuscula. In-8°.
V. 1562. M. A. Nattae Orationes et Opuscula. In-fol.
V. 1564. Ejusdem Opuscula alia. In-fol.
V. 1565. P. Bizarri Opuscula. In-8°.
V. 1578. Gasp. Contareni Opera. In-fol.

Opere di Nic. Machiavelli.

V. 1540. — Historie Fiorentine. In-8°.
V. 1546. — Le medesime. In-8°.
V. 1552. — Le medesime. In-8°.
V. 1540. — Libro dell'arte della guerra. In-8°.
V. 1546. — Il detto. In-8°.
V. 1540. — Il Prencipe — Vita di Castruccio Castracani, &c. In-8°.
V. 1546. — I detti. In-8°.
V. 1540. — Discorsi sopra la prima deca di Tito Livio. In-8°.
V. 1546. I detti. In-8°.
V. 1505. Asolani di P. Bembo. In-4°.
V. 1515. I detti. In-8°.
V. 1541. Dialoghi di Amore, di Leone medico. In-8°.
V. 1545. I detti. In-8°.
V. 1549. I detti. In-8°.
V. 1552. I detti. In-8°.
V. 1558. I detti. In-8°.
V. 1588. Medicus Hebraeus defensus. In-4°.
V. 1542. Dialoghi di Sperone Speroni. In-8°.
V. 1543. — I detti. In-8°.
V. 1544. — I detti. In-8°.
V. 1546. — I detti. In-8°.
V. 1550. — I detti. In-8°.
V. 1552. — I detti. In-8°.
V. 1499. Epistolarum graecarum Collectio. 2 vol. in-4°.
V. 1570. Bruti Epistolae a J. Scarpa latinae factae. In-8°.
V. 1508. Plinii Epistolae. In-8°.
V. 1518. Eadem. In-8°.
V. 1556. Epistolae clarorum virorum. In-8°.

PAR ORDRE DE MATIÈRES. 243

V. 1553. Lud. Pariseti junioris Epistolarum posteriorum libri tres. In-8°.

V. 1558. Pauli Manutii Epistolae et Praefationes. In-8°.

V. 1560. Pauli Manutii Epist. libri IIII et Praefationes. In-8°.

V. 1561. Earumdem libr. v. In-8°.

V. 1569. Earumdem libr. VIII. In-8°.

V. 1571. Earumdem libr. x. In-8°.

V. 1573. Earumdem libr. XI. In-8°.

V. 1580. Earumdem libr. XII. In-8°.

V. 1590. Eadem. In-8°.

V. 1542. Lettere volgari di diversi nobilissimi huomini. Libro primo. In-8°.

V. 1543. Le dette. In-8°.

V. 1544. Le dette. In-8°.

V. 1546. Le dette. In-8°.

V. 1549-50. Le dette. In-8°.

V. 1551. Le dette. In-8°.

V. 1554. Le dette. In-8°.

V. 1545. Le dette. Libro secondo. In-8°.

V. 1545. Le dette. In-8°.
    Autre édition sous la même date.

V. 1548. Le dette. In-8°.

V. 1550. Le dette. In-8°.

V. 1551. Le dette. In-8°.

V. 1556. Le dette. In-8°.

V. 1564. Le dette. Libro primo e secondo, con la giunta d'un terzo. 3 vol in-8°.

V. 1567. Le dette, 3 vol. in-8°.

V. 1500. Epistole di Sancta Catharina da Siena. In-fol.

V. 1550-51. Lettere di P. Bembo. Volume secondo. In-8°.

V. 1582. Lettere facete raccolte da D. Atanagi e F. Turchi. 2 vol. in-8°.

V. 1556. Tre libri di Lettere volgari di P. Manutio. In-8°.

V. 1560. Le dette, in quattro libri. In-8°.

V. 1572. Lettere familiari di Ann. Caro. Tomo primo. In-4°.

V. 1574. Le dette. Tomo primo. In-4°.

V. 1575. Le dette. Tomo secondo. In-4°.

HISTOIRE.

V. 1516. Strabo de Situ orbis : *graece*. In-fol.

V. 1502. Stephanus de Urbibus : *graece*. In-fol.

V. 1518. Pomp. Mela, Jul. Solinus, Antonini Itinerarium, &c. In-8°.

V. 1590. Discorso di Cosmographia in dialogo. In-8°.

V. 1595. Il detto. In-8°.

V. 1541. Viaggio da Venetia in Costantinopoli, &c. In-8°.

 Édition imaginaire : c'est une partie du Recueil suivant, dont il n'y a point d'édition de 1541.

V. 1543. Viaggi alla Tana, in Persia, &c. In-8°.

V. 1545. I detti. In-8°.

V. 1558. Zeno, Viaggio in Persia. In-8°.

V. 1576. P. Clarantis Epitome in libr. de Paschatis Chronologia. In-4°.

V. *Sans date*. Exemplaires de la précédente édition.

V. 1522. Justinus; Aemylius Probus. In-8°.

V. 1581. De Vitis Sanctorum ab Aloysio Lipomano scriptis, et a F. L. Surio emendatis et auctis. 6 vol. in-fol.

V. 1591. Conversio et Passio Afrae, Hilariae, Dignae, &c. a M. Velsero. In-4°.

V. 1502. Herodotus : *gr.* In-fol.

V. 1502. Thucydides : *gr.* In-fol.

V. 1560. Dion. Halicarnassei de Thucyd. Hist. judicium : *latine.* In-4°.

V. 1525. Xenophontis Opera : *gr.* In-fol.

V. 1503. Xenophontis Omissa, Hist. graeca. Gemistus, Herodianus, &c. *gr.* In-fol.

V. 1503. Gemistus, Herodianus, &c. *gr.* In-fol.

V. 1516. Pausanias : *graece.* In-fol.

V. 1520. Quintus Curtius. In-8°.

V. 1518-19-20-21-33. Titus Livius, Florus, Polybius. 5 vol. in-8°.

V. 1520-21. Titus Livius, Florus, Polybius. In-fol.

V. 1555. T. Livius, cum Scholiis Sigonii. In-fol.

V. 1566. Idem. In-fol.

V. 1571. Idem. In-fol.

Sans doute la même que la suivante.

V. 1572. Idem. In-fol.

V. 1591. Idem. In-fol.

S'il existe des exemplaires ainsi datés, ils sont de même édition que les suivans de 1592.

V. 1592. Idem. In-fol.

V. 1555. Car. Sigonii Fasti consulares. In-fol.

V. 1556. Iidem, cum Commentario. In-fol.

V. 1571. Velleius Paterculus, c. Scholiis Aldi Manutii. P. F. In-8°.

V. 1509. Sallustius. In-8°.

V. 1521. Idem. In-8°.

V. 1557. Idem. In-8°.

V. 1560. Idem. In-8°.

R. 1563. Sallustius. In-8°.
V. 1563. Idem. In-8°.
V. 1564. Idem. In-8°. (Édition très-douteuse.)
V. 1567. Idem. In-8°.
V. 1573. Idem. In-8°.
V. 1577. Idem. In-8°.
V. 1588. Idem. In-8°.
V. 1545. Appiano Alessandrino, trad. da Aless. Braccio. 3 parties in-8°.
V. 1551. Il detto. 3 parties in-8°.
V. 1513. J. Caesaris Commentaria. In-8°.
V. 1519. Eadem. In-8°.
V. 1559. Eadem. In-8°.
V. 1561. Eadem. In-8°.
V. 1564. Eadem, cum Scholiis Mich. Bruti. In-8°.
V. 1565. Eadem. In-8°. (Édition très-douteuse.)
V. 1566. Eadem. In-8°.
V. 1569. Eadem. Ex Bibl. Aldina. In-8°.
V. 1570. Eadem. In-8°.
V. 1571. Eadem. In-8°.
V. 1575. Eadem. In-8°.
V. 1576. Eadem. In-8°.

    La même édition que celle de 1575, avec une nouvelle date.

V. 1588. Eadem. In-8°.
V. 1547. Commentarii di Gaio Giulio Cesare. In-8°.
V. 1556. I detti. In-8°.
V. 1534. Tacitus. In-4°.
V. 1516. Suetonius, Aurelius Victor, Eutropius, ed. Egnatio. In-8°.
V. 1521. Iidem. In-8°.
V. 1546. Vita di Marco Aurelio imperadore. In-8°.

V. 1516. Hist. Romanae Scriptores, ed. Egnatio. In-8°.
V. 1519. Iidem. In-8°.
V. 1524. Herodianus : *gr. lat.* In-8°.
V. 1589. Gasp. Contarenus de Republica et Magistratibus Venetorum. In-8°.
V. 1591. Republica et Magistrati di Venetia, di Gasp. Contarini. In-8°.
V. 1551. P. Bembi Historia Veneta. In-fol.
V. 1547. Bern. Georgii Epitome Princip. Venetorum. In-4°.
B. 1586. Aldo Mannucci Vita di Cosimo de' Medici. In-fol.
* R. 1590. Aldo Mannucci, Vita di Castruccio Castracane. In-4°.
V. 1572. Hieron. Rubei Historia Ravennatensis. In-fol.
R. 1565. Camillo Persio, Congiura de' Baroni contra Ferdinando 1. In-4°.
V. 1575. Vita di Carlo v, da Alf. Ulloa. In-4°.
V. *Sans date.* Alexandri Bened. Paeantii Diaria de bello Carolino. In-4°.
V. 1594. M. Velseri rerum August. Vindelic. Libri octo. In-fol. fig.
V. 1558. Historia delle cose occorse nel regno d'Inghilterra. In-8°.
V. 1595. Vinc. Pribevo Origine et successi degli Slavi. In-4°.
V. 1541. P. Giovio, delle cose di Turchi. Gambini, Vita di Scanderberg. In-8°.
V. 1502. La Vita et Sito de' Zichi. In-8°.
V. 1502. Les mêmes, en lettres gothiques. In-8°.
V. 1571. Nic. Streinnius de Gentibus et Familiis Romanorum. In-4°.

V. 1591. R. Streinnius de Gentibus et Familiis Romanorum. In-8°.

V. 1565. Jac. Taurelli exquisitior Patronymia. In-4°.

V. 1590. M. Velseri Inscriptiones antiquae Aug. Vindelic. In-4°.

V. 1591. Fragmenta Tabulae antiquae ex Peutingerorum Bibliotheca. In-4°. fig. en bois.

V. 1560. Aeneae Vici Comment. in Imper. Rom. numismata. In-4°. fig.

V. 1562. Idem. In-4°. fig.

V. 1558. Augustarum Imagines et Vitae, ab Aenea Vico. In-4°. fig.

V. 1522. G. Budaeus de Asse. In-4°.

V. 1557. P. Manutii Antiq. Rom. Liber de Legibus. In-fol.

V. 1557. Ejusdem altera editio, paulo auctior. In-fol.

V. 1559. Idem, cum indice. In-8°.

V. 1569. Idem. In-8°.

V. 1581. Antiq. Roman. Paulli Manucci Liber de Senatu. In-4°.

B. 1585. P. Manutius de Comitiis Romanorum. In-fol.

V. 1573. Luc. Paetus de Mensuris et Ponderibus Romanorum. In-fol.

V. 1576. Aldus, de Quaesitis per Epistolam. In-8°.

V. 1576. Aldus, de Toga et Tunica Romanorum. In-8°.

R. 1562. Matth. Curtius de Prandio. In-4°.

R. 1566. Idem. In-8°.

V. 1498. Catalogus librorum ab Aldo impressorum. Feuille in-folio.

V. 1503. Secundus ejusdem Catalogus. In-fol.

V. 1513. Tertius ejusdem Catalogus longe auctior. In-fol.

V. 1563. Index librorum qui in Aldina officina impressi sunt. In-4°.
V. 1503. Aldi Monitum in Lugdunenses typographos. In-fol.
V. 1558. Sommario dell'Opere che ha da mandare in luce l'Accademia Venetiana. In-fol.
V. 1559. Summa librorum quos in lucem emittet Academia Veneta. In-4°.
R. 1564. Index librorum prohibitorum. In-4°.
V. 1519. Plutarchi Parallela : *graece*. In-fol.
V. 1501-2-4. Philostratus de vita Apollonii Tyanei : *gr. lat.* In-fol.
V. 1522. P. Alcyonii Medices Legatus de Exsilio. In-4°.
V. 1502. Valerius Maximus. In-8°.
V. 1514. Idem. In-8°.
V. 1534. Idem. In-8°.

Éditions oubliées dans cette liste.

V. 1559. Fed. Delphinus de Fluxu et Refluxu maris. In-fol.
V. 1559. In Aristotelis Topica nova Explanatio. In-fol.

Après avoir donné une longue liste chronologique de toutes les éditions publiées par les trois Alde dans l'intervalle de 104 années, j'ai cru qu'une énumération succincte par ordre de matières présenteroit ces importantes éditions sur un point de vue non moins intéressant, et seroit très-commode à ceux qui voudront les bien connoître. Dans cette nomenclature très-resserrée, on voit d'un coup-d'œil quels livres furent l'objet des travaux de ces habiles imprimeurs, ceux qu'ils affectionnèrent plus particulièrement. On y pourra remarquer, non sans quelque étonnement, la quantité vraiment extraordinaire des éditions qu'ils imprimèrent des divers ouvrages de Cicéron. On verra qu'ils donnèrent jusqu'à treize éditions de Térence que maintenant on lit trop peu, parce que, de la manière dont on étudie le latin aujourd'hui, il y a peu de latinistes en état de le bien comprendre. On ne trouvera, jusqu'en 1557, que deux seules éditions de Salluste, qui alors n'étoit peut-être pas apprécié comme il mérite de l'être, et comme il l'a été depuis. Enfin l'observateur philosophe et littérateur verra dans cette liste autre chose qu'un Catalogue de libraire, elle sera pour lui un tableau assez fidèle du genre des livres qui, pendant le cours du seizième siècle, furent généralement préférés par les hommes les plus instruits.

Les éditions des Lyonnois, celles d'André d'Asola, de Bernard Turrisan et de R. Colombel ne présentant ni le même intérêt, ni un ensemble susceptible d'aucun résultat de ce genre, je me borne pour toutes ces dernières aux notices chronologiques qu'on en trouve dans ce volume.

TABLE DES AUTEURS

dont les Ouvrages sont indiqués dans le volume des Annales. [1]

A.

Abduensis Ferdinandi Opera. 1546.
Academia Veneta : Sommario delle sue opere. 1558. Summa librorum, &c. 1559.
Adeodatus Senensis. 1552.
Adriani Card. Venatio. 1505. et cum Gratio. 1534.
Aegineta Paulus. 1528. 53. 58.
Aeliani Epistolae : in Collectione Epistolarum graecarum. 1499.
Aelius Dionysius de indeclinabilibus verbis, &c. In Thes. Cornucopiae. 1496.
Aelius Spartianus : cum Egnatio. 1516. 19.
Aemilius Probus : cum Justino. 1522.
Aeneae Epistolae : in Collectione Epistolarum graecarum. 1499.
Aeschinis Epistolae : in Collectione Epistolarum graecarum. 1499. Orationes : cum Oratoribus graecis. 1513. trad. in Ital. 1554. 57.
Aeschylus. 1518.
Aesopi Fabulae. (sine anno. *edit. suppos.*) 1505.

---

[1] J'ai placé dans le tome second cette Table du tome premier qu'elle auroit rendu d'une grosseur trop inégale, mais les feuillets n'en sont point chiffrés, afin qu'on puisse aussi, sans aucun inconvénient, la mettre à la fin du premier.

TABLE

Aetius Amidenus. 1534.

Albertus Leo Bapt. De Legato Pontificio. 1558.

Alciatus Andreas. 1546.

Alcidamantis Orationes : cum Oratoribus graecis. 1513. & cum Isocrate. 13. 34.

Alcinoi liber de doctrina Platonis : cum Jamblico. 1497. 1516. cum Apulejo. 1521.

Alciphronis Epistolae : in Collectione Epistolarum graecarum. 1499.

Alcyonius Petrus. 1522.

Aldi Manutii Senioris Grammatica Graeca. (1497. *edit. suppos.*) 1515. — Dictionarium graecum. 1497. 1524. — Annotationes in Horatium : cum Horatio. 1509. 19. 27. 55. 59. 61. 64. 66. Gram. Latina. 1501. 08. 14. 23. 58. 61. 64. 68. 75. 76. (sine anno. *edit. suppos.*) Orthographia et flexus dictionum, &c. cum Statio. 1502. 19. Ovidii Vita : cum Ovidio. 1502. 15. 33. Introductio ad Hebr. linguam : in Appendice Gram. Lascaris, 1512 et sine anno : in Append. ipsius Aldi Gram. lat. 1501. 08. 14. 23. Monitum in Lugdunenses. 1503.

Aldus Manutius, Pauli filius, Aldi Nepos : Orthographiae Ratio. 1561. 66. 91. Orth. Epitome. 1575. 90. Eleganze. 1558. 59. 61. 63. 65. 70. 75. 80. 86. 94. Locutioni. 75. 82. 85. 87. 94. Oratio ad Sixtum v. 83. Il Gentiluomo. 84. De Quaesitis, &c. 76. De Toga, &c. 76. Eccellenza delle Republ. 72. 91. Comment. in Horatium. 76. 86. Vita di Cosimo. (85 *edit. suppos.*) 86.

Alemanus Rinuccinus Philostrati interpres. 1501-2-4.

Alexandri Magni Epistolae : in Collectione Epistolarum graec. 1499.

Alexander Aphrodisiensis in Aristotelem : sine anno.

Problemata : cum Aristotele 1497. 1504. 13. 20. 23. cum Joanne Grammatico. 27, cum Simplicio 27 et cum Themistio. 34. in Ang. Politiani Operibus. 1498.

Alexandri Sophistae Opuscula : cum Rhetoribus graecis. 1508.

Alphabetum Graecum. cum Lascaris Gram. 1495. 1512. et sine anno.

Aluigi di Giovanni : Viaggio in India. 1543. 45.

Alunno Francesco. 1543. 51.

Amasidis Epistolae : in Collectione Epistolar. graecarum. 1499.

SS. Ambrosii, Hier., & Augustini Opuscula de Virginitate. 1562.

Ammonius Hermeus in Arist. 1503. (45. *edit. suppos.*) 46. cum Dictionario Graeco. 1497. 1524.

Anacharsidis Epistolae : in Collectione Epistolarum graecarum. 1499.

Ananias Laurentius. 1581. 89.

Andocidis Orationes : cum Orat. graecis. 1513.

Angelomus Monachus. 1565.

Antiphontis Orationes : cum Orat. graecis. 1513.

Antisthenis Orationes : cum Orat. graecis. 1513.

Anthologia Graeca. 1503. 21. 50-51.

P. Antesignanus : in Clenardo. 1570.

Antonini Aug. Itinerarium : cum Mela. 1518.

Antonio Antonii. 1597.

Aphthonius : cum Rhet. graecis. 1508. 23.

Apollonii Grammatica : cum Th. Gazae Grammatica. 1495.

Apollonii Rhodii Argonautica. 1521.

Apollonii Tyanensis Epistolae : in Collectione Epistolar. graecarum. 1499.

TABLE

Appendix ad Grammaticam graecam Lascaris. 1495. 1512. 40. Et absq; anno.

Appiano Alessandrino tradotto da Aless. Braccio. 1545. 51.

Apsinis Rhetorica : cum Rhetoribus graecis. 1508.

Apulejus. 1521. et cum Medicis latinis. 47.

Aquila Romanus : cum Rhetoribus graecis. 1523.

Arati Phaenomena : cum Astronomicis. 1499.

Aratoris Cardinalis Historia Apostolica : cum Poetis christianis. 1501.

Archimedes. 1558.

Aretino Pietro. 1551. 52.

Ariosto Lodovico. 1545.

Aristides (1517. 27. *edit. suppos.*) cum Oratoribus graecis. 1508. 13. & cum Isocrate. 13. 34.

Aristophanes. 1498.

Aristotelis Organon. 1495. Opera. 1497. 98. 1504. 51. 52. 53. Epistolae : in Collectione Epistolar. graecarum. 1499. Mechanica (1507. *edit. suppos.*) Rhetorica : cum Rhetoribus graecis. 1508. 23. Poetica. 1508. 36. (56. 63. *edit. suppos.*) de Animalibus. (1503. *edit. suppos.*) 1504. 13. Metaphysica : cum Bessarione. 1503. 16.

Artemidorus. 1518.

Q. Asconius Pedianus. 1522. 47. 52. 53. 63.

Astronomi veteres. 1499.

Atanagi Dionigi. 1582.

Atenagora Ateniese, tradotto. 1556.

Athenaeus. 1514.

Audebertus Germanus. 1583.

Augurellus Jo. Aurelius. 1505.

D. Augustinus de Virginitate. 1562.

Augustinus Eugubinus *vide* Steuchus.

DES AUTEURS.

Aulus Gellius. 1515.
Aurelius Victor : cum Suetonio. 1516. 21.
Ausonius. 1517.

B.

Bacci Andrea. 1576.
Baglione Fr. Luca. 1562.
Bagolinus Hieron. Syriani interpres. 1558.
Barbari Danielis in Porphyrium. 1542.
Barbaro Giosafat : Viaggio alla Tana, in Persia, &c. 1543. 45.
Basilius Magnus : in Collectione Epistolarum graecarum. 1499.
Beatiani Augustini Verona : cum Sannazaro. 1527. 28. 33.
Bellanda Cornelio. 1578. 91.
Bellovisius Armandus. 1584. 86.
Bembus, Petrus, de Aetna. 1495. Benacus : cum Sannazaro. 1527. 28. Gli Asolani. 1505. 15. (55. *edit. suppos.*) Lettere. 50-51. Historia Veneta. 51.
Benedictus Alexander. Sine anno.
Bernardus Antonius. 1562.
Bessarionis Card. Opera. 1503. 16.
Biblia Sacra Graeca. 1518.
Biblia Sacra Latina. 1590. 92.
Bion, cum Moscho et Theoc. 1555.
Bizzarus Petrus. 1565.
Bobali Savino. 1589.
Boccaccio M. Gio. Il Decamerone. (1517. *edit. suppos.*) 1522.
Bodino Giovanni. 1587. 89. 92.
Bolzanii Urbani Grammatica graeca. 1497. 1557. 60. 66.
Bonfadio Jacopo. trad. di Cicerone. 1554.

Braccio Aless. trad. di Appiano Alessandrino. 1545. 47.

Brancatio Giulio Cesare. 1585.

Breviarium Romanum. 1564. 68.

Bruti Romani Epistolae : in Collectione Epistolarum graecarum. 1499. trad. da Ott. Maggi. 1570.

Budaeus de Asse. 1522.

Bolla d'oro (la), trad. da Luca Contile. 1558.

C.

CAELIUS Aurelianus : cum Medicis latinis. 1547.

Caelius Rhodiginus. 1516. (59. *edit. suppos.*)

C. Jul. Caesar. 1513. 19. 59. 61. 64. (65. *edit. suppos.*) 66. 69. 70. 71. 75. 76. 88. Tradotto. 47. 56.

Q. Calaber. sine anno. 1521.

Calepinus Ambrosius. 1542. 48. 58. (1550. 52. 59. 63. 75. 76. 77. 92. *edit. suppos.*) 64. 73.

Callimachi Hymni : cum Pindaro. 1513.

Callistratus : cum Luciano. 1503. 22.

T. Calpurnii Siculi Bucolica : cum Pontano. 1518. cum Gratio. 34.

Camillus Joannes. 1561.

Camotii J. Bapt. in Aristot. Comment. 1551. Pselli interpres. 1554.

Campegius Jo. Baptista. 1561.

Campegius Thomas (1554. *edit. suppos.*) 55.

Canisius Petrus. 1571.

Canones et Decreta Concilii Tridentini. 1564. 65. 66. 68. 69. 74. 75. 89.

Capella Galeazzo. 1533.

Capicius Scipio. 1546.

Caro Annibale Rime. 1569. 72. Traduzione di Gregor. Nazanzeno. 69. Lettere. 72. 74. 75. Commedia. 82. 89.

DES AUTEURS.

Carteromachi Scipionis Oratio. 1504.

Castellani Antonio : Stanze. 1557.

Castiglione Baldassar. 1528. 33. 41. 45. 47. 53.

Catalogus Librorum Aldinae officinae. *Vid.* Index.

Catechismus ex Decreto Concilii Tridentini. 1566. 67. 69. 75. 82. Tradotto. 67. 68. 69. 71. 73. 75. 82.

S. Catharina da Siena. 1500.

Cato Hercole, trad. dell' Agricoltura di C. Stefano. 1581. 91. Della Vicissitudine delle cose. 1585. 92. Della Demonomania di Bodino. 1587. 89. 92.

M. Cato : cum Rei rusticae Scriptoribus. 1514. 33.

Catonis Romani Sententiae : cum Theocrito. 1495.

Cattanaeus J. Maria, Aphthonii interpres : in Rhet. gr. lat. versis. 1523.

Cattaneo Pietro. 1554. 67.

Catullus, cum Tibullo et Propertio. 1502. (11. *edit. suppos.*) 15. cum Comm. Mureti. 58. 62. 67. Seorsim c. Com. Mureti. 54. (64. *edit. suppos.*) c. Com. Achillis Statii. 66.

Cavalcanti Bartolommeo : col Contarini. 1591.

Cebetis Tabula : in Gram. Lascaris Appendice. 1512. 40. 57. absque anno. et cum Aldi Gram. lat. 1501. 08. 14. 23.

Celsus. 1528. cum Medicis antiquis. 47.

Censorinus : cum Macrobio. 1528. cum Commentariis Aldi Manutii P. F. 81.

Chionis Platonici Epistolae : in Collectione Epistolarum graecarum. 1499.

Choeroboscus : cum Thesauro Cornucopiae, &c. 1496. & cum Dictionario Graeco. 1524.

Chrysolorae Erotemata. 1512. 17. 49.

Joan. Chrysostomus de Virginitate. 1562. Prov. di Dio. 54.

TABLE

M. T. Ciceronis Interpretatio Arati : cum Astronomicis. 1499.

— ejusd. Opera, cum commentariis Manutiorum. 1583.

— ejusd. Rhetorica (1510. *edit. suppos.*) 14. 21. 33. 46. 50. (53. *edit. suppos.*) 54. 59. 64. Commentarii variorum. 46. 51. 61. Dion. Lambini. 69. Pauli Manutii. 69. Aldi jun. 83.

— ejusd. de Oratore. 1569. 69.

— ejusd. Opera philosoph. 1523. 41. 46. 52. 55. 56. 60. 62. 65. cum commentariis Aldi jun. 83.

— ejusd. de Officiis. 1517. 19. 41. 45. 48. 52. 55. 59. 61. 64. 67. 70. 81. 92. cum Commentariis. 81.

— ejusd. Orationes. 1519. 40. 41. 46. 50. 54. 59. 62. 65. 69. 70. Commentarii variorum. 47. 52. Com. P. Manutii. 56. 59. (61. *edit. suppos.*) 62. 69. 72. 78. 79. Orat. in difesa di Milone. 1554. Le Filippiche, trad. da G. Raggazzoni. 1556.

— Orat. in Sallustium : in omnibus Sallustii editionibus.

— Epistolae ad familiares. 1502. 12. 22. 33. 40. 43. 46. 52. 54. 56. 60. 62. 67. (45. 48. 92. *edit. suppos.*) cum Comment. P. Manutii. 71. 74. 75. 79. 82. 83. (72. 92. *edit. suppos.*) Tradotte. 45. 48. 49. 51. 52. 54. 59. (60. *edit. suppos.*) 63. 66. 73.

— Epistolae ad Atticum. 1513. 21. 40. 44. 48. 51. 54. 55. 58. 59. 61. 63. 64. 67. 70. 70. (18. 19. 42. 53. *edit. suppos.*) In eas comm. P. Manutii. 47. 53. 57. 61. 68. 72. 82. (M. Ant. Mureti. 47. *suppos.*) Tradotte. 55. 57. 69. senz' anno.

— L'Epistole a Bruto, tradotte. 1556. — In eas P. Manutii Comment. 57. 62.

Cimbriaci Encomiastica. 1504.

Ciofanus Hercules. 1575. 80.

DES AUTEURS.

Clarantis Pauli Epitome, &c. sine anno. 1576.
Claudianus. 1523.
Clenardus Nicolaus. 1570.
Columella de Re rustica. 1514. 33.
Columnae Francisci Hypnerotomachia Polyphili. 1499. 1545.
Coluthi Raptus Helenae : cum Quinto Calabro. sine anno. 1521.
Commandinus Federicus : cum Archimede. 1558. in Ptolem. 58. 62.
Commentarii variorum in Ciceronem. *Vide* Ciceronis Opera, &c.
Concilium Tridentinum. 1564. 65. 66. 68. 69. 74. 75. 89.
Conginra contro Ferdinando 1. 1565.
Constitutiones Cleri Venetiarum. 1587.
Constitutiones Synodi Mediolanensis. 1566.
Contareni Gasparis Opera. 1578. 89. 91.
Contarini Ambrogio : Viaggio in Persia. 1543. 45.
Contile Luca, trad. della Bolla d'oro. 1558.
Corinthus : in Grammatica Lascaris. 1512. 40. 57. cum Diction. graeco. 24.
Cornelius Vitellius : in Cornucopia. 1499.
Corraro Lodov. Progne, tragedia. 1558.
Corso Giacomo : con Castiglione. 1553.
Cosmus Hierosolymitanus : cum Poetis christianis. 1501.
J. Cottae Carmina. 1529.
Cratetis Epistolae : in Collectione Epistolarum graecarum. 1499.
S. Gio. Crisostomo. 1554. 62.
Curtius Matthaeus. 1562. 66.
Q. Curtius. 1520.
Cyllenius Raphael Angelus. 1572.

TABLE

Cyprianus D. Caecilius : cum Poetis christianis. 1501 Opera. 1563.

Cyrillus de Dictionibus,&c. cum Dictionario graeco. 1497.

Cyrus Sophista : cum Rhetor. graecis. 1508.

D.

Damascenus Joannes : cum Poetis christianis. 1501. 54.

S. Damasus : cum Poetis christianis. 1501.

Dante. La Commedia. 1502. 15.

Decadyi Justini Epistola, cum Psalterio graeco, sine anno.

Demadis Orationes : cum Orat. graecis. 1513.

Demetrius Phalereus : cum Rhet. graecis. 1508.

Democriti Epistolae : in Collectione Epistolarum graecarum. 1499.

Demosthenis Epistolae : in Collectione Epistolarum graecarum. 1499. Orationes. 1504. 49. 51. 54. tradotto. 55. con Eschine. 54. 57. Orat. funeb. 1549.

Dictionarium Graecum Aldi Manutii. 1497. 1524.

Didymus. 1521. 28. & cum AEsopo. 1505.

Dinarchi Orationes : cum Oratoribus graecis. 1513.

Dio Chrysostomus. 1551. et sine anno.

Diogenis Epistolae : in Collectione Epistolarum graecarum. 1499.

Dionysii Epistolae : in Collectione Epistolar. graecarum. 1499.

Dionysius Halicarnasseus : cum Rhetoribus graecis. 1508. in Thucydidem. 60.

Dionysius de Situ orbis : cum Pindaro. 1513. cum Mela. 1518.

Dioscorides, graece. 1499. 1518.

Discorso di Cosmographia. 1590. 95.

Discorso intorno alle cose della Guerra. 1558.

DES AUTEURS.

Diversorum poetarum in Priapum Lusus. 1517. 34. (sine anno. *edit. suppos.*)

Dolce Lodovico : La Didone. 1547. La Giocasta. 49. La Fabritia. 49.

Donatus Hieronymus. 1501.

Dorotheus Tyrius : cum Salviano. 1564.

Dudilius Andreas, Dion. Halic. interpres. 1560.

E.

EGNATIUS Jo. Baptista : Oratio. 1502. de Caesaribus. 1516. 19. Exemp. illustr. vir. 54.

Egregi fatti del Re Meliadus, &c. 1560-58-59.

Epicteti Enchiridion : cum Angeli Politiani Operibus. 1498.

Epistolarum Graecarum Collectio. 1499.

Epistolae Clarorum Virorum. 1556.

Epistolae Obscurorum Virorum. (1516. 56. sine anno. *edit. suppos.*)

Epitome Decadum T. Livii. 1521.

Erasmi Hecuba et Iphigenia in Aulide ex Euripide interpr. et Carmina varia. 1507. Luciani interpr. 1516. Adagia. 1508. 20. Laus Moriae. 15. de Partibus Orationis : in Grammatica Manutii. 23. Opuscula. 18.

Erizzo Sebastiano : col Contarini. 1591.

Eschine : Orationi. con Demosthene. 1554. 57.

Etymologicum Graecum. 1549.

Eucherius. 1564.

Euripidis Epistolae : in Collectione Epistolarum graecarum. 1499. Tragoediae. 1503. Hecuba et Iphig. in Aul. 1507.

Eusebius contra Hieroclem, &c. cum Philostrato de Vita Apollonii. 1501-2-4.

TABLE

Eustathii Tractatus : cum Thesauro Cornuc. &c. 1496. cum Grammatica Lascaris. 1512. cum Dictionario Graeco. 1524.

Eustratius. 1536. & cum Joanne Grammatico. 1534.

Eutropius : cum Suetonio. 1516. 21.

F.

FABRINI Girolamo : tradut. de' Discorsi di G. Patrizj. 1553.

Faenzi Valerio : I Diece Circoli dell' Imperio. 1558.

Faleti Girolamo. La traduzione di Atenagora. 1556. de bello Sicambrico. 57. Orationes. 58.

Faustus Victor. 1551.

Ferrarius Hieronymus. 1542.

Ferrarius Octavianus. 1560. 75.

Ferro Girol. trad. di Demosthene ed Eschine. 1554. 55. 57.

Festus Pomp. cum Perotti Cornuc. 1513. 17. 27.

Firmicus Julius : cum Astronomicis. 1499.

Flacci Valerii Argonautica. 1523.

Flaminius M. Antonius : In librum Psalmorum. 1545. 64.

Flamma Gabriel. 1578.

Flavius Vopiscus : apud Hist. Aug. Script. 1516. 19.

Florilegium. *Vide* Anthologia.

L. Florus. 1520. 21.

Folengius Jo. Baptista. 1546.

Fortunatianus Chirius : cum Rhet. graecis. 1523.

Fortunatus Matthaeus : cum Seneca. 1522.

Fortunio Francesco. 1541. 45. 52.

Frischlinus Nicodemus. 1584. 84.

Fumus Bartholomaeus. 1554.

DES AUTEURS.

G.

Gabius, J. Bapt. Theodoreti interpres. 1562.
Gabriae Fabulae : cum AEsopo. 1505.
Gabucinius Hieronymus. 1561.
Galenus de Historia Philosoph. (1498. *edit. suppos.*) & cum Aristotele. 1497. Opera omnia. 1525.
Galeomyomachia. (sine anno. *edit. suppos.*)
Galesinius Greg. Nysseni interpres. 1562.
Gallus Strabus : cum Medicis latinis. 1547.
Gambini Andrea; con Paolo Giovio. 1541.
Gaza Theodorus. 1495. 1525. cum Chrysolorae Erot. 1512. 17. 49. Aristotelis et Theoph. interpr. 1504. 13.
Gemistus : cum Xenophonte. 1503. & seorsim. 1503.
Gentilis Scipii Solymeidos lib. II. 1585.
Georgii Alexandrini Enarrat. in Varronem, &c. Cum Script. de Re rustica. 1514. 33.
Georgius Bernardinus. 1547. 1558. et sine anno.
Georgius Lecapenus de Construct. Verborum : cum Th. Gaza. 1525.
Germanicus Caesar Arati interpres : cum Astronomicis. 1499.
Germanus Audebertus Aurelius. 1583.
Gianotti Donato : con Gasp. Contarini. 1591.
Giovio delle cose appartenenti a' Turchi. 1541.
Giraldi Giambatista. 1543. (53. *edit. suppos.*)
Giustiniano B. Lorenzo. 1579. 97.
Giustiniano Giovanni : Libro ottavo della Eneide. 1542.
    L'Andria e l'Eunucho di Terentio. 1544.
Gonzaga Cesare. 1553.

TABLE

Gorgiae Orationes: cum Oratoribus graecis. 1513. & cum Isocrate. 13. 34.
Gozzi Niccolò Vito. 1589. 89. 91.
Gratius de Venatione. 1534.
Gribaldus Matthaeus Mopha. 1553.
Grifolus Jacobus: Cicer. Defens. 1546. Orationes. 1557.
Grimanus Marinus. 1542.
Guarini Erotemata: cum Chrysolora. 1517. 49.
Guidani Niccolò. 1570.

H.

Haedus Petrus. 1558.
Harpocration: cum Ulpiano. 1503. 27. cum Isocrate. 34.
Haymo: cum Salviano. 1564.
Heliogabali Oratio: cum Egnatio. 1516. 19.
Heraclides Ponticus: cum AEsopo. 1505.
Heraclitus: in Collectione Epistolarum graecarum. 1499.
Hermogenis Rhetorica: cum Rhetoribus graecis. 1508. 23. cum Prisciano. 1527.
Herodianus: cum Th. Gazae Grammatica. 1495. cum Thesauro Cornuc. &c. 1496. & Diction. gr. 1523.
Herodianus: in Angeli Politiani Operibus. 1498. & cum Xenophonte & Gemisto. 1503. seorsim. 24.
Herodis Orationes: cum Oratoribus graecis. 1513.
Herodotus. 1502.
Hesiodi Theogonia, — Scutum Herculis, — Georgicon libri duo: cum Theocrito. 1495.
Hesychius. 1514.
D. Hieronymus. 1562. 64. 65. 66. Origenis interpres. 1503.
Hilario, Monachus Veronensis, Hermogenis interpres.: in Rhetor. gr. lat. versis. 1523.

DES AUTEURS.

Hippocratis Epistolae : in Collectione Epistolar. graecar. 1499. Opera. 1526. Methodus in ejus Aphorismos. 1550.

A Hirtius : cum Caesare. 1513. &c.

Historia delle cose occorse in Inghilterra. 1558.

Historiae Augustae Scriptores. (11. edit. suppos.) 1516. 19.

Homeri Ilias & Odyssea. Sine anno, et 1504. 17. 24. (28. 37. edit. suppos.)

Homerocentra : cum Poetis christianis. 1501.

Horae B. M. Virginis. 1497. 1505. 1521. absque anno.

Horapollo : cum AEsopo. 1505.

Horatius. 1501. (1503. edit. suppos.) 09. 19. 27. Lambini. 66. M. Ant. Mureti. 55. 59. 61. 64. 66. 70.

Hosius Stanislaus. 1565.

Huarte Giovanni. 1582. 86. (89. edit. suppos.) 90.

Hyginus. (1497. 1499. edit. suppos.)

I.

JAMBLICHUS de Mysteriis. 1497. 1516.

Jasonis de Nores in Horat. Interpr. 1553.

Index Librorum Aldinae officinae. 1498. 1503. 13. 63.

Index Librorum prohibitorum. 1564.

Institutioni dell' Imperio contenute nella Bolla d'oro, trad. da Luca Contile. 1558.

Interiano Giorgio. 1502.

Intronati : Il Sacrifizio. 1550.

Joannes Grammaticus. 1504. 27. 34. in Thesauro Cornuc. 1496. In Grammatica Lascaris. 1512. 40. 57. cum Olympiodoro. 51. cum Dictionario graeco. 1524.

Joannis Evangelium, gr. l. In Gram. Lascaris Appen-

dice. 1495. 1512. 40. et absque anno. Cum Aldi
Gram. lat. in Appendice. 1501. 08. 14. 23.

Jordani Planisphaerium : cum Ptolemaeo. 1558.

Isaei Orationes : cum Oratoribus graecis. 1513.

Isocrates. 1513. 34. in Collectione Epistolarum graecarum. 1499. cum Oratoribus Graecis. 1513. de Regno : in Erasmi Opusculis. 1518.

Juliani imperatoris Epistolae : in Collectione Epistolar. graecarum. 1499.

Julius Capitolinus : cum Egnatio. 1516. 19.

Julius Solinus : cum Mela. 1518.

Justinianus Bernardus. 1501.

Justiniani Leonardi tral. Vitae S. Martini : cum Poetis christianis. 1501.

Justinus. 1522.

Juvenalis. 1501. 35.

Juvenci Opera : cum Poetis christianis. 1501.

L.

LACINIUS Janus. 1546.

Lactantius Firmianus : cum Poetis christianis. 1501. Opera. 1515. 35.

Lampridius : cum Egnatio. 1516. 19.

Lascaris Constantini Grammatica. 1494-95. 1512. 40. 57. sine anno.

Lauredanus Bernardinus. 1554. 58.

Leonardi Aretini Oratio Heliogabali principis ad Meretrices : apud Hist. Aug. Script. 1516. 19.

Leone Medico Hebraeo. 1541. 45. 49. 52. 58. Idem, defensus. 88.

Leonicenus de Morbo gallico. 1497.

Cl. Leonicus Ptolemaei interpres : apud Ovidium. 1516.

Lepidus Comicus. 1588.
Lesbonax : cum Oratoribus graecis. 1513.
Lettere volgari. 1542. 43. 44. 45. 46. 48. 49-50. 50. 51. (53. *edit. suppos.*) 54. 56. 64. 67.
Libanius : in Collectione Epistol. graecar. 1499. cum Demosthene. 1504.
Liburnius Nicolaus : Epithalamium. 1554. Occorrenze umane. 46. L'Eleganze. 1521.
Linacri Thomae interpr. Sphaerae Procli : cum Astronomicis. 1499. De Struct. latini Sermonis. 1557.
Lippius Laur. Oppiani interpres. 1517.
Lippomanus Aloysius. 1581.
Longinus. 1555.
Longolius Christophorus. sine anno.
Lucanus. 1502. 15.
Luciani Opera. 1503. 16. 22.
Lucretius Carus. 1500. 15. (50. *edit. suppos.*)
Lucubrationes in Cicer. Orat. 1547. 52.
Luisinius Franciscus in Horatium. 1554.
Lycophronis Alexandra : cum Pindaro. 1513.
Lycurgus : cum Oratoribus graecis. 1513.
Lysias : cum Oratoribus graecis. 1513.
Lysis : in Collectione Epistolar. graecarum. 1499.

M.

Macer : cum Medicis latinis. 1547.
Machiavelli Nicolò. 1540. 46. 52.
Macrobius. (1517. *edit. suppos.*) 1528.
Magentini Episcopi Commentaria in Arist. cum Ammonio. 1503. & cum Joanne Philopono. 1536.
Maggi Ottaviano, trad. di Cicer. 1556.
Magister Thomas : cum Diction. graeco. 1524.

TABLE

Majoli Laurentii Epiphyllides in Dialecticis, &c. 1497. et cum Averr. 1497.

Malaspalli Bellisario, trad. dell' Origine degli Slavi. 1595.

Manilius Marcus. 1499. cum Astronomicis.

Manutius Paulus. Aldi filius : De Legibus. 1557. 57. 59. 69. De Senatu. 81. De Comitiis. 85. De Civitate Romana. 85. (Antiq. Romanar. lib. IV. 92. 95. *edit. suppos.*) Degli Elementi. 57. Epistolae et Praefationes. 58. 60. 61. 69. 71. 73. 80. 90. Lettere. 56. 60. De veter. dierum ordine Opinio : cum Fastis Consul. 55. cum Orthogr. 66. 91. Apophthegmata. 77. Demosth. interpr. 49. 51. In Cicer. Orat. Comm. 56. 59. 62. 69. 72. 78-9. In Epist. ad fam. Comment. 71. 74-5. 79. 82. 83. In Epist. ad Attic. Comment. 47. 53. 57. 61. 68. 72. 82. In Epist. ad Brutum. 57. 62.

Marcellinus : cum Rhetor. graecis. 1508.

Marcellus : cum Medicis latinis. 1547.

Marcus Episcopus : cum Poetis christianis. 1501.

Marinus Domitius. 1550.

Marliani Index geogr. in Caesarem : cum Caesare. 1513. 19. 59. 61. 64. 65. 66. 69. 70. 71. 75. 76. 88.

Marsilius Ficinus : cum Jamblico. 1497. 1516.

Martialis. 1501. (10. 12. *edit. suppos.*) 17.

Massolo Pietro : Sonetti. 1557.

Maximus Taurinensis : cum Salviano. 1564.

Medici antiqui latini. 1547.

De' Medici Lorenzo. 1554.

Medicus Hebraeus defensus. 1588.

Melissae Epistolae : in Collectione graecarum Epistolarum. 1499.

Menandri Rhetoris Opuscula : cum Rhetor. graecis. 1508.

Mercurii Trismegisti Pimander, et Asclepius : cum Jamblicho. 1516. cum Apuleio. 1521.

Georg. Merulae Interpretatio, ex Dione : apud Hist. Aug. Script. 1516. 19.

Mesue Giovanni. 1589.

Michael Ephesius : cum Simplicio. 1527.

Minucianus, seu Nicagoras de Enchirematibus : cum Rhetoribus graecis. 1508.

Missale Romanum. 1574.

Mocenicus Philippus. 1581.

Mopha Matth. Gribaldus. 1553.

Th. Morus, Luciani Opusculorum interpres. 1516.

Moschopulus Eman. cum Dictionario graeco. 1524. cum Th. Gaza. 1525.

Moschus, Bion, ac Theocritus. 1555.

M. Ant. Mureti Orationes. 1555. Opera. 75. 76. (in Ciceronem. 47. *edit. suppos.*) Comment. in Catull. 1554. In Terentium. 55. 58. 60. 63. 66. 70. 75.

Musa : cum Medicis latinis. 1547.

Musaeus : sine anno, & 1517.

Musonius : in Collectione Epistolar. graecarum. 1499.

Myae Epistolae : in Collectione Epistolarum graecarum. 1499.

N.

Natalis Comes de Venatione. 1551.

Natta Marcus Antonius de Dei Locutione. 1558. de Deo. 1559. 70. Opera. 1562. 64.

Nazanzeni Gregorii Poemata. 1504. Orationes. 1516. 1536. Tradotte. 69. in Hexaemeron Comm. 1553.

Nemesiani Eclogae : cum Pontano. 1518. Cynegeticon : cum Gratio. 1534.

TABLE

Nicagoras, seu Minucianus de Enchirematibus : cum Rhetoribus graecis. 1508.

Nicandri opera : cum Dioscoride. 1499. 1522. 23.

Nizolii Thesaurus Ciceronianus. 1570. 76. 91.

Nogarola Isotta. 1563.

Nonius Marcellus : cum Perotti Cornuc. 1513. 17. 27.

Nonni Paraphrasis, sine anno.

de Nores Jaso. 1553.

Nunnesius J. Epitheta Ciceronis. 1570.

Nyssenus Gregorius : cum Nazanzeno. 1536. et seorsim. 50. 62. 63.

O.

Obsequens Julius, de Prodigiis : cum Plinio Secundo. 1508. 18.

Odoni Rinaldo. 1557.

Officium B. Virginis, sine anno. 1572. 87.

Olympiodorus. 1551.

Oppianus. 1517.

Opuscula de Virginitate. 1562.

Oracoli Politici. 1590.

Oratio de virtutibus D. N. Jesu Christi. 1596.

Oratio Dominica, gr. lat. In Gram. Lascaris Appendice. 1495. 1512. 40. 57. et absque anno. in Aldi Gram. lat. 1501. 08 14. 23. 58. 61. 64. 68. 75. 76.

Orationes duae et Carmen Pastorale. 1564.

Orationes in funere clarorum hominum. 1559.

Orationes, Responsa et Literae Concilii Tridentini. 1569.

Orbicius : cum Dictionario graeco. 1524.

Oribasius Sardianus, sine anno & 1554.

Origenes. 1503.

Orpheus : cum Musaeo. 1517. cum Val. Flacco. 1523.

Orthographia Manutiana. 1589.
Ortica Agostino. tradut. di Cesare. 1547. 56.
P. Ovidius Naso. 1502. 03. 15. 16. 33. 34. 83. 88. et cum Gratio. 34.

P.

Paccius Alex. interpres Aristotelis Poetices. 1536.
Pacianus : cum Salviano. 1564.
Paeantius, Alexand. Benedictus, sine anno.
Paetus Lucas. 1567. 73.
de Palacio Paulus. 1571.
Palaephatus : cum AEsopo. 1505.
Palermi Valerii Pastorale Carmen. 1564.
Palladius de Re rustica. 1514. 33.
Parisetus Ludovicus. 1550-51. 52. 53. 59.
Parthenius Bernardinus. 1545.
Paschalius Petrus. 1548.
Paterculus P. Vellejus. 1571.
Patrizi Francesco. 1545. 53.
Paulus Diaconus : cum Suetonio. 1516. 1521.
Pausanias. 1516.
Pedimontius Fr. Phil. 1546.
Perotti Nicolai Cornucopia. 1499. 1513. 17. 27. — De Metris Horatianis : cum Horatio. 1519. 27.
Persio Antonio. 1576.
Persio Camillo. 1565.
Persius : cum Juvenale. 1501. 1535.
di Pescara Marchesa. 1557.
Petrarca Francesco. 1501. (04. 07. *edit. suppos.*) 14. 21. 33. 46.
Phalaridis Epistolae : in Collectione Epistolarum graecarum. 1499.

TABLE

Philippi Regis Epistolae : in Collectione Epistolar. graecarum. 1499.

Philo Judaeus de Mundo. (1498. *edit. suppos.*) & cum Aristotele. 1497.

Philoponus Joannes. 1504. 27. 34.

Philostrati Epistolae : in Collectione Epistolarum graecarum. 1499. de Vita Apollonii. 1501-2-4. Heroica et Icones : cum Luciano. 1503. 22.

Philostratus junior : cum Luciano. 1503. 22.

Phocylidis Poema : cum Appendice Grammaticae Lascaris. 1495. 1512. 40. 57. et absque anno. Cum Aldi Gram. lat. in Appendice. 1501. 08. 14. 23. Cum Theocrito. 1495.

Phrynicus : cum Dictionario graeco. 1524.

Phurnutus : cum AEsopo. 1505.

Picus Jo. Franciscus. 1501.

Pigna Jo. Baptista. 1561.

Pii J. Bapt. Carmen, ex Apollonio : cum Val. Flacco. 1523.

Pindarus. 1513.

Platonis Epistolae : in Collectione Epistolarum graecar. 1499. Opera. 1513. Orat. funeb. 1549.

Plautus. 1522.

Pletho : *Vid.* Gemistus.

Plinii Epistolae. (1504. *edit. suppos.*) 1508. 18.

C. Plinius Secundus : Hist. Nat. 1535. 36. 38 40. 59. & cum Medicis latinis. 47.

Plutarchi amatoriae Narrationes : cum Politiano. 1498. Moralia. 1509. Vitae Parallelae. 1519.

Poetae Christiani. 1501. 02.

Poetae tres egregii. 1534.

Politiani Angeli Opera. 1498. Stanze. 1541. — Herodiani interpr. 1524.

DES AUTEURS.

Poggianus J. Chrysost. interpres. 1562.
Pollucis Julii Onomasticon. 1502.
Polo Reginaldo : Oratione della pace. 1558. — De Concilio. 62. — Reformatio Angliae. 62.
Polybius : cum Tito Livio. 1518. 20. 21.
Polyphili Hypnerotomachia. 1499. 1545.
Pomponius Mela. 1518.
Pontani Jov. Opera. 1505. 13. 18. 19. 33.
Pontani Jacobi. 1590.
Porcii Latronis Declamatio : cum Sallustio.
Porphyrii Introductio ad Organ. Aristotelis. 1495. De divinis, &c. cum Jamblicho. 1497. 1516. Homericae Quaestiones. 1521.
Priapeia. 1517. 34.
Pribevo Vincenzo. 1595.
Priscianensis Franciscus in Cicer. Epist. 1549.
Priscianus Caesariensis : cum Jamblico. 1497. 1516. cum Rhetoribus graecis. 1523. seorsim. 27.
Priscianus Theodorus : cum Medicis latinis. 1547.
Probae Falconiae Cento : cum Poetis christianis. 1501.
Proclus Diadochus : cum Jamblicho. 1497. 1516. cum Astronomicis. 1499.
Procopii Epistolae : in Collectione Epistolar. graecarum. 1499.
Progne, Tragedia. 1558.
Propertius : cum Catullo et Tibullo. 1502. 15. cum Com. Mureti. 58. 62.
Prosper : cum Poetis christianis. 1501.
Proverbiorum graecorum Collectio : cum AEsopo. 1505.
Prudentius : cum Poetis christianis. 1501.
Psalterium graecum. sine anno.
Psalmi poenitentiales : cum Hor. Virginis. 1497. 1502. 21.

Psellus. 1554. cum Jamblicho. 1497. 1516.

Ptolemaei Sententiae : cum Pontano. 1519. Stellarum inerrantium Significationes : cum Ovidio. 16. 33. Planisphaerium. 58. de Analemmate. 62.

Pythagorae aurea Carmina : in Appendice Grammaticae Lascaris. 1495. 1512. 40. et absque anno. Cum Aldi Gram. lat. in Appendice. 1501. 08. 14. 23. cum Theocrito. 1495. & cum Jamblicho. 1497. 1516.

Q.

QUINTIANUS Vincentius. 1571.
Quintilianus. 1514. 21.
Quintus Calaber. 1521. & sine anno.

R.

RAGAZZONIUS in Epist. Cicer. 1555. Le Filippiche tradotte. 56.
Rapicius Jovita. 1554.
Rasarius J. Bapt., Oribasii interpres. 1554. et absque anno.
Regio Luigi. 1585. 92.
Reuchlinus Joannes. 1498.
Rhetores graeci antiqui. 1508. 09. latine versi. 23.
Rhetorum graecorum Orationes. 1513.
Rhodiginus Caelius. 1516.
Riccius Bartholomæus. 1541. 45.
Rocca Angelo. 1576. 90.
Rubeus Hieronymus. 1572.
Ruffi Festi Avieni Paraphrasis Phaenomenorum Arati : cum Astronomicis. 1499.
Rufinus de Metris comicis : cum Prisciano. 1527.

DES AUTEURS.

Ruscellii Hier. Scholia in Nat. Comit. Venat. 1551.
Rusticae Rei Scriptores. 1514. 33.
Rutilius Lupus : cum Rhet. graecis. 1523.

S.

Sabini Epistolae : in Ovidii Amatoriis. 1502. 15. 33. 83.
Sacra Scriptura, graece. 1518. latine. 1590. 92.
Sacrificio degl' Intronati. 1550.
Sadoletus Jacobus. 1561.
Sallustius. (1504. *edit. Lugdunensis.*) 1509. 21. 57. 60. 63. (64. *edit. suppos.*) 67. 73. 77. 88.
Salvianus. 1564.
Salutatio Beatae Virginis, gr. lat. In Appendice ad Gramm. Lascaris. 1495. 1512. 40. et absq; anno. In App. ad Gram. lat. Aldi Manutii. 1501. 08. 14. 23.
Sannazarius Actius Sincerus : Carmina. 1527. 28. 29. 33. 35. 70. Arcadia. 14. 34. Canzoni. 34.
Sanutus P. Aurelius. 1543.
a Scala Pax. 1560.
Scarpa : interpres Bruti Epist. 1570.
Scholia graeca in Homerum. sine anno. 1521. in Nicandrum. 1523.
Scribonius Largus : cum Medicis latinis. 1547.
Scriptores geographici. 1518.
Scriptores Historiae augustae. 1516. 19.
Scriptores Rei rusticae. 1514. 33.
Sedulii Opera : cum Poetis christianis. 1501.
Senarega, trad. di Cicerone. 1555. 69.
Senecae Quaestiones Natur. 1522.
Senecae Tragoediae. 1517.
Septem Sapientum Sententiae : cum Theocrito. 1495.

TABLE

Serarrighi Cristof. trad. di Giov. Crisost. 1554.

Serenus de Medicina : cum Celso. 1528. cum Medicis latinis. 1547.

Servius : cum Horatio. 1509. 19. 27.

Sforza Isabella. 1544.

Siccus Nicolaus, sine anno.

Sigonii Caroli Orationes. 1555. 60. Fasti consulares. 55. 56. Emendationes. 57. In Livium Scholia : cum Livio. 1555. 66. 72. 92.

Silius Italicus. 1523.

Simplicii Commentaria in Aristotelem. 1526. 27.

Slaturichia Domenico. 1597.

Sopater : cum Rhetor. graecis. 1508.

Sophoclis Tragoediae. 1502.

Soranus : cum Medicis latinis. 1547.

Savino de' Bobali Sordo.[1] 1589.

Specimen editionis Bibliorum sacrorum Polyglottorum, sine anno.

Sperone Speroni. Dialoghi. 1542. 43. 44. 46. 50. 52.

Speusippus de Platonis Definitionibus : cum Jamblicho. 1497. 1516.

Statii Achillis in Catullum Comment. 1566. In Tibullum. 1567.

Statii Papinii Opera. 1502. 19.

Stefano Carlo. 1581. 91.

---

[1] Il faut lire *Sordo*, l'un des noms de cet auteur, et non pas *Sardo*, ainsi que je l'ai imprimé à son article dans le volume précédent, le croyant Sarde de nation, tandis qu'il étoit Ragusain; ce que m'a fait connoître un exemplaire de son ouvrage, que je me suis procuré depuis peu.

DES AUTEURS.

Stephanus Henricus, Bionis, Moschi et Theocr. interpr. 1555.
Stephanus Byzantinus de Urbibus. 1502.
Steuchus Augustinus. 1529.
Storia de' Turchi. 1541. 43. 45.
Strabo. 1516.
Strabus Gallus : cum Medicis latinis. 1547.
Streinnius Richardus. 1571. 91.
Strozzii patris et filii Poemata. 1513.
Svetonius de Grammaticis : cum Plinio Secundo. 1508. 18. de Caesaribus. 16. 21.
Suidas. 1514.
Sulpicius Severus : cum Poetis christ. 1501. cum Salviano. 1564.
Summa librorum Academiae Venetae. 1559. Sommario dell' opere, &c. 1558.
L. Surius. 1581.
Sybillae Erythraeae Carmina de Chr. J. D. N. cum Theocrito. 1495.
Symbolum Apostolorum, gr. lat. In Gram. Lascaris Appendice. 1495. 1512. 40. absque anno. Cum Aldi Gram. lat. in Appendice. 1501. 08. 14. 23.
Synesius de Somniis : cum Jamblicho. 1497. 1516. Epistolae : in Collectione Epistolar. graecarum. 1499. cum Artemidoro. 1518.
Syriani Commentarii : cum Rhetor. graecis. 1508. Seorsim, latine. 1558.

T.

TACITUS Corn. 1534.
Tarrhaeus : cum AEsopo. 1505.
Tasso Torquato. 1581. 82. 83. 85. 89. 90.

TABLE

Taurellus Jacobus. 1565.

Taxaquetus Michael Thomas. 1556.

Terentius. 1517. 21. 41. 45. 53. cum Commentariis M. Ant. Mureti. 55. 58-9. 60. 63. 65. 66. 70. 75. Vincentii Cordati. 70. Tradotto. 44. 46.

Tertullianus : cum Lactantio. 1515. 1535.

Theanonis Epistolae : in Collectione Epistolarum graecarum. 1499.

Themistius. (1533. *edit. suppos.*) 34.

Theocritus. 1495.

Theodoretus. 1562. 63.

Theognidis Megarensis Sententiae : cum Theocrito. 1495.

Theonis Comment. in Aratum : cum Astronomicis. 1499.

Theophanes : cum Poetis chr. 1501.

Theophylactus : in Collectione Epist. gr. 1499.

Theophrastus : cum Aristotele. 1497. 98. 1504. 13. 51. 52. 53. cum Bessarione. 1503. 16.

Thesaurus Cornucopiae et Horti Adonidis, &c. 1496. (1504. *edit. suppos.*)

Thomaius Camillus. 1549.

D. Thomas Aquinas. 1562.

Thucydidis Historia. 1502. Orat. funeb. 1549.

Tibullus : cum Catullo et Propertio. 1502. 15. Mureti. 58. 62. Achillis Statii. 67.

Tiphernus Gregorius : cum Poetis christianis. 1501.

Titus Livius. 1518. 19. 20. 21. 33. et cum Scholiis Car. Sigonii. 55. 66. 72. 92. (58. 71. 91. *edit. suppos.*)

Tomitanus Bernardinus : Clonicus. 1556. Coridon. 56.

Trapezuntius Georgius : in Bessarione. 1503. 16. cum Asconio Pediano. 1522. cum Rhet. graecis. 23.

Trebellius Pollio : cum Egnatio. 1516. 19.

DES AUTEURS.

Trismegistus : cum Jamblicho. 1516. cum Apuleio. 21.
Trotula : cum Medicis latinis. 1547.
Tryphiodorus : cum Q. Calabro, sine anno. 1521.
Turchi Francesco. 1582.
Turco Carlo. 1585. 87.

V.

Vairus Leonardus. 1589.
Valerius Maximus. 1502. (12. *edit. suppos.*) 14. 34.
Valla Georgius. 1501.
Valla Laurentius. 1536.
Vantius Sebastianus. 1554.
Vargas Franciscus. 1563.
Varro de Lingua latina. (1498. *edit. suppos.*) cum Perotto. 1513. 17. 27. de Re rustica. 14. 33.
Velserus Marcus. 1590. 91. 94.
Vetus Testamentum : graece. 1518.
Viaggio da Venetia a Costantinopoli. (1541. *edit. suppos.*)
Viaggi di Giosafat Barbaro alla Tana, in Persia — di Contarini — di Aluigi di Giovanni — Viaggio in Costantinopoli. 1543. 45.
Viaggio di Cat. Zeno in Persia. 1558.
Vibius Sequester : cum Mela. 1518.
Victor Sext. Aurelius : cum Svetonio. 1516. 21.
Victor P. cum Mela. 1518.
Victorius Marianus de Confessione. 1562. 66.
Victorinus : cum Asconio Pediano. 1522.
Vicus AEneas. 1554. 58. 60. 62.
Virgilii Opera. 1501. 05. 14. 27. 41. 45. 55. 58. 60. 63. 76. 80. 85. Catalecta. 1505. 17. 34.
Vita di Cosimo Medici. (1585. *edit. suppos.*) 86.

TABLE

Vita di Marc' Aurelio. 1546.
Vita e sito de Zichi chiamati Ciarcassi. 1502.
Vulcatius Gallicanus : cum Egnatio. 1516. 19.
Ugonius Flavius Alexius. 1559.
Ulloa, Vita di Carlo v. 1575.
Ulpiani Commentarii in Demosth. 1503. 1527.
Urbanus Bolzanius Bellunensis. 1497. 1557. 60. 66.

X.

XENOCRATIS Platonici liber de morte : cum Jamblicho. 1497. 1516.
Xenophon. 1503. 25.

Z.

ZENO Caterino. 1558.
Zenobius Acciolus Eusebii interpres : cum Philostrato. 1501-2-4.
Zinus Franc. interpres Greg. Nazanz. 1553. J. Damasceni. 1554. Theodoreti. 1563.
Zovenzonii Raphaelis Carmina : cum Poetis chr. 1501.

TABLE DES AUTEURS

des Éditions données par ANDRÉ d'ASOLA, de 1480 à 1506.

Aegidius Romanus super Aristot. 1499. 1500. *bis*.
Aeschines : cum Cic. et Demost. 1485.
Albertus Magnus. 1498.
Alexander de Imola. 1498.
Andreas Joannes : cum Decretal. 1483. 85. 91. 99. 1500.
Angelus de Aretio. 1492. 97.
Angelus Perusinus. 1492.
Arculanus Joannes. 1503.
Aristoteles, latine. 1483. 88. 1500.
Averroes in Aristot. 1483. 88.

Baldus de Perusio. 1486. 93. 95.
Bartolus de Saxoferrato : Lectura sup. 1ᵃ parte Infortiati. 1480. sup. ıı parte 85. 89. 92. sup. 1ᵃ et 2ᵃ parte. 87.
— sup. 1ᵃ et ıı parte ff novi. 86.
— sup. 1ᵃ part. ff novi. 88. 90. sup. ııᵃ part. 89.
— sup. 1ᵃ part. Codicis. 88. 92.
— sup. ııᵃ part. Codicis. 88.
— sup. ıııᵃ part. Codicis. 92.
— sup. 1ᵃ et ııᵃ part. ff veteris. 88. sup. 1ᵃ parte. 92.
— sup. Authenticis. 92.
— sup. 1ᵃ parte Digesti novi. 93.
Breviarium Aquilejense. 1496.
— Benedictinum. 1495.
— de Camera. 1490. 94.

TABLE

Breviarium Carmelitarum. 1490. 95.
— Carthusiense. 1491.
— Cisterciense. 1494.
— Monachorum Montisolivetani. 1493.
— Romanum. 1486. 94. 96.
Burley Gualterus. 1500.

CAMPANUS. 1495. 1502.
Canamusalus de Baldac. 1499.
Caracholus Robertus de Licio. 1488.
Cavalca Domenico. 1487.
Cepolla Bartholomaeus. 1504.
Ciceronis Ep. ad famil. 1483. 84. Libri Oratorii. 85.
Cinus de Pistorio. 1493.
Clementis Papae v Constitutiones. 1483. 85. 1500.
Consilia de Praelatione inter Monachos et Clericos. 1498.
Corpus Juris Canonici. 1498.

DECRETALES Gregorii IX. 1498.
Decretalium liber sextus. 1483. 85. 91. 99. 1500.
Demosthenes : cum Aeschine et Cicerone. 1485.
Digestum vetus. 1491.
Dinus Florentinus. 1499.
Dominicus a Sancto Geminiano. 1481. 91.

FELINUS Sandeus. 1497. 98 5 fois. 99. 1501.
Fliscus Stephanus : Synonyma. 1480.
Fredericus De Senis. 1488. 98.

GERARDUS de Odonis. 1500.
Gratiani Decretum, absque anno.
Gregorii IX Decretales. 1498.
Gregorio Sancto : Dialogo. 1487. Moralia. 1496.

DES AUTEURS.

Guido de Cauliaco. 1499.
Guydo de Bayso. 1495.

HIERONYMUS Sanctus. 1488.

JASON de Mayno. 1497. 99.
Joannes de Imola. 1492. 97. 97. 98.
Joannes Maria de Poluciis de Novolaria. absque anno.
Josephus Flavius. 1502.
Justiniani Codex. 1489.

LEONARDO Bruno Aretino : cum Livio. 1485.

MARE magnum. absque anno.
Mauritius in Quaestiones Scoti. 1500. 06.
Missale fratrum praedic. 1496.
— Romanum. 97.

NICOLAUS de Ausmo. 1481.
Nicolaus de Milis. 1499.
Nicolaus de Tudeschis. 1483 5 fois.
Nicolaus Siculus. 1482. 91.

PAULUS de Castro. 1483. 94. 94. 95. 95.
Petrarcha. 1501.
Philelphus. 1502.

SABELLICUS M. Antonius. 1487.
Savonarola Michael. 1503.
Scoti Quaestiones. 1499. 1500. 06.
Summa Hostiensis. 1498.

TERENTIUS Donati. 1480. 83.
Thomas de Aquino. 1483. 86. 91. 1500. 03.
Tito Livio. 1485.

VIRGILIUS Servii. 1480.

TABLE DES AUTEURS

des Éditions de B. Turrisan et de R. Colombel.

Actuarius. 1556.

Alex. ab Alexandro. 1579.

Chambre David : Hist. des Rois de France, &c. 1579.

De regio Persarum Principatu. 1590-91.

J. B. Egnatius : de Exemplis ill. viror. 1554.

Epistolae clarorum virorum. 1556.

Guichardin : Hist. des Guerres soubs Charles VIII. 1568.

Morise Paul : Hist des Religions. 1578.

Mureti Epistolae. 1580.

Oribasius Sardianus : Collect. medicin. 1555.

Palladii Lausiaca Hist. 1555.

Paschalius Carolus : Pibrachii Vita. 1584. Censura animi ingrati. 1601.

Piccolhomini Archangeli Comm. in Galenum. 1555.

B. Riccius. 1557.

Taciti Annalium libri quatuor priores. 1581.

Fr. Vergara. 1557.

TABLE DES AUTEURS

des Éditions in-8° données par les Lyonnois, de 1501 à 1526.

Aelianus : cum Vegetio. 1523.
Aristoteles, latine. absque anno.
Aulus Gellius. 1512.

J. Caesar. 1508. 19.
Catullus, Tibullus, Propertius. absque anno. 1518.
Ciceronis Epistolae familiares. absque anno.
Cosmus Hierosolymitanus. absque anno.

Dante. absque anno.

Euripidis Hecuba et Iphigenia in Aulide, latine, ab Erasmo. absque anno.

Florus : cum Justino. 1510.
Frontinus : cum Vitruvio. 1523. Cum Vegetio. 1523.

Gauricus. 1526.

Horatius. absque anno.

Joannes Damascenus. absque anno.
Justinus. absque anno. 1510.
Juvenalis, Persius. absque anno. 1525.

Lucanus. absque anno. 1521.

Marcus Episcopus. absque anno.
Martialis. absque anno. 1518.
Modestus : cum Vegetio. 1523.

Ovidius. absque anno.

TABLE DES AUTEURS.

Petrarca. senz'anno.
Philostratus. absque anno.
Plinii Hist. nat. 1510.
Pontanus J. Jovianus. 1514. absque anno.
Prosper. absque anno.
Prudentius. absque anno.

Quintilianus. 1510.

Rufus Sextus : cum Justino. 1510.

Sallustius. 1504.
Silius Italicus. 1513.
Strozzii poetae. absque anno.
Suetonius. 1508.

Terentius. absque anno. 1523.
Theophanes : cum Prudentio. absque anno.
Theophrastus, latine. absque anno.

Valerius Maximus. absque anno. 1508. 12.
Vegetius. 1523.
P. Victor : cum Justino. 1510.
Virgilius. absque anno. 1521.
Vitruvius. 1523.

Xenophon, latine. absque anno.

FIN DES TABLES DES AUTEURS.

TABLE DES PIÈCES

CONTENUES DANS CE VOLUME.

Préface. . . . . Page v
Vie d'Alde l'ancien.   1
— de Paul Manuce. 70
— d'Alde le jeune. 107
Priviléges accordés à Alde l'ancien. 135
Catalogues d'Alde l'ancien, de 1498. 145
— — de 1503. 151
— — de 1513. 159
Catalogue Aldin de 1563. 163
Éditions d'André d'Asola. 165
Éditions de Bernard Turrisan. 185
Éditions de R. Colombel. 188
Éditions faites en imitation de celles d'Alde. 191
Avis d'Alde sur ses Contrefacteurs. 207
Catalogue des Éditions Aldines, rangées par ordre de matières. 213
Table des Auteurs des livres annoncés dans le volume des Annales. 251
Table des Auteurs des Éditions d'André d'Asola.
Table des Auteurs des Éditions de B. Turrisan et de R. Colombel.
Table des Auteurs des Éditions des Contrefacteurs lyonnois.

FIN DE LA TABLE.

ÉDITIONS ALDINES

qui manquent à ma Collection, et que je desire acquérir.

S. *date.* SPECIMEN Biblior. editionis hebr. gr. lat. Feuille in-fol.
1590. Biblia sacra latina. In-fol.
1529. Eugub. Steuch. Recognitio Veteris Testamenti. In-4.
1585. Angelomus in Libros Regum. In-4.
1564. Canones et Decreta Concilii Tridentini. In-4.
1568 *et* 69. Eadem. In-8.
1589. Eadem, cum Indice libr. prohibitorum. In-8.
1587. Constit. et Privil. Patriarchatus Venetiarum. In-4.
1564 *et* 68. Breviarium Romanum. In-fol.
1574. Missale Romanum. In-4.
1497. Horae Beatae M. Virginis : *graece.* In-8.
1521. Eaedem : *graece.* In-32.
S. *date.* Eaedem : *gr. lat.* In-8. ou in-32.
1572. Officium Beatae M. Virginis. In-24.
1587. Idem. In-12, 45 fig.
1553. Gregorii Nazanz. Comm. in Hexaemeron. In-8.
1550. Greg. Nysseni Orat. de pauperibus amandis. In-8.
1570. M. Ant. Natta de Deo. In-fol.
1558. M. A. Natta de Dei Locutione. In-4.
1596. Oratio de Virtutibus D. N. Jesu-Christi. In-4.
1563. Isotae Nogarolae Dial. utrum Adam vel Eva magis peccaverit. In-4.
1552. P. Aretino. Vite di Maria Vergine, etc. In-4.
1562 *et* 1566. Marianus Victorius de Sacram. Confessionis. In-8.
1566. Catechismus, ex decreto Concilii Tridentini. In-4.
1569 *et* 75. Idem. In-8.
1571, 73, 75 *et* 82. Catechismo del Concilio di Trento. In-8.
1579 *et* 97. Lor. Giustiniano, del Dispregio del Mondo. In-4.
1556. Pianto della March. Pescara sopra la Passione. In-8.
1578 *et* 1591. Corn. Bellanda Viaggio Spirituale. In-8.
1578. Gabr. Flamma de optimi pastoris munere. In-4.

1558. Leo Bapt. Alberti de Legato Pontificio. In-4.
1553. Matth. Grib. Mophae Interpretationes Juris. In-8.
1560. Pacis Scala de consilio sapientis in causis forensibus. In-4.
1551-2-3. Aristotelis Opera : *graece*. 6 vol. in-8.
1497. Laurentii Majoli Epiphillides. In-4.
S. *date*. Bern. Georgii Epist. de Vita tranquilla. In-4.
1558. P. Haedus de Miseria humana. In-4.
1559. Flavius Alex. Vgonius de Italiae et Graeciae Calamit. In-4.
1501. J. Fr. Picus de Imaginatione. In-4.
1572. Aldo, Discorso sull'eccellenza delle Republ. In-4.
1590. Oracoli politici e Apoftegmi di Plutarco. In-8.
1589. Demonomania di G. Bodino. In-4.
1581. Agricoltura di C. Stefano. In-4.
1499. Dioscorides — Nicandri Theriaca, etc. *graece*. In-fol.
1495. Petri Bembi Aetna. In-4.
1526. Hippocratis Opera : *graece*. In-fol.
1550. Methodus in Aphorismos Hippocratis. In-4.
1553 *et* 1558. Aeginetae Opera : *latine*. In-8.
1534. Aetii Amideni Libri medicinales : *graece*. In-fol.
1497. Averroes in librum Priorum, etc. In-fol.
S. *date*. Oribasius Sardianus Collect. medicinal. In-8.
1549. Cam. Thomaius de morbis internarum partium. In-8.
1561. Hier. Gabucinius de Morbo Comitiali. In-4.
1567. Architettura di P. Cattaneo. In-fol. fig. en bois.
1515. Aldi Manutii Grammatica graeca. In-4.
1501. Ejusdem Grammatica latina. In-4.
1561, 68 *et* 76. Eadem. In-8.
1591. Aldi Manutii P. F. Orthographiae Ratio. In-8.
1590. Ejusdem Epitome Orthographiae. In-8.
1561. Aldo Manutio Eleganze latine e toscane. In-8.
1563, 65, 80, 86 *et* 94. Le dette. In-8.
1584. Nic. Frischlini Quaestiones Grammaticae. In-8.
1584. Ejusdem Strigilis Grammatica. In-8.
1590. Rocca Osservazioni sulla lingua latina. In-8.
1499. Nic. Perotti Cornucopiae latinae. In-fol.
— Calepini Dictionarium. In-fol. *Toute édition Aldine, hors celle de* 1564.

1552. Regole Grammaticali di Fr. Fortunio. In-8.
1521. Vulgari Elegantie di Nic. Liburnio. In-8.
1589. Orthographia' Manutiana in tavole.
1541. Riccius de Imitatione. In-8.
1562. Ant. Bernardi Institutio in Logicam. In-4.
1565. Ciceronis Orationes. 3 vol. in-8.
1570. Eaedem. *Le troisième volume seulement.*
1572. Cic. Orationes in Antonium. In-8.
1502 *et* 12. Cic. Epist. ad familiares. In-8.
1562. Cic. Opera philosophica. 2 vol. in-8.
1517. Cic. de Officiis, etc. In-8.
1545. Epistole famigliari di Cicerone. In-8. *Celle des deux éditions qui a 305 feuillets.*
1549 *et* 66. Le dette. In-8.
1556. Le Pistole di Cicerone a Bruto. In-8.
1557 *et* 69. Le Pistole di Cic. ad Attico. In-8.
1588. Instruttione di Cicerone a Quinto il fratello. In-12.
1572. P. Manutii Comm. in Orat. pro Archia poeta. In-4.
1562 *et* 68. P. Manutii Comm. in Epist. ad Atticum. In-8.
1570, 76 *et* 91. Nizolii Thesaurus Ciceronianus. In-fol.
1582 *et* 94. Locutioni dell' Epistole di Cicerone. In-8.
1546. Cic. Defensiones contra Calcagninum. In-8.
1498. J. Reuchlin ad Alex. vi. Oratio. In-8.
1501. Bern. Justiniani ad Lud. xi Oratio. In-4.
1501. Hier. Donati ad Christ. Regem Oratio. In-8.
1502. J. B. Egnatii Oratio in laudem B. Prunuli. In-8.
1548. Ferd. Abduensis Oratio et Epigrammata. In-8.
1552. Adeodati Oratio in Concilio Trident. In-4.
1554. Bern. Lauredani Oratio in funere Ant. Trivisani. In-4.
1552 *et* 59. Lud. Pariseti ad Regienses Orationes. In-8.
1557. Jac. Grifoli Orationes. In-4.
1561. J. Sadoleti et B. Campegii Orationes. In-4.
1561. J. B. Pignae in funere Francisci ii Oratio. In-4.
1564. Val. Palermi Orationes duae. In-4.
1572. Raph. Cyllenii Angelii Orationes. In-8.
1585. Aldi Manutii Oratio ad Sixtum v. In-fol.
1587. Ejusdem de Fr. Medices Laudibus Oratio. In-4.

S. date. Musaeus : *gr. lat.* In-4. *Le latin seul suffiroit.*
— Virgilius. In-8. 1501. 1505. 45. 60. 63. 76. 80. 85.
1542. Il libro ottavo de la Eneide tradotto. In-8.
1527, 61 *et* 66. Horatius. In-8.
1553. Jas. de Nores in Hor. Artem poet. Interpretatio. In-8.
1502. Ovidii Libri Amatorii. In-8.
1583. Ovidii Heroidum Epistolae. In-8.
1580. Ciofani Scholia in Halieuticon. In-8.
1517, 45 *et* 53. Terentius. In-8.
1504. Cimbriaci poetae Encomiastica. In-8.
1529. J. Cottae et Sannazarii Carmina. In-8.
1550. Dom. Marini Carmina. In-8.
1554. Nic. Liburnii Epithalamium. In-4.
1556. Bern. Tomitani Clonicus. In-8.
1558 *et sans date.* B. Georgii Epitaphia, etc. In-4.
1558. Greg. Corrari Progne tragoedia. In-4.
1583. Germani Audeberti Venetiae. In-4.
1585. Scipii Gentilis Solymeidos libri duo priores. In-4.
1588. Lepidi Philodoxios fabula. In-8.
1521. Il Petrarca. In-8.
1553. Stanze pastorali di B. Castiglione. In-8.
1557. Castellani Stanze in lode delle donne di Faenza. In-4.
1557. Sonetti morali di P. Massolo. In-8.
1550. Sagrificio degli Intronati. In-8.
1570. Nic. Guidani Eustachia, comedia. In-8.
1582 *et* 89. Gli Straccioni, comedia di Ann. Caro. In-12.
1597. Elettra, Aminta, Piramo e Thisbe, in lingua Schiava. In-4.
1585. Calestri, comedia di Carlo Turco. In-8.
1585. Agnelle, tragedia del detto. In-8.
1545. Hypnerotomachia di Polifilo. In-fol. fig.
1558-60. Egregi fatti del Re Meliadus. 2 vol. in-8.
1590. Jac. Pontani Progymnasmata. In-8.
1508 *et* 20. Erasmi Adagia. In-fol.
1556. Sambigucius in Hermathenam Bocchianam. In-4.
1562. Nattae Orationes et Opuscula. In-fol.
1565. P. Bizarri Opuscula. In-8.
1578. Gasp. Contareni Opera. In-fol.

1546. Il Prencipe di Nic. Machiavelli. In-8.
1546. Discorsi di Machiav. sopra T. Livio. In-8.
1552. Historie Fiorentine, del detto. In-8.
1588. Medicus Hebreaeus defensus. In-4.
1542 *et* 44. Dialoghi di Sperone Speroni. In-8.
1570. Bruti Epistolae. In-8.
1553. Lud. Pariseti Epistolae. In-8.
1590. P. Manutii Epistolae. In-8.
1544. Lettere volgari, libro primo. In-8.
1500. Epistole di Sancta Catharina. In-fol.
1582. Lettere facete di Turchi ed Atanagi. 2 vol. in-8
1590 *et* 95. Discorso di Cosmographia in dialogo. In-8.
1558. Zeno Viaggio in Persia. In-8.
1576. P. Clarantis Epitome in Pasch. Chronol. In-4.
S. *date*. Le même. In-4.
1591. Conversio Afrae, Hilariae, Dignae. In-4.
1555. Car. Sigonii Fasti Consulares. In-fol.
1571. Velleius Paterculus. In-8.
1563. Sallustius (Romae). In-8.
1573 *et* 77. Idem. In-8.
1513, 61, 64 *et* 70. J. Caesar. In-8.
1589. G. Contarenus de Republica Venetorum. In-8.
1547. Bern. Georgii Epitome principum Venet. In-4.
1590. Aldo, Vita di Castruccio Castracane. In-4.
1572. Hieron. Rubei Hist. Ravennatensis. In-fol.
S. *date*. Alex. Paeantii Diaria de Bello Carolino. In-4.
1558. Historia delle cose occorse nel Regno d'Inghilterra. In-8.
1502. La Vita et Sito de' Zichi. In-8. *Il faut l'édition qui est en lettres italiques.*
1565. Jac. Taurelli exquisitior Patronymia. In-4.
1560. Aen. Vici Comment. in Imperatorum Rom. Numismata. In-4. fig.
1585. P. Manutius de Comitiis Romanorum. In-8. ou in-fol.
1566. Matth. Curtius de Prandio. In-8.
— Catalogues d'Alde, de 1498, 1503 et 1513. Feuilles in-fol.
1503. Avis d'Alde sur les impressions in-8. des Lyonnois. Feuille in-fol.

1558. Sommario dell'Opere che ha da mandare in luce l'Accademia Veneta. In-fol.

ERRATA.

Page 249, ligne 24, sur un point de vue; *lisez* sous un point de vue.

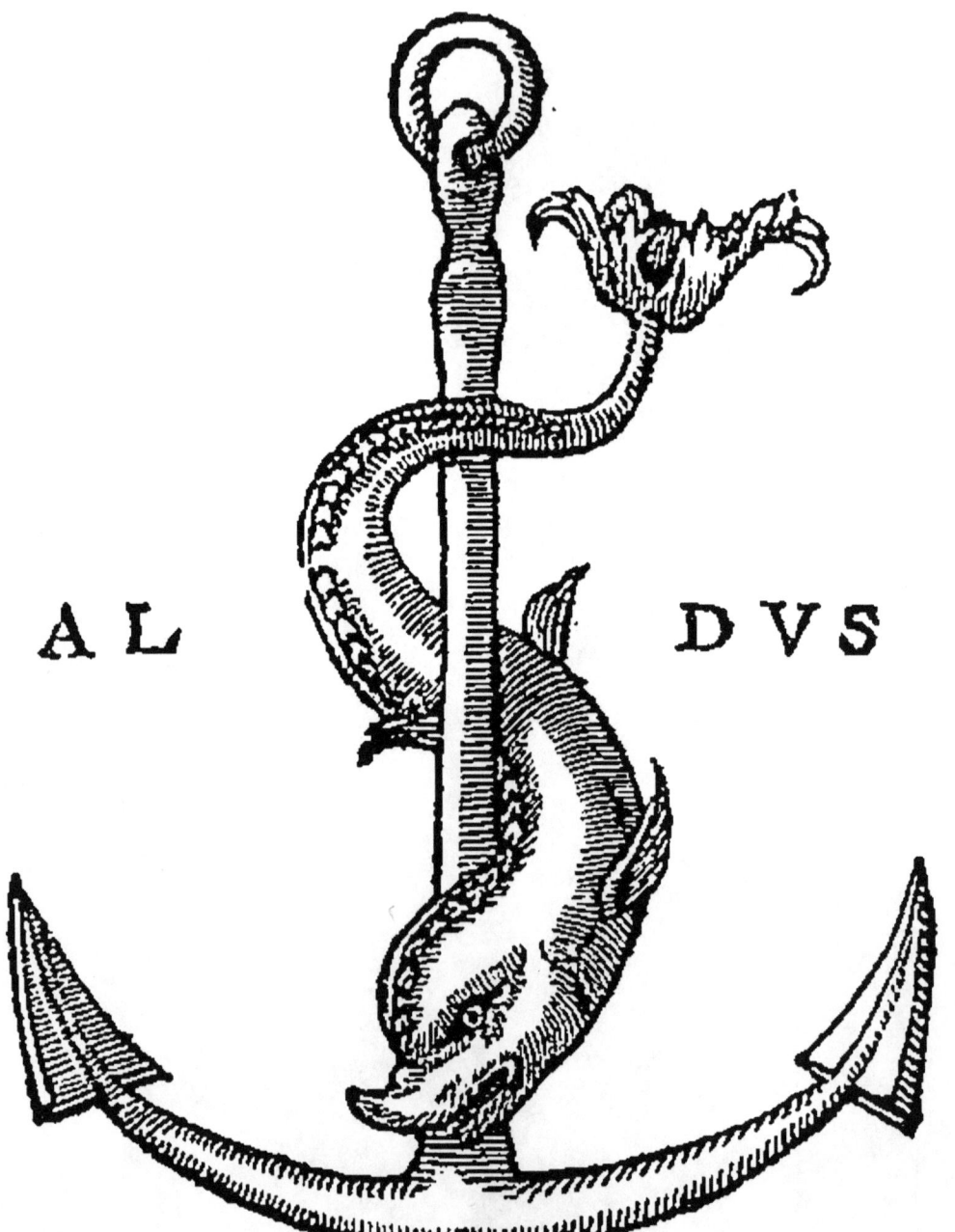

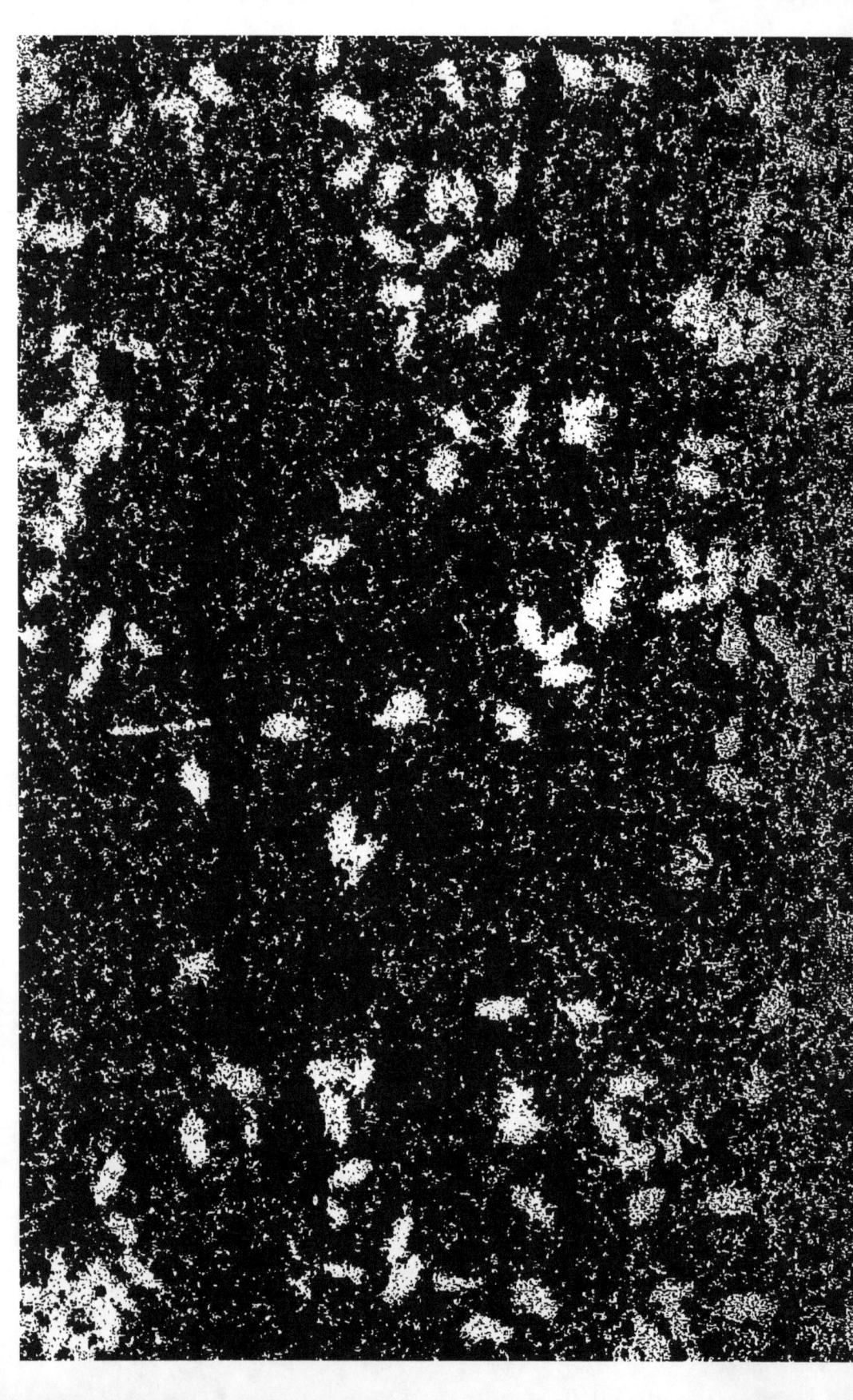

www.ingramcontent.com/pod-product-compliance
Lightning Source LLC
Chambersburg PA
CBHW060455170426
43199CB00011B/1207